PENSAR

(a) DIOS

desde

LA FILOSOFÍA
Y LA TEOLOGÍA

ALBERTO F. ROLDÁN

Editorial **CLIE**

EDITORIAL CLIE
C/ Ferrocarril, 8
08232 VILADECAVALLS
(Barcelona) ESPAÑA
E-mail: clie@clie.es
http://www.clie.es

CLIE

Pensar a Dios desde la filosofía y la teología
ISBN: 978-84-19779-17-5
Depósito legal: B 12399-2024
Religión
Filosofía
REL051000

Impreso en los Estados Unidos de América/ *Printed in the United States of America*

Acerca del autor

Alberto F. Roldán es Doctor en teología por el Instituto Universitario ISEDET, título expedido por el Ministerio de Educación, Ciencia y Tecnología de la Nación de Buenos Aires (Argentina). Máster en Ciencias Sociales y Humanidades (filosofía política) por la Universidad Nacional de Quilmes. Máster en Educación por la Universidad del Salvador (Argentina). Bachiller y licenciado en teología por la Universidad Evangélica de las Américas (UNELA). Realizó estudios sobre Nietzsche (Universidade Estadual de Londrina, Brasil) y de filosofía, ética y metafísica (Universidad Santo Tomás de Aquino, Argentina). Su experiencia profesional en el campo de la docencia le ha llevado a ser Director del Instituto Bíblico Bahía Blanca de Argentina, Decano del Instituto Teológico Fiet, Director del programa de Bachillerato Superior de Fiet, Director de posgrado de Fiet. En varias instituciones se ha desempeñado como profesor de historia de la Iglesia, hermenéutica contemporánea, teología sistemática, teología contemporánea y latinoamericana, teología y literatura hispanoamericana, teología filosófica moderna y ética social, entre otros cursos. Ha dictado conferencias en casi todos los países de América Latina, Estados Unidos, España y Corea del Sur. Reclamado conferencista, ponente y columnista, ha escrito distintos artículos de divulgación y monografías, así como artículos científicos. Es profesor adjunto de la Universidad Evangélica del Paraguay, Universidad Adventista del Plata (Argentina), Semisud (Ecuador) y Lee University (Cleveland, EE. UU). Fue miembro de varias entidades tales como el Consejo Argentino para la Libertad Religiosa, Federación Argentina de Iglesias Evangélicas, la Society of Biblical Literature, la Fraternidad teológica Latinoamericana (FTL) y fundador -junto al Dr. David Roldán- de la revista digital *Teología y cultura*. En 2016 recibió *el Premio Personalidad Teológica 2016: Asociación Evangélica de Educación Teológica en América Latina* (AETAL). Ha escrito más de una veintena de libros, algunos de los cuales han sido traducidos al inglés y al portugués.

Para Emi,
que conjuga
el verbo amar
en miles de modos
y de tiempos.

Índice

Prólogo

En la presente obra, su autor, el Dr. Alberto Roldán, nos introduce en un *diálogo con los gigantes*, no con los gigantes de la mitología antigua, sino con los gigantes del pensamiento teológico y filosófico de nuestros días: K. Barth, P. Tillich, E. Lévinas, Jean-Luc Marion, Michel Henry…, con vistas a entender más y mejor el ser de Dios y su revelación tocante a aspectos que siguen siendo fundamentales en la reflexión cristiana sobre el carácter trinitario de Dios, la encarnación del Logos, el Reino de Dios, la escatología, la esperanza y el fin de la historia, entre otros temas.

Se ha dicho por activa y por pasiva que somos como enanos encaramados sobre los hombros de los gigantes, de modo que desde esa posición privilegiada que ellos nos ofrecen podemos disfrutar de una panorámica que nos estaba oculta, y un amplio horizonte que ensancha nuestra mente y nuestro espíritu. Es lo que siempre ocurre cuando reflexionamos teológicamente sobre Dios y su revelación en la escuela de los grandes. No hay nada más letal para la teología cristiana que acomodarse a viejas letanías y quedarse petrificado como la mujer de Lot contemplando la ciudad que nos era tan familiar. Los credos, los dogmas, las doctrinas, son necesarios, no como cárceles de hierro sino como estímulos que dotan al espíritu de la confianza y el valor necesario para seguir ahondando en el misterio de Dios. Estamos en camino, hijos de una aparente larga espera del que nos prometió su regreso, y nos advirtió a permanecer en guardia y no dejar que nuestra luz se consuma como un pábilo mortecino o se convierta en un remedo de lo que un día fue, a saber, un acicate, un impulso, una clave para entendernos a nosotros mismos desde la fe, la gracia y el perdón, y entender a la vez todo cuanto nos rodea, discerniendo, o tratando de discernir qué nos indica el *signo de los tiempos* conforme al espíritu del Evangelio. La manifestación última del *deseado de las naciones* está precedida por una serie de apariciones, teofanías, que han revitalizado la fe de la Iglesia a lo largo de la historia como destellos de la gracia, dando origen a nuevos Pentecostés en los que Dios vuelve a hablar al corazón de cada cual en su propia lengua, en su necesidad y angustia; en su anhelo y su alegría contenida.

Aunque muchos cristianos no parecen haber reparado en ellos, los teólogos, al «aplicar racionalidad en la elaboración del pensamiento teológico», como nos dice Alberto Roldán, contribuyen a insuflar vida, espíritu, dinamismo, fuego, entusiasmo, que es el sentido religioso y cristiano por excelencia. «Fervor interior» del Dios que se nos comunica en el interior, que ese el sentido original del *entusiasmo* en el idioma griego del que nuestro idioma ha tomada prestada esa palabra: *enthousiasmós* (ἐνθουσιασμός), *Dios, éntheos* (ἔνθεος), *en nosotros*. Pensar a Dios va aparejado con amar a Dios, como se recuerda desde el principio en la vieja ley de Moisés, y que el Señor Jesús reitera para sus discípulos: «Amarás al Señor tu Dios con todo tu *corazón*, y con toda tu alma, y con toda tu *mente*» (Mt 22:37; cf. Dt 6:5).

La teología es una labor intelectual, pero no nos equivoquemos, no está solo al servicio de la academia, o de la vanidad del saber, sino de la *vida*, de la vida de todos nosotros y de los que nos rodean, esa vida que nos fundamenta en Dios y a Dios en nosotros. Como la vida es siempre trato con los demás, vida en relación social, y vida en comunidad de fieles en el caso cristiano, Oscar Cullmann nos hacía ver que la teología es un «don del Espíritu a la Iglesia», que la fortalece y la dinamiza, o dicho con un término muy de nuestros días: la *carismatiza*. Es decir, la teología nos hace vivir más radicalmente la gracia y los dones al ofrecernos una compresión siempre renovada del ser divino y su acción en nosotros, de modo que al final todos podamos llegar a participar de la mente de Cristo (Flp 2:1-11). La *vida* es todo lo que somos y sentimos, el tribunal donde se dirimen todas nuestras percepciones, correctas o falsas. Dios dotó al ser humano de una mente racional, lógica; pensante y sentiente al mismo tiempo; de modo que el teólogo, al aplicar la razón a la teología, contribuye a que esta supla la totalidad de las necesidades de la vida y no solo algunas de ellas. La fe no castra la mente humana, al contrario, la potencia, la engrandece, aquí se puede aplicar lo que dice Cristo en otro contexto: «Yo he venido para que tengan vida y vida en abundancia» (Jn 10:10). La razón, iluminada y regenerada por la gracia, ha sido siempre una de las grandes potencias de la fe cristiana, que la ha salvado en sus momentos críticos de postración y desorientación.

La teología, en cuanto función de la razón vital al servicio de la Iglesia y de la expresión y testimonio de su fe, debe «poner todo el empeño del intelecto para su desarrollo, recurriendo a la filosofía y las ciencias sociales», nos dice el autor de esta obra. Aquí *empeñarse* es esforzarse por conseguir una cosa, a saber, conocer el misterio de Dios y su revelación en Cristo, sabiduría de Dios y sabiduría del mundo (1 Cor 1:18; Col 1:28; 2:3). Por esta razón la teología, ya sea fundamental, dogmática o sistemática es un diálogo creativo y honesto con el mundo de la cultura, de la filosofía, las ciencias humanas y sociales, como mantiene y desarrolla Alberto Roldán en esta obra. Esto no es un fenómeno actual, sino una constante en el cristianismo desde sus inicios, incardinado en la cultura grecorromana de su tiempo, con la presencia de muchas máximas de la filosofía estoica en los escritos del Nuevo Testamento. No siempre fue un diálogo fácil, pero el diálogo se dio por ambas partes. El platonismo, en su versión neoplatónica, dominó el pensamiento cristiano a lo largo de mil años, hasta que el nuevo paradigma aristotélico fue incorporado, no sin polémicas y resistencias, por Tomás de Aquino al pensamiento teológico, logrando una síntesis entre teología cristiana y filosofía que, con sus altibajos, ha perdurado hasta nuestros días.

La tradición reformada rechazó esta síntesis debido a la degradación en la que había caído en el escolasticismo de su época, y sobre todo porque los reformadores fueron hombres religiosos que hicieron del tema de la redención su motivo central por excelencia. Por otra parte, el principio reformista *solo Scriptura*, y el resto de *solas*, dejó en un segundo plano la reflexión filosófica para centrarse en lugar teológico mencionado, a saber, la salvación del pecador, la redención de la humanidad, la justificación por fe sola. La filosofía se siguió cultivando en el campo protestante, y con el paso del tiempo dio lugar a las mentes más significativas del panorama filosófico moderno: Kant, Hegel, Schopenhauer..., pero esta filosofía se hizo desde fuera de la teología, de espaldas a la misma, como un saber *autónomo*, independiente de la teología, que es esencialmente un saber teónomo basado en la Biblia. En los sucesivos desmembramientos de las iglesias reformadas, la teología se fue reduciendo cada vez más a explicación del credo propio, a reafirmación de la confesión de fe particular de cada cual, truncando así todo tipo de diálogo con la filosofía o cultura en general, para lo cual, en esa concentración hacia lo exclusivamente religioso, se apeló a la Escritura para justificar rechazo de la filosofía: «¿Qué comunión la luz con las tinieblas?» (2 Cor 6:14); acaso «¿no ha enloquecido Dios la sabiduría del mundo?» (1 Cor 1:19-20). La *pietas* popular se opuso a la *sapiencia* intelectual.

El diálogo se rompió, pero eso no significa que fuera absoluto y para siempre y para todos los creyentes. Al contrario, allí donde hay personas que se enamoran de Dios se enamoran igualmente de toda la sabiduría que puede contribuir a profundizar más en su amor y conocimiento de Dios, que, al tener una vertiente *misionera*, les lleva a comprender mejor su fe desde la razón y la ciencia para así poder comunicarla de una modo inteligente en el contexto moderno, o posmoderno, si se quiere. Ciertamente la fe cristiana no es una filosofía –es un camino de salvación–, pero, como nos recordaba Julián Marías, comporta una filosofía desde el momento que hablamos de Dios, la creación, la vida, la persona humana, el tiempo y el fin de la historia... Y es más, decía, el cristianismo, desde las Sagradas Escrituras, los Padres y teólogos, ha contribuido a ser la religión del diálogo permanente de la fe con la razón, de tal modo que en el cristianismo se produce de un modo radical el paso del mito al logos.

Es interesante recordar que en una cuestión tan particularmente teológica como la discusión sobre la cristología y la trinidad se utilizó un término griego, tomado del mundo del espectáculo, πρόσωπον (*prósōpon*), para referirse a las *personas* divinas, empleado ya en siglo III d. C., y que de ahí pasó a convertirse en un lugar filosófico y jurídico para describir el ser y naturaleza de lo humano, hasta el punto de que el *personalismo* sea uno de los aportes más significativos del cristianismo a la filosofía, y a la cultura occidental en general.

En *Pensar a Dios*, Alberto Roldán nos lleva a reflexionar sobre los temas más candentes de la teología que en un contexto de la «muerte de Dios» y el creciente secularismo nos golpean fuerte, pues cuestionan hasta nuestra forma de reflexionar Dios y nuestra relación con él, desde la adoración que le es debida hasta el papel de la acción social, y política, que interpela al cristiano moderno. Hay un texto admirable de Karl Barth, que Roldán trae a colación, donde se dice que «la inquietud que Dios produce en nosotros tiene que llevarnos a la vida en oposición crítica, debiendo entender "crítico" en el sentido más profundo que esta palabra alcanzó en la historia del espíritu humano. Al milagro de la revelación corresponde el milagro de la *fe*». Milagro que posibilita el diálogo de Dios con la criatura y la criatura con Dios en un nivel de familiaridad, de hijo de Dios por adopción. Diálogo en el que ha participado una gran nube de testigos, y que todavía nos sorprende cuando lo encontramos en los límites de la teología, y desde el campo de la filosofía nos llegan imágenes de una percepción más depurada y más lúcida de la revelación que las iglesias atesoran como suyo, pero que es evidente que pertenece a la humanidad entera. Alberto Roldán nos descubre en esta obra, cómo un número relevante de filósofos y pensadores, en un «giro teológico», que molestó a algunos de sus colegas, han reflexionado sobre temas tan apreciados a nosotros como el cuerpo –la *carne*–, el don o donación, adquieren un estatuto de categoría filosófica que amplía nuestra comprensión de la revelación, más admirable cuanto más unviersal.

Creo que esta obra ayudará al lector en sus inquietudes teológicas y filosóficas de modo que no solo pueda alcanzar a una mayor amplitud mental, sino también una experiencia espiritual, vital, de la fe cristiana más completa, integral e integradora.

ALFONSO ROPERO
En un lugar de La Mancha, 18 de julio de 2022

Pensar a Dios,
intento in-sondable
más allá de lo pensable.
Pensar lo in-finito,
pensar lo in-efable,
pensar lo in-asible y luego,
el ab-soluto silencio.

Alberto F. Roldán

¿Por qué escribí este libro?

La teología intenta decir a Dios, verdaderamente *a Dios,* y *decirlo* de verdad: dogmática de la Palabra y hermenéutica del lenguaje.

André Dumas

Miraba las palabras al trasluz… Quería descubrir a Dios por transparencia.

Olga Orozco

La teología es el discurso reflexivo sobre Dios a partir de su revelación en Jesucristo y las Sagradas Escrituras, que toma en cuenta la cultura en la cual se elabora y está al servicio del Reino de Dios y su justicia en el mundo.

Alberto F. Roldán

El presente libro es resultado de muchos años de investigación y enseñanza en el campo de la teología sistemática. El adjetivo "sistemática" –desde otros ámbitos del quehacer teológico– es visto con cierto desdén y hasta desprecio. Tal vez, una de las razones de esa actitud se debe a una comprensión equivocada de lo que significa "sistemática". Uno de los más importantes teólogos sistemáticos del siglo XX, Paul Tillich[1] ha respondido a las acusaciones que se le formulan a esta metodología teológica. El teólogo y filósofo luterano afirma que la forma sistemática cumple con la función de garantizar coherencia en sus afirmaciones.[2] Significa aplicar racionalidad en la elaboración del pensamiento teológico. Para Tillich, hay tres acusaciones más generalizadas hacia esta metodología teológica:

---

1. Paul Tillich, *Teología sistemática,* Volumen I, trad. Damián Sánchez Bustamante Páez, Barcelona: Ediciones Ariel, 1972, pp. 83-85.

2. En palabras de Alszeghy y Flick se trata de "el uso de formas de pensamientos conceptuales en la formulación de las diversas afirmaciones, la demostración de la relación existente entre estas y la vida eclesial, y el orden sistemático en que las diversas proposiciones tienen que ser pensadas". Zoltan Alszeghy-Maurizio Flick, *Cómo se hace la teología,* 2d. edición, trad. Raimundo Rincón, Madrid: Ediciones Paulinas, 1976, p. 42.

la primera, es que aplica un método deductivo, cosa que se da, dice Tillich, solo en contados casos; la segunda, que parece un sistema cerrado que no abre puertas a ulteriores investigaciones, lo cual es precisamente lo contario en una teología sistemática bien elaborada; y, tercera, que es fruto de lo emocional, cuando en realidad es todo lo contrario ya que implica poner todo el empeño del intelecto para su desarrollo, recurriendo a la filosofía y las ciencias sociales para articular su pensamiento. El propio Tillich es un claro ejemplo de ello al mostrar una gran creatividad para hablar –estemos de acuerdo o no– de Dios como "fundamento del Ser" y de Cristo como "el Nuevo Ser" y, en cuanto a la ética, proponer a la antítesis de *autonomía* y *heteronomía*, la *teonomía*. Pese a las miradas críticas, fueron las teologías sistemáticas las que dialogaron creativamente con el mundo de la cultura en el ámbito de la filosofía y las ciencias humanas y sociales. Y esto no debe sorprendernos, porque en los mismos comienzos del cristianismo, la Iglesia inculturó su mensaje en el mundo dominado por el pensamiento helénico y, como señala Juan Luis Segundo, "hasta obras del mismo Nuevo Testamento sacaron las principales categorías para pensar y expresar su mensaje".[3] El teólogo belga Edward Schillebeeckx acentúa lo que podríamos denominar la "función filosófica" de la teología al afirmar que "la teología faltaría a su misión apostólica si no fuese igualmente capaz de un pensamiento filosófico".[4] Por su parte Johann Baptist Metz describe cuándo la revelación se transforma en teología. Dice:

> La revelación se convierte en teología cuando es una autoconcepción refleja, es decir, cuando la filosofía actúa metódicamente en su propio ámbito. La transmisión teológica de la revelación se produce siempre a través de la filosofía; filosofía y teología constituyen una unidad permanentemente total en la asimilación dócil y refleja de la palabra revelada.[5]

De modo contundente, Pannenberg afirma que "la conexión entre el Dios de la Biblia y el Dios de los filósofos, en particular, no han sido una mera intrusión adicional al mensaje cristiano originario, sino que pertenecen ya a sus fundamentos".[6] No obstante, admite el teólogo luterano, la teología tuvo desde sus comienzos

---

3. Juan Luis Segundo, *¿Qué mundo? ¿Qué hombre? ¿Qué Dios?*, Santander: Sal Terrae, 1993, p. 43.

4. Edward Schillebeeckx, *Dios y el hombre. Ensayos teológicos,* 2ª. Edición, trad. Alfonso Ortiz García, Salamanca: Sígueme, 1969, p. 49.

5. Johann Baptist Metz, *Antropocentrismo cristiano. Sobre la forma de pensamiento de Tomás de Aquino,* trad. Ignacio Aizpurua, Salamanca: Sígueme, 1972, p. 125.

6. Wolfhart Pannenberg, *Metafísica e idea de Dios,* trad. Manuel Abella, Madrid: Caparrós editores, 1999, p. 17.

dificultades con la doctrina de Dios aunque Pannenberg acentúa su importancia desde que la teología, al contrario de lo que postula Heidegger, es una ciencia de Dios. "Todo lo demás que aparece en la teología solo puede ser planteado por ella 'con referencia a Dios', o, como dijo Tomás de Aquino, *sub ratione Dei*.[7] En la misma perspectiva, Mateo-Seco y Miguel Brugarolas –profesores de la Universidad de Navarra– afirman con claridad meridiana: "Entendida en toda su amplitud de facetas, la cuestión sobre Dios es la cuestión más vital y más radical de toda teología. En efecto, la *theo-logia* es la ciencia de Dios tal como Él se ha revelado al hombre y, por tanto, tal y como es conocido por la fe".[8] Siempre surge una pregunta inquietante: ¿existe una filosofía *cristiana*? Sin entrar decididamente en el debate, Alfonso Ropero atinadamente aclara:

> La fe cristiana no es una filosofía, pero su manera de entender la existencia, de considerar la experiencia de la realidad humana imbricada en lo divino, contiene un conjunto de filosofemas, o temas filosóficos, a partir de los cuales se puede desarrollar un sistema coherente de filosofía cristiana.[9]

La historia de la teología es testimonio elocuente del diálogo que siempre hubo entre la teología y la filosofía llegando la primera a ser "reina de las ciencias" en el medioevo, hasta el golpe asestado por Emmanuel Kant que, cambiando el orden del desfile, decía que la teología que era reina de las ciencias, pero a partir del Iluminismo acompaña a la filosofía llevándole la cola de su vestido en su desfile victorioso. Por eso, no debemos poner el grito en el cielo ni rasgarnos las vestiduras de que las teologías del siglo XX –sobre las que abundamos en este libro– hayan sido el resultado del diálogo de ellas con las filosofías de Hegel, Kierkegaard, Nietzsche o Heidegger y, más recientemente, con las fenomenologías de Lévinas, Marion y Henry.

Nunca insistiremos demasiado en la importancia de distinguir entre "doctrina" –que elabora una confesión cristiana determinada–, del *teologizar,* es decir, pensar la fe en nuevas situaciones histórico-culturales que, en la fórmula clásica de San Anselmo es definida como *fides quaerens intellectum.* Porque la Iglesia,

---

7. *Ibid.* pp. 17-18. Cursivas originales.

8. Lucas F. Mateo-Seco - Miguel Brugarolas, *Misterio de Dios,* Pamplona: Ediciones Universidad de Navarra, 2016, p. 8. Cursivas originales.

9. Alfonso Ropero, *Historia de la filosofía y su relación con la teología,* Barcelona: Clie, 2022, p. 43. De paso, es menester ponderar esta obra como una de las más completas en castellano sobre la importancia ineludible de la filosofía en el quehacer de la teología a través de los siglos.

como dice Croatto[10] al interpretar el texto bíblico su lectura resulta "clausuradora" sin embargo, cuando se accede al libro sin las mediaciones clásicas, se produce una gran fecundidad. Se trata entonces de cerrar y de abrir, como el bandoneón –instrumento tan popularizado por el tango argentino– que al cerrar y al abrir emite sonidos diferentes. En síntesis y a modo de ensayo de una definición, afirmo que: "La teología es el discurso reflexivo sobre Dios a partir de su revelación en Jesucristo y las Sagradas Escrituras, que toma en cuenta la cultura en la cual se elabora y está al servicio del Reino de Dios y su justicia en el mundo".[11]

La búsqueda de comprensión de la fe en nuevos contextos histórico-sociales es permanente ya que la realidad es tan cambiante como el río de Heráclito. Se trata de una inteligencia de la fe que "si es genuina, no solo expresa lo que existe, sino que transforma al sujeto pensante y con esto mismo deviene levadura en el mundo".[12] Clodovis Boff, teólogo brasileño, hace clara esa distinción cuando dice: "es necesario no confundir el *dogma*, en el sentido amplio de la doctrina firme de la Comunidad de fe o del patrimonio común de verdades, y la *teología*, como la libre interpretación de un teólogo".[13] Por eso, de manera osada, otro brasileño, Rubem Alves, sentencia: "El teólogo no es un coleccionista de ortodoxias".[14] Su labor consiste en seguir pensando la fe y expresándola en categorías que respondan a nuevas situaciones. Para el teólogo, psicoanalista y poeta brasileño, la teología está asociada al lenguaje simbólico y poético, como los juegos del lenguaje de que hablaba Wittgenstein. Tiene que ver con la vida misma ya que, señala: "Para aquellos que la aman, la teología es una función natural como soñar, escuchar música, beber un buen vino, llorar, sufrir, protestar, esperar…".[15]

Siguiendo a Jacques Derrida, podemos decir que la tarea teológica consiste en deconstruir para reconstruir el pensamiento. Decir lo que no se ha dicho todavía. Que es, por caso, lo que hizo Karl Barth en su *Römmerbrief:* leer a San Pablo para que su mensaje hable al hombre del siglo XX. En otras palabras, como hemos expuesto en otra obra[16] representa un modelo preliminar de hermenéutica de texto superando la clásica hermenéutica de autor. Se trata de volver a pensar lo ya pensado. Como dice Heidegger: "Solo cuando nos volvemos con el pensar hacia lo

---

10. José Severino Croatto, *Hermenéutica bíblica,* Buenos Aires: La Aurora, 1984, p. 56.

11. Alberto F. Roldán, Ramos Mejía, 24 de enero de 2023.

12. Zoltan Alszeghy-Maurizio Flick, *Op. cit.,* p. 169.

13. Clodovis Boff, *Teoria do método teológico,* Petrópolis: Vozes, 1998, p. 273. Cursivas originales.

14. Rubem Alves, *La teología como juego,* Buenos Aires: La Aurora, 1982, p. 94.

15. *Ibid* p. 15.

16. Alberto F. Roldán, *Hermenéutica y signos de los tiempos,* Buenos Aires: Teología y cultura ediciones, 20016, pp. 157-178.

ya pensado, estamos al servicio de lo por pensar".[17] Y en esa búsqueda, la teología intenta expresar nuevas experiencias que los cristianos y cristianas tienen con Dios. Edward Schillebeeckx señala que precisamente ese es uno de los cometidos más importantes de la teología, aunque admite: "En esa actividad el teólogo es bastante vulnerable, pues se sitúa en una clara actividad de búsqueda, y sus afirmaciones se mueven en el terreno de lo experimental e hipotético".[18] La otra posibilidad es no pensar más la fe, en cuyo caso lo único viable sería repetir catecismos que, por importantes que sean, se limitan a dar respuestas estereotipadas.[19] Porque "la revelación de Dios está relacionada con la comprensión del mundo y de sí mismo y, consiguientemente, con la experiencia interpretada".[20]

A veces, las críticas más acerbas a la teología sistemática proceden de quienes se dedican a la exégesis bíblica como si esa tarea –por supuesto importante– estuviera inmune de toda influencia extraña. Al respecto, dice Míguez Bonino en tono crítico: "Las exégesis 'científicas', 'históricas' y 'objetivas' se revelan plenas de presupuestos ideológicos".[21] De paso, tengamos en cuenta que, luego del sesudo trabajo exegético, el mensaje extraído del texto bíblico debe aterrizar en la realidad socio-político-cultural en que se realiza. Para ese momento hermenéutico no hay otro camino que recurrir a la filosofía y a las ciencias sociales y humanas a fin de que alcance una verdadera carnadura, a menos que el exégeta decida quedarse en el mundo bíblico y no salir de allí.

El presente libro está integrado por diversos textos escritos en diferentes contextos y momentos históricos que pasamos a resumir. El capítulo 1, "teología, naturaleza y alcances" reproduce una conferencia que dicté para el Seminario Teológico Evangélico de Guatemala el 26 de febrero de 2022. Agradezco a su

---

17. Martín Heidegger, *Identidad y diferencia (Identität und Differenz)*, trad. Helena Cortés y Arturo Leyte, Madrid: Editora Nacional, 2002, p. 83.

18. Edward Schillebeeckx, *Revelación y experiencia,* trad. A. de la Fuente Adánez, Buenos Aires: Almagesto, 1993, p. 6.

19. La situación se agudiza en el fundamentalismo que "da respuestas simples, estereotipadas, de catecismo, a preguntas complejas, y desemboca en una práctica igualmente simple: búsqueda de la seguridad frente a la perplejidad, explicación simplificadora del misterio de lo humano y de lo divino, que no puede apresarse, controlarse, capturarse plenamente". Juan José Tamayo, *De la teología y Dios: en torno a la actualidad de lo religioso*, México: Ediciones Hombre y Mundo, 2007, p. 25.

20. Edward Schillebeeckx, *Revelación y experiencia*, p. 11.

21. José Míguez Bonino, *La fe en busca de eficacia*, Salamanca: Sígueme, 1977, p. 128. Por su parte, Croatto también señala lo mismo en estos términos: "hay que reconocer que el exégeta está inmerso en una tradición, en un contexto histórico, es sujeto de determinadas prácticas sociales. Todo ello condiciona su lectura de la Biblia como 'relectura'". José Severino Croatto, *Hermenéutica bíblica*, Buenos Aires: La Aurora, 1984, p. 56. En otros términos, no hay ámbitos asépticos o químicamente puros al interpretar un texto.

rector, el Dr. Rigoberto Gálvez, por la gentil invitación y el aprecio demostrado en ese evento que representó el inicio del ciclo lectivo 2022. Ofrezco ese texto por primera vez a los lectores que advertirán el tono más coloquial del mismo en comparación con el resto del libro.

El capítulo 2, que da título al libro, es un trabajo que elaboré específicamente para esta obra. En los últimos años, he advertido que los teólogos y las teólogas evangélicos/as en América Latina escriben mucho sobre diversos temas de la teología sistemática, tales como cristología, eclesiología, misión, escatología, pero poco o nada sobre Dios que es precisamente lo que designa a esta "ciencia fascinante", como la denominaba Karl Barth. La teología, bien entendida, debe empezar precisamente con su tema propio: Dios. Como dice Pannenberg:

> Cuando se entiende que Dios es el objeto propio y abarcante de la teología –como sucede desde Alberto Magno y Tomás de Aquino– se pone de manifiesto del modo más claro y resulta plausible en el más alto grado que la dependencia del conocimiento de Dios de la revelación divina es algo constitutivo para el concepto de teología.[22]

¿Cuál es el propósito de la teología? ¿En qué consiste su tarea? En forma clara y concisa, André Dumas responde: "La teología intenta decir a Dios, verdaderamente *a Dios*, y *decirlo* de verdad: dogmática de la Palabra y hermenéutica del lenguaje".[23] Sin embargo, se observa poca producción teológica evangélica en torno a su tema propio: Dios. Constaté esa falencia al preparar mi curso "Dios y creación" para el Instituto Teológico Fiet en el año 2020. Me pregunté entonces por qué se daba ese fenómeno. Pienso que quizás la razón radique en que mientras hablar de Cristo, la salvación, la Iglesia representan temáticas más concretas, hablar de Dios implica, por el mero hecho de plantear el tema, un problema tanto para la filosofía que, a pesar de sus esfuerzos no consigue deshacerse de ese "fantasma", como para la teología y los desafíos que ella debe afrontar. En ese ensayo expongo la diversidad de problemas que "Dios" implica para la filosofía, incluyendo especialmente "la muerte de Dios", un epitafio que hace recordar las palabras de un ingenioso escritor estadounidense cuando le envió una carta al director del New York Times: "Estimado Sr. director: su reporte sobre mi muerte me pareció demasiado exagerado". Firmado: Mark Twain. También en ese capítulo me refiero a nuevos acercamientos al tema Dios en la filosofía judía de Emmanuel Lévinas para finalizar con una consideración de las nuevas metáforas de hablar de Dios

---

22. Wolfhart Pannenberg, *Teología sistemática* Vol. I, trad. Juan A. Martínez Camino, Madrid: Universidad Pontificia de Comillas, 1992, p. 5.

23. André Dumas, *Una teología de la realidad: Dietrich Bonhoeffer,* trad. Jesús Cordero, Bilbao: Desclée de Brouwer, 1971, p. 7. Cursivas originales.

en el mundo actual según las propuestas de la teóloga Sallie McFague. Con otras imágenes, la poeta argentina Olga Orozco expresa esa misma búsqueda:

Veía las palabras al trasluz.
Veía desfilar sus oscuras progenies hasta el final del verbo.
Quería descubrir a Dios por transparencia.[24]

El capítulo 3 aborda el tema del rostro y la carne como mediaciones para pensar a Dios. Se trata de una ruptura epistemológica que realiza Jean-Luc Marion ya que no es habitual considerar a la carne (*sarx*) como una mediación para pensar a Dios. El filósofo francés encara su tema desde la fenomenología y conecta su reflexión con la manifestación concreta de Dios en la encarnación del Hijo. En su planteo, también el rostro del prójimo –noción que toma de Lévinas– es el *locus* concreto a partir del cual se puede pensar a Dios. El texto fue publicado inicialmente en la revista *Enfoques,* volumen XXXIII, Nro. 1, Libertador San Martín: UAP, 2021, pp. 65-85. Tanto este capítulo, como el 5 y el 11, son estudios en el campo de la fenomenología. Por muchos años dediqué mis estudios a la hermenéutica filosófica y teológica, sobre todo con referencia a Paul Ricoeur. A partir de un curso de fenomenología al que tuve acceso en 2015 en la Universidad Nacional de San Martín, derivé a este apasionante ámbito de la filosofía, al advertir la directa conexión que hay entre fenomenología y teología, sobre todo en pensadores de la talla de Jean-Luc Marion y Michel Henry.

El capítulo 4 aborda el tema de la revelación en distintos enfoques de los más destacados teólogos protestantes del siglo XX. El texto –que se publica aquí por primera vez– reproduce mis clases de teología propia que dicté en el Seminario Presbiteriano Antonio de Godoy Sobrinho, de Londrina, Brasil. Agradezco a ese Seminario por la oportunidad de ser el profesor de toda la teología sistemática durante los años 1999 y 2001 bajo los auspicios de la Presbyterian Church USA y las gestiones de mi gran amigo, el recordado Rdo. Eriberto Soto.

En el capítulo 5 analizo la Revelación y la Trinidad con Cristo según el planteo fenomenológico de uno de los filósofos más importantes de la actualidad: Jean-Luc Marion que, dicho sea de paso, no siendo teólogo de profesión, admite que la ciencia que más atracción produce es la teología. Actualmente, Marion es profesor visitante de la Universidad de Chicago donde enseña teología. Este artículo científico fue publicado por *Franciscanum, Revista de las ciencias del espíritu,* Nro. 177, Vol. 64, Bogotá: Universidad San Buenaventura, 2022, y se ofrece aquí con modificaciones.

---

24. Olga Orozco, "En el final era el verbo", *Poesía completa*, 3ª. Edición, Buenos Aires: Adriana Hidalgo editora, 2019, p. 386.

En el capítulo 6 vuelvo al tema de la Revelación y la Trinidad en la relación dialéctica tal como la plantea Karl Barth en su dogmática. Ese texto fue publicado en el libro conjunto *Teólogos destacados del siglo XX,* volumen II, Fernando Aranda Fraga y Karl G. Boskam Ulloa (editores), Libertador San Martín, Entre Ríos: UAP, 2022, pp. 39-65.

En el capítulo 7 expongo brevemente la teología de Bonhoeffer. Adopto la definición de André Dumas: "una teología de la realidad" ya que el teólogo luterano concibe a Cristo como realidad concreta en el mundo y a la mundanidad de la Iglesia en un intento por superar a Kant y Hegel. El texto se publica por primera vez.

En el capítulo 8 continúo con la teología luterana, ya que el texto hace referencia al modo en que Paul Tillich relaciona al Reino de Dios con la historia en tanto fin o finalidad (*telos*). Para el teólogo y filósofo alemán el Reino incluye la vida en todos sus ámbitos en los cuales cada cosa participa en el esfuerzo hacia el objetivo interior de la historia que tiende a su cumplimiento. Tanto en este aspecto como en otros de su exposición, Tillich refleja la influencia de Hegel, que deja su impronta no solo en filósofos sino también en teólogos como el propio Tillich, Pannenberg y Barth. Este último, más allá de sus críticas, reconoce que Hegel es un paso ineludible en la teología contemporánea. El texto se publica por primera vez en este libro.

El capítulo 9 está consagrado al tema de la adoración y la escatología. Es un intento por vincular ambos aspectos de la teología. El texto reproduce mis conferencias dictadas en el Seminario Teológico Presbiteriano de ciudad de México dictadas en julio de 2006. Agradezco a esa institución por las varias oportunidades que me concedió el honor de dictar cursos y conferencias en su sede central y la esmerada atención que siempre me dispensó. Este trabajo no había sido publicado hasta ahora.

El capítulo 10 aborda el tema de la tragedia a la esperanza. El contenido es un análisis de la exposición de Karl Barth a los decisivos capítulos 9 a 11 de Romanos donde desarrolla dialécticamente los binomios opuestos: Sí y No; Evangelio vs. Iglesia; Reino vs. Iglesia; Iglesia de Jacob e Iglesia de Esaú y las implicaciones eclesiales y sociales que tal planteo supone. Este trabajo reproduce la ponencia que ofrecí en el XI Simposio Bíblico Teológico Sudamericano, celebrado en la Universidad Adventista del Plata en mayo de 2017.

En el capítulo 11 respondo a una inquietante pregunta: "¿Dónde está Dios en todo lo humano?". Respondo a esa pregunta formulada por Karl Barth a partir de textos que nunca había trabajado antes, especialmente su ensayo: "El lugar del cristiano en la sociedad", que data de 1919, año de la publicación de su decisivo comentario a la carta a los Romanos. El teólogo suizo postula como última referencia de toda acción política que se precie de cristiana al Reino de Dios, el cual no es asimilable a ninguna ideología por cercana o alejada que esté de ese paradigma. El texto es una ponencia que pronuncié en la conferencia anual de

Bíblica Virtual realizada en noviembre de 2021, por invitación de mi amigo el Dr. Juan José Barreda Toscano. Se publica aquí por primera vez.

Finalizo el libro con el capítulo 12 donde desarrollo el tema de la encarnación de Dios en el Logos, el planteo de Michel Henry. El filósofo francés nacido en Vietnam, produce una inversión fenomenológica ya que, invirtiendo la gnosis, sostiene que lejos de ser la vida incapaz de tomar carne es su condición de posibilidad y de efectuación fenomenológica. La encarnación del Logos supone una sabiduría a la cual no acceden los príncipes de este mundo, sino los simples que se abren a ese misterio. Este trabajo fue publicado por la revista *Enfoques,* Libertador San Martín: UAP, enero-junio 1919, vol. XXXI, Nro. 1, pp. 47-68. Se publica aquí con algunas modificaciones.

Agradezco a quienes han facilitado esta publicación y me han alentado durante mi intensa labor de investigación. En primer lugar, al profesor Alberto Sucasas, de la Universidad de A Coruña, España, cuyo conocimiento sobre Lévinas me ha ayudado a comprender un poco mejor el profundo pensamiento del filósofo judío-francés; al Dr. Stéphane Vinolo, filósofo francés radicado en Quito, Ecuador, que me proveyó de material propio para profundizar mis estudios sobre Jean-Luc Marion y ha tenido la gentileza de escribir un muy generoso postfacio; al Prof. Mizrraim Contreras Contreras, colega mexicano, que me facilitó su valioso libro sobre Nietzsche; al Dr. Fernando Gil Villa, de la Universidad de Salamanca, que con enorme gentileza me envió su libro *Hacia un humanismo poético. Repensando a Lévinas en el siglo XXI*[25] y cordialmente me invitó a participar de un coloquio sobre esa misma obra con colegas españoles; al Dr. Martín Hoffmann que escribió una invitación a la lectura de esta obra; al Dr. Alfonso Ropero por su generoso prólogo y al Dr. Andrés Torres Queiruga, destacado teólogo, a quien visité en su cálido hogar de Santiago de Compostela y que tuvo a bien leer los capítulos de esta obra y hacer un breve comentario que invita a leerla.

La gratitud y admiración más profunda a mis hijos: Myrian, directora de escuela secundaria, David, doctor en filosofía y doctor en teología y Gerardo, abogado y entrenador de *CrossFit.*

La obra está dedicada a Emi, mi fiel y amada compañera de la vida. Ella ha sido mi constante inspiración y aliento en mi apasionada y perseverante investigación teológica.

Confío que este libro sea un instrumento idóneo para *pensar a Dios* y *hablar de Dios* en la hermosa lengua de Cervantes.

Alberto F. Roldán
Ramos Mejía, 29 de enero de 2023

---

25. Fernando Gil Villa, *Hacia un humanismo po*ético. Repensando a *Lévinas en el siglo XXI,* Riopiedras Ediciones & Ediciones Universidad de Salamanca, 2021.

¿Por qué leer este libro?

En el ámbito evangélico latinoamericano se escribe mucho sobre iglesia, misión y evangelización, también sobre cristología y escatología, pero es sorprendente que el verdadero tema de la teología, Dios, apenas sea considerado. El trabajo de Alberto Roldán trata de remediarlo. El título es provocador: *Pensar a Dios desde la teología y la filosofía.*

¿Es posible pensar a Dios? ¿No hace esto que Dios sea el objeto del sujeto cognoscente, el ser humano? ¿Puede el ser humano pensante, como ser limitado y finito, captar realmente una realidad ilimitada e infinita y, además, trascendente, como conclusión, por así decirlo, de su limitada capacidad de cognición? ¿No cae así el ser humano en la trampa que Feuerbach describió tan sucintamente como la proyección de los deseos humanos? ¿No hay que entender a Dios más bien como un acontecimiento, como un ser finalmente místico captado, que se realiza en la fe, es decir, más allá de la lógica racional?

Estas son las cuestiones que Roldán trata intensamente. Para ello, emprende un claro y esclarecedor recorrido por los intentos teológicos y filosóficos de responder a ellos, tanto en la tradición como en el presente.

Pensar a Dios: este era también el título de un libro de Dorothee Sölle, la teóloga de la liberación alemana. Su objetivo es superar la imagen metafísica y teísta de Dios. "La idea de un ser supremo en la cúspide de la pirámide del ser, que ha traído todos los órdenes a la existencia y los sostiene, ya no es concebible. En otras palabras, el teísmo como suposición autoevidente de Dios es incapaz de comunicar las experiencias de Dios que también se hacen hoy". Alberto Roldán también se mueve en esta línea.

En el capítulo 2 Roldán precisa la cuestión. Pensar a Dios empieza por pensar las preguntas últimas del ser humano, no por imaginar a un ser celestial objetivado y abstraído de la realidad. En las cuestiones últimas de la razón, el sentido y la meta del ser, la trascendencia de Dios brilla en la inmanencia, o como dijo Emmanuel Lévinas: "Dios invade el pensamiento". En consecuencia, pensar a Dios no puede reducirse al conocimiento, sino que tiene que ver con la experiencia y la sabiduría. Las diversas determinaciones de la relación entre la teología y la filosofía luchan precisamente por la aproximación adecuada a la realidad. Roldán sigue el lema de Anselmo: "Creo para comprender" con el objetivo de demostrar la plausibilidad de la fe en términos personales, eclesiales y socioculturales.

Si hablar de Dios está vinculado a las cuestiones humanas básicas del ser, entonces bajo los nuevos desafíos de la era ecológica y la amenaza nuclear también hay necesidad de "nuevas metáforas para Dios" (Sallie McFague). Roldán pasa de Dios como ser-en-sí-mismo a Dios como ser-en-relación en el fondo del pensamiento trinitario (capítulo 3). Por ejemplo, el fenómeno erótico es una metáfora viva de la relación íntima entre el ser humano y Dios. Un primer punto destacado del libro es el tercer capítulo, en el que Roldán se explaya sobre el aporte de la fenomenología para el conocimiento de Dios. El pensamiento de Husserl y Heidegger, pero sobre todo el de Jean-Luc Marion y Emmanuel Lévinas, se presenta en descripciones impresionantes. "Pensar a Dios desde el rostro del 'otro'" y "pensar a Dios desde el amor expresado en la carne" son los temas que guían esto. Los capítulos 4 al 6 tratan el problema de la revelación y la razón y lo vinculan a la imagen trinitaria de Dios, que entiende a Dios como una "verdadera comunidad de amor y acción". Especialmente impresionante es la presentación de la doctrina de la Trinidad de Karl Barth en el sexto capítulo. Desde esta base, Roldán tiende un puente hacia una teología de la realidad, cuyo precursor reconoce en Dietrich Bonhoeffer. "Bonhoeffer insinúa la necesidad de hablar mundanamente de Dios", prescindiendo de las clásicas fórmulas metafísicas y trascendentes ya que su encarnación implica que Dios se hace mundo en Cristo y su Iglesia es fundamentalmente Cristo mismo viviendo en una comunidad en el mundo.

Automáticamente, a partir de allí, surge la pregunta de cómo una realidad tan ambigua y adversa es compatible con la presencia de Dios y con qué fin. Roldán retoma estas cuestiones centrándose en la concepción de Paul Tillich sobre el Reino de Dios y la historia como una respuesta plausible. "El símbolo del Reino de Dios es la clave teológica que nos permite vislumbrar el fin de la historia, lo que da sentido a la historia y la conquista que la Vida Eterna hace de las ambigüedades de la vida en todas sus manifestaciones. Es, en términos filosóficos acaso equivalentes: la conquista de todos los grados del ser, la totalidad que absorbe lo fragmentario y transitorio". A continuación, el autor reflexiona sobre la escatología, entre las que destaca la concepción de Jürgen Moltmann, "una escatología que muestra que el fin último de Dios no se agota en la salvación de las almas, ni siquiera de las personas, y ni siquiera en la creación de su iglesia, sino que este fin es cósmico en cuanto que apunta a la reunión de todas las cosas en Cristo en la plenitud de los tiempos" (cap. 9). Las reflexiones sobre la escatología de la Carta a los Romanos y su interpretación por Karl Barth con sus consecuencias sociopolíticas (caps. 10-11) concluyen el volumen.

Quien quiera abordar la cuestión de cómo pensar a Dios y cómo hablar de él en los desafíos de nuestro tiempo, encontrará una amplia base en la obra de

Alberto Roldán. El libro ofrece un tesoro de pensamientos y enfoques de los más importantes sobre Dios. Los que quieran seguir pensando por sí mismos estos conceptos, van a encontrar en este libro el punto de partida ideal y una guía acertada.

DR. MARTÍN HOFFMANN
Profesor de Teología Sistemática en la Universidad Bíblica Latinoamericana
San José, Costa Rica, 20 de julio de 2022

I
Teología, naturaleza y alcances

La ciencia más elevada, la especulación más encumbrada, la filosofía más vigorosa, que puedan jamás ocupar la atención de un hijo de Dios, es el nombre, la naturaleza, la persona, la obra, los hechos y la existencia de ese gran Dios a quien llama Padre.[1]

Charles Spurgeon

Nadie que reflexiona sobre las últimas preguntas de la vida puede escapar de la teología. Y cualquier persona que reflexione sobre las últimas preguntas de la vida –incluyendo asuntos sobre Dios y nuestra relación con él– es teólogo.

Stanley J. Grenz & Roger E. Olson

En América Latina, el estudio de la teología siempre se lo ha asociado al mundo católico. En más de una ocasión me ha sucedido que en viajes en bus, en tren o en avión, la persona que está a mi lado me pregunta: "¿A qué se dedica usted?", y cuando respondo: "soy teólogo", casi unánimemente la persona me replica: "¡Ah! ¿Usted es sacerdote?". Eso muestra a las claras que el común denominador de la gente, fuera de las iglesias, cree que a la teología solo la estudian los candidatos al sacerdocio católico.

¿Por qué será así? Podríamos ensayar varias respuestas, pero algunas pueden ser: porque el mundo evangélico no estudia la teología o no la toma como importante porque tal vez la considera muy intelectual y como tal, contraria a lo espiritual.

---

1. Citado por James Packer en *Hacia el conocimiento de Dios,* Miami: Logoi, 1979, p. 11. Este párrafo constituye la introducción al sermón pronunciado por el pastor bautista inglés, Charles Spurgeon, el 7 de enero de 1855 en la capilla de New Park Street, Southwark, Inglaterra.

O tal vez por una mala comprensión de lo que dice San Pablo: "la letra mata", expresión muy fuerte que no se refiere a la teología o a la Palabra de Dios sino a la ley como instrumento de salvación. La teología hoy por hoy es una disciplina ineludible para el ejercicio de la fe. Como bien decía San Anselmo: "Creo para comprender. Porque si no creyera, tampoco comprendería", lo cual significa "inteligencia de la fe".

¿Qué beneficios ofrece el estudio de la teología hoy?

Llamo la atención sobre el *hoy* porque, desde Heráclito, sabemos que la realidad es cambiante, que nadie se baña en el mismo río dos veces porque el agua del río está fluyendo permanentemente y al salir del río ya no es el mismo en el que entré.

Voy a proponer tres beneficios que produce el estudio de la teología: beneficios personales, beneficios eclesiales y beneficios socioculturales.

1. Beneficios personales

El desarrollo de la persona humana es complejo y constante. Los seres humanos somos un complejo de varias dimensiones: corporales, psíquicas, espirituales, volitivas, etc. Y el estudio es parte de nuestra formación como humanos, ya que, como ha dicho el hermeneuta Hans-Georg Gadamer, no es que "tenemos lenguaje" sin que "somos lenguaje". El lenguaje nos constituye como humanos para interactuar con otros humanos y constituir una comunidad humana.

Por supuesto, cada vez que hablamos de "teología" deberíamos aclarar a qué nos referimos con ese término. No es de origen bíblico ni cristiano, sino que fue inventado por los griegos. Para los griegos, inicialmente los "teólogos" eran los poetas que hablaban de los dioses, elaborando poemas y panegíricos sobre los dioses. Homero era un teólogo para ellos. Pero fue Aristóteles quien, en su obra *Metafísica*, libro VI, que le otorga a la "teología" un lugar preponderante en el corpus de las ciencias. En efecto, el filósofo ateniense que fue tutor de Alejandro Magno y fue considerado por mucho tiempo como "el filósofo" por excelencia, dice en esa obra que hay tres ciencias teóricas importantes: la matemática, la física y la teología y que la principal de las tres es la teología porque trata de "Dios" es decir: "Theós". Teología es logos de Dios: palabra sobre Dios, discurso sobre Dios. En palabras del español Juan José Tamayo: "la teología es discurso. Es teoría". Se trata de una definición que quienes rechazan o cuestionan la teoría encuentran difícil de aceptar, pero si tenemos en cuenta que en toda práctica hay una teoría detrás, bien la podemos aceptar e internalizar. Tomemos un ejemplo sencillo: quienes hemos sido formados en iglesias evangélicas o procedemos de familias evangélicas, desde niños hemos asistido a los cultos. Y en ellos hay una liturgia, un modelo de culto que no nos damos cuenta, pero es bastante repetitivo. Hay lectura de la Biblia, hay himnos y canciones, hay oraciones, hay predicaciones. Y todos esos actos del culto son prácticas, pero detrás de ellas hay un modo de planificación, de estudio, de teoría. La teología es discurso, luego es teoría indispensable para las prácticas.

¿Qué es la teología? Karl Barth, acaso el más importante teólogo del siglo XX, suizo, reformado, en sus últimas clases en Basilea –cuando le solicitaron que dictara su curso sobre teología evangélica, ya que todavía no se había designado un sucesor– Barth afirmaba que "La teología es una de aquellas empresas humanas tradicionalmente llamadas 'ciencias' que buscan percibir un objeto o el ámbito de un objeto por el camino que este señala como fenómeno, comprenderlo en su significado y enunciarlo en todo el alcance de su existencia. La palabra 'teología' parece indicar que en ella, como en una ciencia especial (¡muy especial!), se trata de percibir a Dios, de comprenderlo y enunciarlo".[2] De esta definición podemos extraer los siguientes conceptos:

La teología es una empresa humana. Hecha por hombres y mujeres de carne y hueso que pensamos la fe a partir de la revelación de Dios que es Cristo y la Palabra de Dios. Segundo, la teología es una "ciencia". Por supuesto apenas decimos que es ciencia es menester aclarar de qué ciencia o saber estamos hablando. Por supuesto no de una ciencia exacta como la matemática o la física o la química. A Dios no lo podemos estudiar como se estudia una roca o un líquido elemento o reducirlo a una fórmula matemática. Se trata de una ciencia extraña, una ciencia muy especial porque como toda ciencia constituye recortar un segmento, un objeto de la realidad y estudiarlo. En este caso, ese "objeto" no es un objeto sino más bien un sujeto que se llama Dios: creador, soberano sobre todas las cosas, Dios revelado como trinidad que siempre ha sido Padre, Hijo y Espíritu Santo pero que se ha manifestado como tal en la economía de la salvación, es decir, en la historia de la salvación. El Dios vivo y verdadero, el Dios de Israel que también es Padre, Hijo y Espíritu Santo al darse a conocer, se manifiesta, se revela o como bien dice el filósofo francés Jean-Luc Marion, se hace un fenómeno saturado porque rebasa nuestra comprensión. Se trata de un fenómeno saturado de plenitud, de presencia, que rebasa nuestra comprensión humana. Hablar de comprensión es hablar de la mente y del pensamiento. El estudio de la teología enriquece nuestra mente y nuestra comprensión del mundo en que vivimos. Dice James Packer:

En la contemplación de la Divinidad hay algo extraordinariamente *beneficioso para la mente*. [...] Pero cuando nos damos con esta ciencia por excelencia y descubrimos

---

2. Karl Barth, *Introducción a la teología evangélica*, trad. Elizabeth Linderberg de Delmonte, Buenos Aires: La Aurora, 1986, p. 31. Segunda edición: *Introducción a la teología evangélica*, trad. Constantino Ruiz-Garrido del original alemán. Salamanca, Sígueme, 2021.

que nuestra plomada no puede sondear su profundidad, que nuestro ojo de águila no puede percibir su altura, nos alejamos con el pensamiento de que el hombre vano quisiera ser sabio, pero que es como el pollino salvaje y con la solemne exclamación de que "soy de ayer, y nada sé". Ningún tema de contemplación tenderá a humillar la mente en mayor medida que los pensamientos de Dios...[3]

¿En qué sentido entonces la teología nos beneficia como personas? Lo hace al darnos plenitud humana. El ser humano viene al mundo como un ser incompleto y deficitario. A ello se agrega la presencia del pecado que nos deshumaniza. Por lo tanto, necesitamos una nueva creación, lo que San Pablo dice a los corintios: "En Cristo somos una nueva creación". Se produce por acción del Espíritu de Dios un nuevo comienzo, un nuevo nacimiento, una nueva creación que comienza cuando creemos en Jesucristo y somos hechos de nuevo por Dios en Jesucristo. Y precisamente se genera dentro de nosotros una nueva humanidad que tiene como meta llegar a la adultez, al varón y mujer perfectos conforme a la medida de la plenitud de Cristo. La teología, nuestro conocimiento de Dios, nos permite conocernos mejor a nosotros mismos, como decía Calvino. La teología forma a la persona humana para que sea solidaria, amable, compasiva hacia los demás. Porque sabe que el mandamiento más importante es amar a Dios con todo el ser y al prójimo como a sí mismo, ni más ni menos.

Pero los beneficios personales de la teología se despliegan hacia otro ámbito: el eclesial.

2. Beneficios eclesiales

Hay muchas formas de hacer teología y también muchos ámbitos en los cuales está presente la teología. Porque esta extraña ciencia no solo es estudiada en los ámbitos eclesiales y ministeriales sino, como hemos dicho, fue inventada por los griegos y fue considerada "la filosofía primera" y eso siguió por toda la Edad Media, cuando la teología alcanzó su cumbre al ser considerada "reina de las ciencias". Pero ahora nos referimos a la presencia de la teología en la Iglesia.

¿Cómo debe estar la teología en el ámbito de la Iglesia? La teología que estudiamos en un seminario o en un instituto bíblico y teológico es una teología que debe estar al servicio de la Iglesia. Como decía Barth: "la teología sirve a la iglesia sirviendo a la predicación". Tomemos esa acción ministerial: la predicación. Una de las funciones pastorales más importantes es justamente esa: la proclamación de la Palabra de Dios en la comunidad que llamamos Iglesia. No es lo mismo un pastor o una pastora que no ha estudiado teología con alguien

---

3. James Packer, *Hacia el conocimiento de Dios*, Miami: Logoi, 1979, pp. 11-12. Cursivas originales.

que sí lo ha hecho. En la mera formulación del tema a predicar, en la exégesis del pasaje –que por supuesto no se hace en el púlpito sino antes– se pone de manifiesto que ese pastor o esa pastora han estudiado. Y luego en el acto de la predicación, el pastor o la pastora ponen en evidencia si tienen capacidad para comunicar el mensaje o son inexpertos como *amateurs* que no saben de Biblia ni de teología. Un *amateur* lee un texto bíblico y habla de varios temas que, según su entender, se desprenden de ese texto. Y como si fuera poco, luego se va del Apocalipsis a Ezequiel, de Ezequiel a Mateo, de Mateo a los Salmos y de los Salmos a 1 Corintios. Y al terminar, la gente no sabe a ciencia cierta de qué habló el predicador o la predicadora de turno.

Tomemos otro ejemplo: el pastor y la pastora que no han estudiado teología no están en condiciones de distinguir entre las diversas formas de hacer teología. Confunden fácilmente la teología bíblica de la teología sistemática y esta última de la teología pastoral. Pero el que estudia sabe que la teología bíblica privilegia el contexto social e histórico de los textos bíblicos y privilegia la exégesis y la teología sistemática es un intento –válido– por vincular y relacionar los temas de la teología desde Dios (teología propia), la creación, la humanidad, el pecado (hamartiología), Cristo (cristología), soteriología, eclesiología y hasta la escatología. Y para ello no solo recurre a los textos bíblicos, sino a otras herramientas como las ciencias del lenguaje, la filosofía, la hermenéutica y las ciencias sociales. Estos conocimientos son vitales a la hora del trabajo pastoral como enseñanza de la Biblia y de la teología.

Un tercer ejemplo: una de las tareas pastorales que son esenciales en la vida de la Iglesia consiste en la detección de dones (carismas) y ministerios. Un pastor o una pastora que han estudiado teología estarán en mejores condiciones a la hora de observar, conocer, dialogar con los miembros de su congregación para conocer sus dones o carismas y facilitar su despliegue creando ámbitos de acción ministerial.

Finalmente, el pastor o la pastora que estudian teología pastoral sabrán distinguir a la hora de la consulta pastoral o el aconsejamiento pastoral qué herramientas utilizar: la Biblia, los contenidos teológicos básicos para esa consulta y sabrá, también, cuándo y cómo derivar a psicólogos o psicólogas a un hermano o hermana de la iglesia que muestra ciertos síntomas de problemas psicológicos que requieren esa derivación a profesionales de la conducta (psicólogos o psiquiatras).

Para que la teología sirva a la Iglesia necesariamente debe estar abierta y ser guiada por el Espíritu Santo. Esto lo subraya Karl Barth en su *Introducción a la teología evangélica*. En la clase cuarta, Barth se dedica a exponer la importancia insustituible del Espíritu en el quehacer teológico. Una teología evangélica, dice, debe surgir y actuar en el ámbito del Espíritu, debe ser, una teología pneumática. Y agrega: "solo al arriesgarse en la confianza de que el Espíritu es la verdad puede plantearse y responder a la cuestión de la verdad".[4] El teólogo reformado advierte que la teología se aparta del Espíritu "donde permite que se le encierre en espacios a los que no llega su desarrollo; allí donde el aire asfixiante le impide automáticamente ser lo que debe ser y hacer lo que debe hacer".[5]

Los beneficios de estudiar teología no solo tienen que ver con beneficios personales ni con beneficios eclesiales, sino que también esos beneficios se expanden a un ámbito más amplio: el sociocultural. A eso vamos.

3. Beneficios socioculturales

¿A qué denominamos "beneficios socioculturales"? Con esa expresión nos referimos a la presencia de la teología en el ámbito social y cultural. Como hemos dicho, la teología no se reduce a un discurso intra eclesiástico, sino que ella está presente también en las universidades e instituciones de educación superior. ¿Dónde está la teología allí? ¿De qué modo está?

Por supuesto, un ámbito académico privilegiado donde la teología está presente es en el campo de la filosofía. Ya hemos dicho que la teología fue, en sus inicios, considerada como "la filosofía primera". Más allá del golpe fuerte que significó la crítica de Kant a la teología, pese a que el filósofo alemán era un creyente luterano, más precisamente pietista, lo que él decía es que creía en Dios, pero solo como una fe, como una creencia sin poder demostrar a Dios vía razón. Y es por ello que, luego de demoler las pruebas teístas elaboradas por Aristóteles, reinterpretadas por Santo Tomás y de la demostración racional de la existencia de Dios por Descartes, Kant es claro al confesar: "Tuve que dejar de lado la razón para dar lugar a la fe". Kant también consideraba que la relación entre la filosofía y la teología es que esta, que otrora –en la Edad Media– era la reina de las ciencias ahora se ocupa de llevar la cola del vestido de la filosofía en su caminar triunfante.

Pero la teología siempre está presente en la discusión filosófica. Concretamente, lo está en los siguientes campos de la filosofía: uno de ellos es la hermenéutica, la ciencia y el arte de la interpretación. Casi es unánime el reconocimiento de los filósofos actuales de que la hermenéutica es reinstalada en la discusión filosófica a partir de Friedrich Schleiermacher, padre de la hermenéutica moderna, además de teólogo y pastor reformado. Un pastor o pastora que tienen formación teológica seria, incluyendo la hermenéutica, están en condiciones de entrar en el campo de la hermenéutica y relacionar la hermenéutica bíblica y teológica con la filosófica.

Otro campo filosófico es la política, entendida en su sentido más global y no necesariamente partidaria. Pues bien: hoy está en las discusiones de la filosofía

---

4. Karl Barth, *Introducción a la teología evangélica*, p. 76.
5. *Ibid.*, p. 77.

la teología política que es, como afirma el italiano Merio Scattola, una forma de filosofía política pero elaborada desde la teología. Esta forma de teología denominada "política" tendría sus orígenes en San Agustín y su obra *La ciudad de Dios* que es una interpretación teológica de la historia luego de la caída de Roma en manos de los bárbaros. La teología política tiene un nuevo impulso a partir de un texto del jurista alemán Carl Schmitt publicado en 1922 titulado precisamente *Teología política. Cuatro ensayos sobre soberanía* donde demuestra que, si bien la modernidad tiende a expulsar a Dios de la cultura, las ideas teológicas entran en el mundo de lo político y sus ideas no son otra cosa que conceptos políticos revestidos de teología. Por ejemplo, la soberanía que en la Edad Media era adscripta solo a Dios: Dios es el único soberano, ahora se transfiere al Estado moderno que utiliza, inclusive para sus actos: himnos y liturgias tomadas de la religión, por lo tanto, de la teología. Creativamente, Schmitt decía que el milagro que en la teología sería la suspensión de las leyes naturales (por caso, no es habitual o normal que un hombre camine sobre las aguas del mar, como lo hizo Jesús), en lo político, el milagro es la suspensión del Estado de derecho, lo que deriva temporariamente en un "Estado de excepción" en el que se suspenden las garantías constitucionales. Un pastor o pastora que hayan estudiado esta temática podrán dialogar con filósofos, politólogos o periodistas sobre la cuestión de la política como ciencia y como arte. Y ese pastor o pastora sabrán indicar que el modelo perfecto de gobierno es el Reino de Dios pero que ese modelo es un paradigma al cual no se iguala ningún sistema sociopolítico por más necesario que sea. En todo caso, ese sistema humano y necesario será solo una mediación mejor o peor del Reino de Dios y su justicia. Nunca será la concreción plena del Reino de Dios.

Otro campo filosófico que tiene vinculación estrecha entre filosofía y teología es la fenomenología. Se trata de un método para hacer filosofía. Para decirlo en la forma más sencilla: La fenomenología tiene como objetivo el estudio de los fenómenos, entendiendo por ello las experiencias de la conciencia, lo que está o se da inmediatamente presente en la conciencia, sin preconcepciones. Un pastor o pastora que han estudiado –aunque sea someramente– esta corriente de pensamiento, sabrá cuánto terreno común hay en el acercamiento fenomenológico a Dios desde la filosofía y desde la teología. Le permitirá internalizar un hecho incuestionable: Dios no es conocido fuera de su Revelación. No es una cosa o un objeto al cual puede acceder el ser humano en su finitud porque lo finito no puede abarcar lo infinito. Y sabrá que Dios solo es conocido por esa Revelación verbal, es decir, el Hijo de Dios como Logos hecho carne y la palabra escrita, la Sagrada Escritura. Y, también, ese pastor o esa pastora sabrá de la importancia de reivindicar el cuerpo, la carne, como vehículo de revelación de Dios. Que la carne y el cuerpo no son aditamentos a lo humano sino parte esencial de lo humano y que Dios, en la persona del Logos tomó carne y habitó entre los humanos para vivir una vida plenamente humana entre nosotros. Hoy, la fenomenología –sobre todo por filósofos cristianos de diversas confesiones cristianas como son los casos de Michel Henry y de Jean-Luc Marion– es una instancia muy importante para mostrar el lugar preponderante que tiene el cuerpo también en la teología bíblica: no tenemos cuerpo, sino que somos cuerpo y su reivindicación está marcada por la consideración bíblica del cuerpo, al punto de que la metáfora más importante para describir la Iglesia es, para San Pablo: el cuerpo de Cristo.

También la formación teológica permite al pastor o la pastora estar en condiciones de participar en el diálogo interreligioso. No faltarán oportunidades en que el pastor o la pastora sean invitados a participar en entrevistas y diálogos televisivos en el cual estarán presentes sacerdotes católicos, rabinos y representantes del Islam. No se trata de abdicar de nuestras convicciones evangélicas sino de saber que también en las religiones monoteístas existe algún común denominador que nos permita el diálogo constructivo. Tal diálogo es imposible sin saber lo que es común a las religiones abrahámicas y lo que nos diferencia. Para participar de modo inteligente y respetuoso es imprescindible saber lo que creemos y conocer también las diferencias y los énfasis de cada religión.

Pero cuando hablamos de lo sociocultural, por supuesto una tarea ineludible de un pastor o pastora que estén interesados en la tarea teológica, intentarán buscar en su propia cultura los puntos de contacto con la teología. Esos puntos de contacto los debemos buscar en la literatura, el cine, el teatro y el arte en general. Para los guatemaltecos, supongo que será esencial haber leído *El señor presidente,* de Miguel Ángel Asturias y escuchar las canciones del guatemalteco Ricardo Arjona y su "Jesús es Verbo, no sustantivo". Del mismo modo, para un pastor argentino resultará esencial leer a Jorge Luis Borges y la presencia de la teología en su obra ficcional, ensayística y poética. Como dice su poema:

Everness

> Solo una cosa no hay. Es el olvido.
> Dios, que salva el metal, salva la escoria
> y cifra en su profética memoria
> las lunas que serán y las que han sido.
>
> Ya todo está. Los miles de reflejos
> que entre los dos crepúsculos del día
> tu rostro fue dejando en los espejos
> y los que irá dejando todavía.
>
> Y todo es una parte del diverso
> cristal de esa memoria, el universo;
> no tienen fin sus arduos corredores

y las puertas se cierran a tu paso;

solo del otro lado del ocaso

verás los Arquetipos y Esplendores.

Si es un pastor o pastora argentino y le gusta el tango, sabrá detectar la presencia de Dios en tangos como "Uno", "Cambalache" o "Tormenta" de Enrique Santos Discépolo. Este último dice en sus primeras líneas:

Huyendo entre relámpagos,

perdido en la tormenta de mi noche interminable, Dios,

busco tu nombre.

No quiero que tu rayo me enceguezca entre el horror

porque preciso luz para seguir.

Lo que aprendí de tu mano

no sirve para vivir.

Yo siento que mi fe se tambalea

Que la gente mala vive, Dios,

mejor que yo.

Y para pastores mexicanos supongo que será muy importante analizar la narrativa de Carlos Fuentes, el tema de Dios y la finitud humana en sus novelas *La muerte de Artemio Cruz, Cambio de piel* y *Terra nostra,* esta última intensamente apocalíptica.[6]

Si recurrimos a los filmes como *Elysium* o *Sueños de libertad,* constituyen narrativas con fuerte contenido teológico que es menester conocer. No hacemos teología en un ámbito aséptico, sino en medio de culturas que nos afectan y que, en lo positivo, nos permiten introducir el mensaje cristiano en esos ámbitos. Por eso, la formación teológica es esencial en toda la labor pastoral realizada en el ámbito sociocultural, el medio en que nos movemos y actuamos. Como definió magistralmente el teólogo metodista argentino José Míguez Bonino:

---

6. Para un análisis de la presencia de la apocalíptica en esas obras, véase Alberto F. Roldán, *Dios y la narrativa de los tiempos. Tras las huellas del Apocalipsis en la literatura latinoamericana,* Buenos Aires: Juanuno1, 2021.

"Toda teología tiene que ser fiel a la totalidad de la revelación de Dios en Cristo y a la 'catolicidad' [universalidad] del pueblo de Dios y a la vez comunicar esa plenitud en la 'carne' concreta del lenguaje, tiempo y cultura en que se desarrolla".[7]

Conclusión

La teología es una ciencia o un saber o un discurso de carácter irremplazable. Como señalan Stanley Grenz y Roger Olson:
"Nadie que reflexiona sobre las últimas preguntas de la vida puede escapar de la teología. Y cualquier persona que reflexione sobre las últimas preguntas de la vida –incluyendo asuntos sobre Dios y nuestra relación con él– es teólogo".[8]

Para quienes estamos en el ministerio cristiano, sea docente, pastoral o evangelístico, la teología no es una opción. No se trata de estudiar o dejarla de estudiar sin evitar grandes consecuencias. Porque todos en diversos ámbitos ministeriales, hacemos teología, repetimos teologías –no siempre las mejores– y sin un profundo estudio de esta magnífica disciplina tan distinta a las otras denominadas "ciencias sociales" fácilmente caemos en clisés o en disparates que no hacen justicia al texto bíblico ni toman en cuenta el ámbito eclesial, social y cultural en el que nos desenvolvemos. La teología es, confiesa Marion, la escritura que causa el mayor placer porque habla del Verbo hecho carne. Necesitamos estudiar permanentemente la teología en sus diversas formas de elaboración y articulación. Una teología fundamentada en la Palabra de Dios, pero abierta al mundo y como acto de servicio a la realización de las personas, de la Iglesia y del Reino de Dios y su justicia. Finalizamos con la estupenda doxología de Pablo en Romanos 11:33-36, que es lo más aproximado a la idea de "teología", palabra que no está en la Biblia. Dice el apóstol:

"¡Oh profundidad de las riquezas de la sabiduría (*sophia*)

y de la ciencia (*gnosis*) de Dios! ¡Cuán insondables son sus juicios, e inescrutables sus caminos!

Porque, ¿quién entendió la mente del Señor?

¿O quién fue su consejero?

¿O quién le dio a él primero, para que le fuese recompensado?

Porque de él, y por él, y para él, son todas las cosas.

A él sea la gloria por los siglos. Amén".

---

7. José Míguez Bonino, "Universalidad y contextualidad en teología", *Cuadernos de teología*, Vol. XVI, Nros. 1 y 2, Buenos Aires: Isedet, 1997, p. 89. Negritas originales.

8. Stanley J. Grenz & Roger E. Olson, *Who needs Theology?* Dawners Grove, Illinois: IVP, 1996, p. 13.

II
Dios como problema

...dentro de un horizonte racional de comprensión, una fe en Dios, una fe que tenga sentido para el hombre, será posible únicamente si nuestra realidad humana *misma* contiene una verdadera flecha de indicación hacia Dios, el cual entonces también es experimentado, es decir, Dios entra también en nuestra experiencia.

Edward Schillebeeckx

...la idea de lo Infinito manda al espíritu y la palabra Dios viene a la punta de la lengua... el latido del tiempo primordial en el que la idea de lo Infinito –desformatizada–, por ella misma o de suyo, significa. Dios-viniendo-a-la-idea, como vida de Dios.

Emmanuel Lévinas

...si el mensaje de Jesús nos habla, todo él, de nuestra existencia y de su transformación, debe ser porque a través de ella y solo a través de ella conocemos lo que Dios es *en sí*.

Juan Luis Segundo

¿En qué sentido "Dios" es un problema? Escribimos el nombre "Dios" entre comillas porque la idea de Dios implica una diversidad de imágenes y conceptos que dependen del contexto cultural en que se generan. Sin embargo, la idea de Dios siempre ha estado inserta en el corazón humano. Las ciencias de la religión desarrolladas en el siglo XIX demostraron de modo fehaciente que siempre la humanidad, en cualquiera de sus etapas de desarrollo y sus culturas, pensó y habló de Dios o de los dioses. En otras palabras: la actitud religiosa es connatural al ser humano. La pregunta por Dios es, de alguna manera, también una pregunta sobre el ser humano. Como dice Juan Alfaro: "la teología se encuentra inevitablemente ante la cuestión antropológica: ¿qué hay en el hombre, que lo hace radicalmente capaz de recibir la revelación de Dios? Se trata, en el fondo, de la pregunta: ¿qué es el hombre?"[1] En palabras de Xavier Zubiri, el problema de Dios "no es Dios en sí mismo, sino la posibilidad *filosófica* del problema de Dios".[2] El filósofo español admite que el hombre actual pretende no tener nada que ver con un Dios que sea "problema", sin embargo, pese a esa renuncia existe una dimensión teologal en la vida humana, definiéndola en estos términos: "La dimensión teologal es, así, un momento constitutivo de la realidad humana, un momento estructural de ella".[3] Porque, argumenta Zubiri, el problema de Dios existe y no es un problema cualquiera fruto de la pura casualidad sino que "es la realidad humana misma en su constitutivo problematismo".[4] Por su parte Karl Rahner, en un profundo ensayo sobre la palabra "Dios", afirma que no podemos escapar de ella, porque sea como fuere, "la palabra está entre nosotros. El mismo ateo la crea continuamente cuando dice que no hay Dios y que algo parecido a Dios no tendría sentido inteligible. [...] También el ateo contribuye de esta manera a que la *palabra* 'Dios' siga existiendo".[5]

Uno de los planteos más serios de la teología en cuanto al tema "Dios" es el que ofrece Martin Heidegger. El filósofo alemán sostiene que el Dios de la metafísica fácilmente se transforma en un ente más dentro de los entes de la experiencia humana. Heidegger, cuya formación comenzó con la teología estudiando con los jesuitas, hace la siguiente afirmación: "Quien ha experimentado la teología, tanto la de la fe cristiana como la de la filosofía, en su plenitud de desarrollo, prefiere hoy callar en el ámbito del pensar de Dios".[6] Para Heidegger, el Dios de la metafísica no es el Dios verdadero porque, sentencia: "A este Dios, el hombre no puede

---

1. Juan Alfaro, *Revelación cristiana, fe y teología,* Salamanca: Sígueme, 1985, p. 13.

2. Xavier Zubiri, *En torno al problema de Dios,* Madrid: Ediciones Encuentro, 2016, p. 14. Cursivas originales.

3. Xavier Zubiri, "El problema teologal del hombre" en M. Alcalá *et. al.,* en A. Vargas Machuca, *Teología y mundo contemporáneo. Homenaje a Karl Rahner en su 70 cumpleaños,* Madrid: Ediciones Cristiandad, 1975, p. 56.

4. *Ibid.,* p. 57. En otra obra, Zubiri afirma que "en el problema de Dios le va al hombre su propia realidad, es por lo que incide sobre aquel, de un modo necesario, en forma de reflexión intelectual". Xavier Zubiri, *Naturaleza, historia, Dios,* 6ta. Edición, Madrid: Alianza editorial, 1974 p. 346.

5. Karl Rahner, "Meditación sobre la palabra 'Dios'", *La gracia como libertad,* trad. Javier Medina-Dávila, Barcelona: Herder, 1972, p.12. En ese mismo texto, el teólogo jesuita dice que para el creyente hay solo dos posibilidades sobre la palabra "Dios", o desaparece sin dejar huellas o permanece. De hecho, la historia muestra claramente que la palabra existe, señalando a una realidad que está ahí, por lo menos como problema.

6. Martín Heidegger, "Die Frage nach der Technik", en VA, I, p. 26, cit. por Néstor A. Corona, *Pensar después de la metafísica,* Buenos Aires: Prometeo libros, 2013, p. 257.

rezar ni hacerle sacrificios. Ante la *Causa sui* el hombre no puede caer temeroso de rodillas, así como tampoco puede tocar instrumentos ni bailar ante este Dios".[7]

Pese a estos escollos, la filosofía y la teología no dejan de pensar en Dios. ¿Qué relación hay entre el pensar en Dios desde la filosofía y desde la teología? La filosofía, que estrictamente no es una ciencia, trata con la totalidad de lo real. Consciente de ello, Pannenberg sostiene que la teología también tiene que ver con esa totalidad, pero hay una diferencia:

> [...] la filosofía sigue siendo posible aun prescindiendo del problema de Dios. En la teología, por el contrario, la totalidad de lo real solo es temática desde el punto de vista de la realidad de Dios, es decir, en cuanto a que tiene que concebir a Dios como la realidad que todo lo determina.[8]

La teología, en su sentido etimológico, es un *logos* de Dios, luego, es un discurso, saber, ciencia acerca de Dios, o sea, que tiene a Dios como tema central, punto de partida y punto de llegada de esa disciplina. Siendo un lenguaje o un decir sobre Dios, dice Gustavo Gutiérrez, es un "esfuerzo por *pensar el misterio*.[9] Sin embargo, aclara el teólogo peruano, cuando se habla de misterio en el contexto de la teología cristiana, no se hace referencia a algo escondido y secreto sino que:

> [...] más bien de un misterio que necesita ser dicho y no callado, comunicado y no guardado para sí. Como dice muy bien E. Jüngel, en perspectiva cristiana "el hecho de tener que ser revelado pertenece a la esencia del misterio".[10]

---

7. Martín Heidegger, *Identidad y diferencia*, (*Identität und Differenz)*, trad. Helena Cortés y Arturo Leyte, Madrid: Editora Nacional, 2002, p. 125. La cuestión planteada por Heidegger ha sido profusamente estudiada. Para una ampliación y profundización del tema véase Philippe Capelle-Dumont, *Filosofía y teología en el pensamiento de Martin Heidegger*, trad. Pablo Corona, Buenos Aires: FCE, 2012, pp. 119-158; Jean-Luc Marion, *El ídolo y la distancia*, trad. Sebastián M. Pascual y Nadie Latrille, Salamanca: Sígueme, 1999, pp. 15-30; Emmanuel Lévinas, *Dios, la muerte y el tiempo*, trad. María Luisa Rodríguez Tapia, Barcelona: Altaya, 1999, pp. 141-182; David A. Roldán, *Emmanuel Lévinas y la onto-teo-logía. Dios, el prójimo y yo*, tesis de licenciatura en teología, Buenos Aires, ISEDET, 2001; Leticia Basso Monteverde, *La unidad de la diferencia*, Buenos Aires: Biblos, 2017 y el ya citado Néstor Corona, *Pensar a Dios después de la metafísica*, pp. 249-286.

8. Wolfhart Pannenberg, *Teoría de la ciencia y teología*, trad. Eloy Rodríguez Navarro, Madrid: Ediciones Cristiandad, 1981, p. 312. El propio Pannenberg ha desarrollado amplia y profundamente este tema en su obra *Una historia de la filosofía desde la idea de Dios*, trad. Rafael Fernández de Mururi Duque, Salamanca: Sígueme, 2001. Para un análisis de su pensamiento sobre la importancia ineludible de la filosofía en la teología, véase Alberto F. Roldán, *Atenas y Jerusalén. Filosofía y teología en la mediación hermenéutica*, Lima: Ediciones Puma, 2015, pp. 13-39.

9. Gustavo Gutiérrez, *Hablar de Dios desde el sufrimiento del inocente*, Salamanca: Sígueme, 1988, p. 13. Cursivas originales.

10. *Ibid.*, pp. 13-14. Cursivas originales. Cita de Jüngel corresponde a la obra *Dios como misterio del mundo*, Salamanca: Sígueme, 1983, p. 330.

Por su parte Rubem Alves, en su teología decididamente poética, se refiere a Dios como el gran misterio. Dice el pensador brasileño: "Delante del Gran Misterio, apenas una palabra es permitida: la palabra poética, porque la poesía no lo dice, solamente lo señala. El Gran Misterio está más allá de las palabras".[11]

También los teólogos españoles Mateo-Seco y Miguel Brugarolas distinguen con precisión entre filosofía y teología a la hora de plantear el tema "Dios". Luego de afirmar que existe un intrínseco deseo de Dios por parte del ser humano, puntualizan:

> **Nuestro acceso a Dios es esencialmente teológico, no filosófico**. Se entiende por "el Dios de los filósofos" aquel Dios de que hablan los filósofos y que constituye un tema fundamental de la filosofía en cuanto busca la causa suprema de todo cuanto existe. A estas cuestiones se dedica la metafísica y la teología natural. La visión filosófica sobre Dios es importante y tiene mucho que decir al hombre. El estudiante de teología no puede prescindir de ella, pero debe ser consciente de que su trabajo no es de este tipo, sino el de un creyente que se esfuerza por entender. La fe guía su razón.[12]

En su sentido cristiano, entonces, la teología no es un discurso sobre Dios en tanto idea de lo sublime, lo infinito, lo innombrable, sino que es un lenguaje que se hace a partir de la revelación de Dios. La teología no estudia a Dios a secas, sin ninguna referencia a otras realidades, sino que se trata de un estudio que luego se despliega en muchas vertientes: creación, antropología, pecado, cristología, soteriología (salvación), eclesiología, escatología. Más recientemente en la historia, han surgido las "teologías del genitivo" que, más sencillamente se expresan como "adjetivaciones de la teología". Para citar algunas de ellas: teología de la esperanza, teología de la liberación, teología feminista, teología negra de la liberación, teología de la misión, teología de la creación que abarca, también la ecoteología y muchas más. Hemos constatado que se escribe mucho sobre estos temas, pero, curiosamente, no tanto sobre Dios. De hecho, abundan textos sobre Cristo, la salvación, la Iglesia, la misión, la escatología, pero no tanto sobre Dios. De modo que, siendo el tema fundamental de esta disciplina, pareciera quedar un poco relegado de las consideraciones de los teólogos y teólogas de hoy. ¿Por qué razones? En este capítulo intentamos responder por qué el tema Dios es un problema humano que, pese a todos los esfuerzos que hagamos, siempre nos interpela y obliga a pronunciarnos. Porque Dios se convierte en un problema, tanto para filósofos como para no filósofos, para creyentes como para no creyentes.

---

11. Rubem Alves, *A eternidade numa hora,* San Pablo: Planeta, 2017, pp. 21-22.
12. Lucas F. Mateo-Seco - Miguel Brugarolas, *Misterio de Dios,* p. 16. Negritas originales.

El esquema de exposición que seguiremos es el siguiente: En primer lugar, nos vamos a referir a "la muerte de Dios" pronunciada por Nietzsche recogida luego por los "teólogos de la muerte de Dios" para derivar en la única manera bíblico-teológica válida para hablar de él que es, el Emmanuel: Dios con nosotros. En segundo lugar, reflexionamos sobre cómo viene Dios a la idea, tomando como base el notable trabajo de Emmanuel Lévinas: *De Dios que viene a la idea*. En tercer lugar, veremos cómo Dios también es un problema para los creyentes. En cuarto lugar nos planteamos la pregunta: "¿Interesa Dios a los creyentes?", para responder, en quinto lugar, con una búsqueda de nuevas metáforas para hablar de Dios hoy según la propuesta de Sallie McFague. El trabajo se cierra con unas conclusiones que se desprenden de la exposición.

1. De "la muerte de Dios" a un Dios con nosotros

Como hemos dicho, la muerte de Dios es una sentencia pronunciada por el filósofo alemán Friedrich Nietzsche en *La gaya ciencia*. Es la escena en la cual un loco con linterna en mano busca a Dios desesperadamente. Y las respuestas que recibe son diversas: que Dios se había escondido, que tiene miedo de nosotros, que ha emigrado o se ha embarcado. Dice el relato:

> El loco se encaró con ellos, y clavándoles la mirada, exclamó: "¿Dónde está Dios? Os lo voy a decir. Le hemos matado; vosotros y yo, todos nosotros somos sus asesinos. Pero ¿cómo hemos podido hacerlo? ¿Cómo pudimos vaciar el mar? ¿Quién nos dio la esponja para borrar el horizonte? ¿Qué hemos hecho después de desprender a la Tierra de la cadena de su sol? [...] ¿No oís el rumor de los sepultureros que entierran a Dios? ¿No percibimos aún nada de la descomposición divina?... Los dioses también se descomponen. ¡Dios ha muerto![13]

Hay dos aspectos que hay que tener en cuenta en esta escandalosa afirmación de la muerte de Dios. El primero es que casi un siglo antes de esa declaración de Nietzsche, el propio Hegel había sentenciado la muerte de Dios. Como explica Hans Küng[14] Hegel había definido la época moderna como la muerte de Dios. En un aforismo pronunciado en Jena Hegel utiliza una fórmula lapidaria: "... Dios se inmola, se entrega a la aniquilación; Dios mismo ha muerto; la suprema desesperación del absoluto abandono de Dios".[15] Küng entiende que la raíz de

---

13. Friedrich Nietzsche, *La gaya ciencia*, trad. Madrid: Alba editores, 1998, p. 109.

14. Hans Küng, *La encarnación de Dios*, trad. Rufino Jimeno, Barcelona: Herder, 1974, p. 229.

15. F. Nicolin, *Unbekannte Aphorismen Hegels*, p. 16, cit. en *Ibid.*, p. 235. Para un análisis minucioso del ateísmo de Hegel, véase Alexander Kojève, *La concepción de la antropología y del ateísmo en Hegel*, donde el especialista ruso-francés concluye afirmando que "La *Fenomenología del*

la muerte de Dios es tomada por Hegel nada más y nada menos que de Lutero y su énfasis en el Dios crucificado que es la génesis de su teología de la cruz. El segundo aspecto a considerar, consiste en descifrar qué quiso decir Nietzsche con la muerte de Dios. O, para formularlo de otro modo: ¿Quién es el Dios que ha muerto? Según interpreta von Balthasar[16] la osada expresión de Nietzsche no es un programa de combate sino más bien una aguda observación de que Dios ya no vive en el mundo y en los corazones humanos y ello provoca espanto y vértigo. Por su parte, el filósofo argentino Víctor Massuh[17] al analizar el aforismo de la muerte de Dios que elabora Nietzsche, descubre una cuádruple estructura: en primer lugar, Nietzsche afirma que Dios es asesinado por los seres humanos y que todos somos sus asesinos; en segundo lugar, esa muerte no fue la desaparición de un fantasma caduco sino una realidad viviente y significativa; en tercer lugar, el acto es de una magnitud sobrehumana porque implica como vaciar el océano o borrar el horizonte y, en cuarto lugar, se trata de un acto abyecto ya que representa el crimen de los crímenes. No obstante, hay acaso veladamente una perspectiva religiosa en la sentencia de Nietzsche que Massuh define en estos términos: "La muerte de Dios promete al hombre la conquista de una nueva dimensión de su ser, su dimensión divina. [...] Desde esta perspectiva, la muerte de Dios alcanza una resonancia específicamente religiosa".[18] Así lo interpreta también Mauricio Beuchot cuando dice que, de alguna manera, en esa proclama de la muerte de Dios Nietzsche regresa a Dios aunque desde otro lugar. Y agrega:

Denuncia el vacío de Dios, su muerte, el acontecimiento más importante de su tiempo. Por eso clama diciendo que los hombres han matado a Dios. Pero resalta la

---

Espíritu termina con una negación radical de toda trascendencia. El Ser eterno-infinito-revelado, es decir, el Espíritu absoluto, es el ser infinito o eterno de ese mismo Ser que ha existido en tanto que Historia universal". Alexander Kojève, *La concepción de la antropología y el ateísmo en Hegel*, trad. Juan José Sebreli, revisión de Alfredo Llanos, Buenos Aires: Leviatán, 2007, p. 226. Cursivas originales. Para un análisis profundo de la muerte de Dios según Hegel, véase Roger Garaudy, *Dios ha muerto*, trad. Matilde Alemán, Buenos Aires: Editorial Platina, 1965.

16. Hans Urs von Balthasar, *El problema de Dios en el hombre actual*, trad. José María Valverde, Madrid: Ediciones Guadarrama, 1960, pp. 147-148.

17. Víctor Massuh, *Nietzsche y el fin de la religión*, Buenos Aires: Sudamericana, 1985, pp. 133 ss.

18. *Ibid.*, p. 138. Al analizar el cristianismo personal de Nietzsche, Löwith –siguiendo la investigación– dice que fue educado en un ambiente pietista. Agrega que E. Podach "ha demostrado con verosimilitud el influjo decisivo de la madre de Nietzsche sobre el ulterior puesto que este adoptó frente al cristianismo, y estableció que ya los artículos y poemas del joven Nietzsche revelaban que su religiosidad no tenía desde el principio estados vividos y sentidos, sino que era un poco forzada". Karl Löwith, *De Hegel a Nietzsche. La quiebra revolucionaria del pensamiento en el siglo XIX*, trad. Emilio Estiú, Buenos Aires: Katz editores, 2008, p. 470.

necesidad de Dios, y lo señala en los presocráticos y la tragedia griega. Su crítica a la metafísica en la moral, tenía raíces religiosas, de las que él mismo era consciente. Lo dice en uno de los fragmentos póstumos de 1888: "Mi fórmula para decir esto es lo siguiente: el Anticristo es la lógica necesaria de un cristiano auténtico. En mí, el cristianismo se supera a sí mismo".[19]

El segundo aspecto a tomar en cuenta en la espantosa declaración de Nietzsche es que no se trata un programa de combate sino más bien una descripción que surge de una observación ya que, Nietzsche constata que Dios ya no vive en el mundo y el corazón de los seres humanos como lo fue antaño y todo ese edificio erigido culturalmente en torno a Dios se ha derrumbado. Se trata del descubrimiento de un fenómeno de incalculables dimensiones, una especie de salto al vacío en medio de un frío gélido.[20]

Heidegger ha realizado una profunda exégesis de la expresión nietzscheana "Dios ha muerto". Señala que mientras nos movamos en un terreno simplemente teológico-apologético no captaremos lo que en realidad está diciendo Nietzsche. Lo que dominó al mundo, hasta Nietzsche, fue la concepción suprasensible del mundo como metafísica. Entonces, propone una nueva interpretación definiendo:

La frase "Dios ha muerto" significa: el mundo suprasensible carece de fuerza operante. No dispensa vida. La metafísica, es decir, para Nietzsche, la filosofía occidental entendida como platonismo se acabó. Nietzsche entiende su propia filosofía como movimiento contrario a la metafísica, es decir, para él, contra el platonismo.[21]

Walter Kasper traza la línea histórica del idealismo alemán que finalmente desemboca en Nietzsche. Todo habría comenzado con Hegel que plantea que "Dios

19. Mauricio Beuchot-José Luis Jerez, *Manifiesto del nuevo realismo analógico,* Neuquén: Círculo hermenéutico, 2013, p. 37. La cita entre comillas corresponde a la obra de Nietzsche *Fragmentos póstumos,* 1888, p. 127.

20. E. Biser sostiene que, para Nietzsche, la aparición de Dios es un obstáculo para el desarrollo del ser humano, una especie de intromisión en su vida. E. Biser, "Ateísmo y teología" en Joseph Ratzinger, ed., *Dios como problema,* trad. J. M. Bravo Navalpotro, Madrid: Cristiandad, 1973, p. 129.

21. Martin Heidegger, *Sendas perdidas* [*Holzwege*], trad. José Rovira Armegol, Madrid: Editora Nacional, 2002, p. 202. En cuanto a la relación entre Dios y la muerte, véase el profundo análisis de Heinrich Meier "La muerte como Dios. Una observación sobre Martin Heidegger, donde el filósofo alemán expone de qué modo Heidegger parece indicar a la muerte como Dios a partir de la lectura que de esa expresión heideggeriana hace Leo Strauss. Dice Meier: "Después de la muerte de Dios, la muerte toma el lugar del ser inmutable o de aquel poder inescrutable, ante el cual se desvanece toda vanidad, ante el cual todo lo inconsistente, lo frágil, se rompe, en el que todo lo no auténtico fracasa". Heinrich Meier, *Leo Strauss y el problema teológico-político,* trad. María Antonieta Gregor y Mariana Dimopulos, Buenos Aires: Katz, 2006, p. 133.

ya no es ningún más allá, sino que trascendencia e inmanencia son dos momentos de una misma realidad".[22] Y agrega cómo continuó ese primer impulso: "Así se llega en Feuerbach a una destrucción antropológica, en Marx a una destrucción político-sociológica, en Nietzsche en una destrucción moral y en Freud a una destrucción psicológica de la fe en Dios. El distintivo de toda esta época podría ser la frase "Dios ha muerto".[23]

Por su parte el filósofo italiano Gianni Vattimo desarrolla una profunda interpretación del *dictum* nietzschiano. Dice:

[…] si Dios ha muerto, si no hay significados o valores que trasciendan el proceso, es la vida misma del yo como continuidad hermenéutico-temporal la que viene a encontrarse en una condición de «suspensión». ¿Qué es del yo una vez que Dios ha muerto, una vez que se ha descubierto que la crítica de la cultura no puede limitarse a desenmascarar la mentira de los valores a favor de una «base» verdadera, ya que también la idea de una base verdadera es una mentira que el desenmascaramiento se lleva por delante?[24]

Lo que ha caído, entonces, es el fundamento suprasensible que ofrecía el cristianismo y que hacía las veces de soporte a toda la realidad. En esta misma línea de interpretación, Leonardo Boff[25] entiende que cuando Nietzsche pronuncia la muerte de Dios en realidad está hablando del Dios pensado o inventado por nosotros, el Dios de la metafísica y no del Dios vivo y verdadero. Finalmente, para Karl Jaspers[26], el pensamiento de Nietzsche implica un proceso de destrucción que conduce a la nada, no obstante lo cual, pareciera reaccionar ante ese nihilismo como un intento de aferrarse a una cosa positiva que pudiera encontrar en ese espacio vacío.

---

22. Walter Kasper, *Fe e historia*, trad. Javier Ortigosa, Salamanca: Sígueme, 1970, p. 38

23. *Ibid.*, p. 39.

24. Gianni Vattimo, *Diálogo con Nietzsche. Ensayos. 1961-2000*, trad. Carmen Revilla, Barcelona: Paidós, 2022, p. 235.

25. Leonardo Boff, *Tempo de Transcendência. O ser humano como um projeto infinito*, 2da. Edición, Río de Janeiro: Sextante, 2000, p. 84. Allí mismo, el teólogo brasileño inserta una oración desesperada de Nietzsche escrita cuando tenía 40 años de edad y titulada. "Al Dios desconocido", que en versión en castellano dice en sus últimas líneas: "Vuelve a mí! /Al último solitario/mis lágrimas, a torrentes/discurren en cauce hacia Ti/y encienden en mí el fuego/de mi corazón por Ti/ ¡Oh, vuelve, mi Dios desconocido! Mi dolor, mi última suerte ¡mi felicidad!". https://es.aleteia. org/2016/05/24/las-desgarradoras-oraciones-de-nietzsche-al-dios-desconocido/ Accedido: 18 de mayo de 2022.

26. Karl Jaspers, *Nietzsche y el cristianismo*, trad. Daniel Cruz Machado, Buenos Aires: Leviatán, 1990, p. 77.

Al morir Dios, y con Él, el fundamento último del ser, se derrumba la cuestión del sentido de la historia. Es por esto que hablamos de la subsecuente muerte del hombre socrático que en su intento por liberarse de lo teonómico queda aplastado por el peso de las preguntas que deja a ausencia de lo divino. El eclipse de Dios por las formas racionalizantes de la vida deviene pérdida de sentido histórico y muerte del ser en cuanto ser aferrado de la teleología occidental.[27]

Además, Nietzsche intenta concebir una nueva concepción del mundo que, a fin de cuentas, es heredera del cristianismo. Precisamente es desde el seno del cristianismo donde surgirá la "teología de la muerte de Dios", en teólogos protestantes como Thomas Altizer, Paul van Buren y William Hamilton, entre otros. En mis lecturas sobre el tema, no he encontrado mejor descripción del fenómeno que un artículo publicado por la revista *Motive* que merece ser citado *in extenso*:

Atlanta, Georgia, Nov. 9 –Dios, el Creador del universo, la realidad última para los cristianos y la más eminente de todas las divinidades, murió ayer durante una operación de cirugía mayor. En una entrevista exclusiva esta mañana, los doctores Tomás Altizer, Paul van Buren y William Hamilton, cirujanos de la fracasada operación, dijeron: "Su muerte era esperada; estuvo gravemente enfermo durante mucho tiempo y vivió más de lo que creíamos posible. La reacción de los grandes del mundo y del hombre común fue por igual de incredulidad. El expresidente Harry Truman, que recibió la noticia en su peluquería de Independence, Missou., dijo: "Siempre siento mucha pena al oír que alguien ha muerto. Es realmente una lástima". Un ama de casa entrevistada en un supermercado de Elmira, N. Y., comentó: "Nunca me lo habían presentado, pero por lo que oí de él pienso que debe haber sido un tipo macanudo. Este es el fin de sus padecimientos".[28]

Por supuesto, hablar de teólogos cristianos que hablen de la muerte de Dios es una especie de *contradictio in terminis*, sin embargo, lo que estos pensadores religiosos intentan es tomar en serio no solo el desafío de Nietzsche, sino sobre todo lo que Dietrich Bonhoeffer[29] pensó desde la prisión. En efecto, el teólogo luterano,

---

27. Mizrraim Contreras Contreras, *Nietzsche. Hacia una filosofía crítica de la historia*, México: Altres Costa-Amic Editores, 2020, p. 146-147.

28. Anthony Towne, "God is Dead in Georgia", revista *Motive*, febrero de 1966, cit. por Ian G. Barbour, *Ciencia y secularidad. Una ética para la era tecnológica*, trad. Dafne Sabanes de Plou, Buenos Aires: La Aurora, 1971, p. 17. Cursivas originales.

29. Así lo entiende también Juan Luis Segundo cuando dice que la teología de la muerte de Dios comenzó con Bultmann y Bonhoeffer "y se popularizó a través de las obras de Robinson, Vahanian, van Buren, Altizer y otros". Juan Luis Segundo, *Op. cit.*, p. 19. También Jeffrey Robbins sostiene que las observaciones de Bonhoeffer fueron como una voz profética que venía desde la

mártir a manos del nazismo asesino, se pregunta cómo hablar de Dios en una época en que la religión ya no ocupa un lugar central en las búsquedas humanas. En una carta fechada en Tegel el 30 de abril de 1944 y dirigida a su amigo Eberhard Bethge, Bonhoeffer no duda en afirmar: "Nos encaminas hacia una época totalmente arreligiosa. Simplemente, los hombres, tal como de hecho son, ya no pueden seguir siendo religiosos".[30] Y es en esa situación en que se pregunta: "¿Cómo hablar de Dios sin religión, esto es, sin las premisas temporalmente condicionadas de la metafísica, de la interioridad, etc.? ¿Cómo hablar (pero acaso ya ni siquiera se puede 'hablar' de ello como hasta ahora) 'mundanamente' de 'Dios?".[31] Walter Kasper admite que en primera instancia tal planteo de Bonhoeffer pareciera resultar chocante, "pero a la vista de la situación espiritual de nuestro tiempo no es tan absurda como pueda parecer en un principio".[32] El teólogo católico toma el desafío de Bonhoeffer y dice el modo en que esa intuición se puede concretar:

[...] la predicación cristiana no tiene que afirmar y probar abstractamente la existencia de Dios, sino descubrir, comunicar e interpretar su presencia concreta, y con fantasía indicar las posibilidades que encierra. Esto significaría, en sentido exacto, hablar de Dios mundana e históricamente.[33]

Como ya lo expresamos en otro trabajo[34] apelando a los *Fragmentos póstumos* de Nietzsche Gianni Vattimo sostiene que el propio filósofo alemán percibía que en

---

tumba, de modo que "Bonhoeffer es como un precursor de los teólogos de la muerte de Dios". Jeffrey W. Robins, Introducción a Gianni Vattimo-John D. Caputo, *Después de la muerte de Dios,* trad. Antonio José Antón, Buenos Aires: Paidós, 2010, p. 23. Uno de los libros más difundidos de ese talante es el de John A. T. Robinson, *Honest to God,* Londres: SCM Press, 1963 (traducción castellana: *Sincero para con Dios,* 5ta. Edición, trad. E. G. Forsyth y E. Jiménez, Barcelona: Ediciones Ariel, 1971). Para un análisis crítico de la obra de Robinson, véase Edward Schillebeeckx, *Dios y el hombre*, pp. 109-190. Por su parte Mizrraim Contreras apunta en una nota: "La popularidad de la Teología de la Muerte de Dios corresponde más bien a la promoción que de ella hiciera la revista norteamericana Time, en su volumen aparecido el 22 de octubre de 1965, con el título de Is God Dead?, motivada por la investigación de William H. Hamilton (1924-2012) y Thomas J.J. Altizer (1927-2018) que posteriormente se publicaría con el título de: *La teología radical y la muerte de Dios,* en efecto véase, Thomas J. Altizer y William Hamilton, *Teología radical y la muerte de Dios,* Barcelona, Grijalbo, 1967". Mizrraim Contreras Contreras, *Op. cit.*, p. 143, nota 223.

30. Dietrich Bonhoeffer, *Resistencia y sumisión,* trad. José J. Alemany, Salamanca: Sígueme, 1983, p.197.

31. *Ibid.*, p. 198.

32. Walter Kasper, *Fe e historia,* p. 135.

33. *Ibid.*, p. 81.

34. Alberto F. Roldán, "La kénosis de Dios según Gianni Vattimo" en *Atenas y Jerusalén. Filosofía y teología en la mediación hermenéutica,* Lima: Ediciones Puma, 2015, p. 143.

el fondo es solo el Dios moral el que está superado y, por lo tanto, la muerte de Dios no era necesariamente la abolición de toda forma de religión sino, acaso, la creación de nuevos dioses. Si bien la teología de muerte de Dios en su osada radicalidad no implica la creación de nuevos dioses, sí implica relacionar al ser humano con Dios y pensarlo a partir del propio ser humano. Como lo expresa el teólogo dominico Edward Schillebeeckx:

> [...] una fe en Dios, una fe que tenga sentido para el hombre, será posible únicamente si nuestra realidad humana *misma* contiene una verdadera flecha de indicación hacia Dios, el cual es también experimentado, es decir, Dios entra también en nuestra experiencia.[35]

En otro texto, el mismo autor afirma que la secularización del mundo consideraba a Dios como una especie de hipótesis inútil, pero esa perspectiva estaba minada por su propia base e intuye: "mañana, la levadura del cristianismo auténtico podrá hacer revivir la antigua fe en Dios, que solo había muerto en apariencia, bajo una forma purificada: la forma del porvenir, que pertenece siempre a Dios".[36]

En otras palabras, se trata de pensar y acaso de hablar de Dios como futuro del hombre antes de ensayar pruebas de su existencia. Porque el enunciado acerca de Dios está inextricablemente relacionado con la comprensión humana de sí mismo. Porque: "No podemos formular un enunciado acerca de Dios, que no hable al mismo tiempo con sentido acerca del hombre. Y viceversa".[37] Y esto conduce, piensa el teólogo belga, al tema de la secularización –que no debe confundirse con secularismo–[38] para gestar una fe en Dios que la hace significativa. Para ello, Schillebeeckx ensaya una propuesta: "La fe en Dios implica esencialmente interpersonalidad, conciencia creyente de un Absoluto y Personal que está 'frente a nosotros', de un 'compañero de juego' por medio del cual es posible el diálogo con Dios".[39] Se trata más que de un postulado metafísico, sino más bien de una

---

35. Edward Schillebeeckx, *Dios futuro del hombre*, trad. Constantino Ruiz Garrido, Salamanca: Sígueme, 1970, p. 80. Cursivas originales.

36. Edward Schillebeeckx, *Dios y el hombre*, p. 29.

37. *Dios, futuro del hombre*, p. 80.

38. Para la distinción de ambos términos, véase Harvey Cox, *La ciudad secular*, 4ta. Edición, trad. José Luis Lana, Barcelona: Ediciones Península, 1973, pp. 39-59.

39. E. Schillebeeckx, *Dios, futuro del hombre*, p. 88. En otra obra, el teólogo belga considera la problemática del hablar sobre Dios. Dice: "el habla sobre Dios ha incurrido en un dilema. O bien los cristianos pretenden el monopolio de poder hablar con sentido acerca de Dios, de modo que únicamente el habla cristiana sobre Dios posea sentido (pero, para fundamentar tal pretensión, el cristiano no podría aducir sino su convencimiento subjetivo); o, si no, la crítica contra el teísmo es aplicada también al habla cristiana sobre Dios (pero esto significa entonces el fin de toda

presencia activa de Dios en nuestra historia, lo que en términos mesiánicos se denomina lisa y llanamente: *Emmanuel,* Dios con nosotros. Por eso, como dice Juan Luis Segundo, para la comunidad cristiana primitiva "encontrar a Jesús es encontrar a *Dios con nosotros*".[40] El Dios de Israel, que también es el Padre de nuestro Señor Jesucristo, supera cualquier imagen que los seres humanos puedan hacerse de él. Porque, como bien explica Hans von Balthasar:

> Ninguna imagen de Dios, material y espiritual, elaborada por el hombre puede atravesarse en el camino de la acción salvífica y libre del Dios viviente; todas las imágenes deben desaparecer, para que Dios pueda descubrir a los hombres su imagen viva y verdadera (2 Cor 4:4; Hb 1:3).[41]

2. ¿Cómo viene Dios a la idea?

La pregunta tiene que ver con el modo en que Dios viene como idea al planteo filosófico. Para responderla, recurrimos a Emmanuel Lévinas y su obra *De Dios que viene a la idea.*[42] El filósofo judío desarrolla una ética de la alteridad, donde la aproximación al 'otro' me permite conocer a Dios porque, para él, no hay conocimiento de Dios que no esté mediado por la responsabilidad ética, especialmente al pobre, la viuda, el huérfano y el extranjero que son los cuatro grupos que privilegia la fe de Israel. Por eso, en el prefacio de esa obra, dice: "Pensamos que la idea-de-lo-Infinito en mí –o mi relación con Dios– me viene en la concreción de mi relación con el otro hombre, en la socialidad que es mi responsabilidad para con el prójimo […]".[43] Es a partir de esa situación originaria donde, dice Lévinas, el Infinito se sitúa en mí y agrega: "la idea de lo Infinito manda al espíritu y la palabra Dios viene a la punta de la lengua […] el latido del tiempo primordial en

---

teología)". Edward Schillebeeckx, *Interpretación de la fe. Aportaciones a una teología hermenéutica y crítica,* trad. José M. Mauleón, Salamanca: Sígueme, 1973, p. 118.

40. Juan Luis Segundo, *Nuestra idea de Dios,* p. 38. Cursivas originales.

41. Hans Urs von Balthasar, "Dios como principio y fundamento de la historia de la salvación" en *Mysterium Salutis,* 2da. Edición, vol. II, trad. Guillermo Aparicio y Ángel Sáenz-Badillos, Madrid: Cristiandad, 1977, p. 52.

42. Emmanuel Lévinas, *De Dios que viene a la idea,* trad. Graciano González R. Arnaiz y Jesús María Ayuso Díez, Madrid: Caparrós editores, 2001. Desde una perspectiva ficcional-apocalíptica, César Aira especula sobre la reaparición de la idea de Dios en un mundo dominado por la inteligencia artificial. Dice la voz narrativa: "Comprendí mi alarma. Lo que había sucedido en mi cerebro era la aparición fulminante de la idea de las ideas: la idea de Dios, obturada por la humanidad desde hacía miles de siglos". César Aira, *El juego de los mundos,* Buenos Aires: Emecé, 2019, p. 73.

43. Emmanuel Lévinas, *De Dios que viene a la idea,* 2da versión revisada, trad. Graciano González R. Arnaiz y José María Ayuso Díaz, Madrid: Caparrós editores, 2001, p. 14.

el que la idea de lo Infinito –desformalizada–, por ella misma o de suyo, significa. Dios-viniendo-a-la-idea, como vida de Dios".[44] Lévinas afirma que el pensamiento religioso se sitúa siempre dentro del campo de la filosofía. Dice:

> Un pensamiento religioso que reivindica experiencias religiosas pretendidamente in- independientes de la filosofía es, en la medida en que está fundado en la experiencia, un pensamiento referido, de entrada, al "yo pienso" y adscrito por completo a la filosofía".[45]

Cuando un creyente en Dios reivindica su experiencia con Dios al decir tácita o explícitamente "yo pienso" sitúa su pensamiento indefectiblemente en el campo filosófico. No hay experiencia religiosa que se pueda aislar del planteo filosófico. Lévinas admite que es posible que el término "Dios" en la filosofía tenga su proce- dencia en el ámbito religioso, sin embargo, aclara: "Pero la filosofía –aun cuando lo rechace– entiende este discurso como un discurso de proposiciones sobre un tema, es decir, como cargado de un sentido que se refiere a un desvelamiento, a una manifestación de su presencia".[46] De ese modo, Lévinas entiende que el ser religioso que interpreta su vivencia como experiencia está interpretando a Dios en términos de ser y presencia que surge de la "revelación" que dice haber recibido de Dios, una manifestación que, sin embargo, queda asimilada a la consideración filosófica. Podemos comparar esta perspectiva de Lévinas con la reflexión de Edith Stein que, al interpretar la filosofía de Husserl con la de Santo Tomás admite que ambos parten del principio de que la idea de verdad se vincula a una existencia objetiva y, agrega: "La verdad primera, el principio y criterio de toda verdad, es Dios mismo. Este es, si se lo puede llamar así, el primer axioma filosófico de Sto. Tomás. Toda verdad de la cual nosotros podamos apropiarnos, viene de Dios".[47] Sobre todo, del Dios del cual viene la idea.

---

44. *Ibid.*, p. 16.

45. *Ibid.*, p. 93.

46. *Ibid.*, p. 94.

47. Edith Stein, *La pasión por la verdad*, 2da. Edición, trad. Andrés Bejas, Buenos Aires: Bonum, 2012, p. 121. Edith Stein (Teresa Benedicta de la Cruz) fue una gran filósofa y teóloga de origen judío nacida en Breslau en 1891 convertida al cristianismo católico ingresando a la orden de las Carmelitas. Fue discípula de Edmund Husserl, creador de la fenomenología. En la obra citada interpreta en qué consiste la propuesta de Husserl y compara su filosofía con la de Santo Tomás de Aquino. Fue asesinada por el régimen nazi en un campo de concentración de Auschwitz el 9 de agosto de 1942. El Papa Juan Pablo II la beatificó en 1987. Comentando la perspectiva de Stein sobre Dios, Angela Ales Bello dice que para la pensadora alemana "esencia y ser" son indistinguibles en Dios porque: "Si se separase el ser, en efecto, no quedaría nada; por esta razón ella dice con Anselmo que es imposible pensar el primer Ente sin el ser; reconoce, no obstante, la dificultad humana de captar este 'pensamiento' con claridad; si fuese posible captarlo iríamos

Lévinas también nos recuerda las meditaciones cartesianas y pondera el extraordinario recorrido que hizo Descartes hasta llegar a la ruptura del "yo pienso", ya que concibe a Dios como un ser eminente. Para Lévinas, Descartes interpreta la desmesura de Dios como una especie de superlativo del existir porque la idea de Dios rebasa toda capacidad intelectiva. Casi a modo de contraste, postula Lévinas: "Nosotros decimos: la idea de Dios hace saltar en pedazos aquel pensamiento que –como cerco, sinopsis y síntesis– no hace sino encerrar en una presencia, re-presenta, reduce a la presencia o deja de ser".[48] No se trata de una idea de Dios a secas o aislada de una experiencia personal sino de la idea de Dios que "es Dios en mí (*moi*), pero es ya Dios rompiendo la conciencia que apunta a ideas, Dios que difiere de todo contenido".[49] En lugar de una comprensión del *cogitatum* por parte de una *cogitatio,* se trata de una relación excepcional de Dios conmigo, como una implantación del Infinito en el pensamiento. Amplía Lévinas: "Implantación como pasividad sin par y así inasumible (tal vez sea en esta pasividad –de más allá de toda pasividad– donde haya de reconocerse el despertar)".[50] Recurriendo a la tercera meditación cartesiana, Lévinas dice que en ella se anuncia que de alguna manera ya tengo en mí la noción de lo Infinito que implica una pasividad más pasiva que cualquier otra como si fuera el resultado de un traumatismo que se produce después de que la idea de Dios fue implantada en mí.[51]

La idea de lo Infinito –argumenta Lévinas– afecta al pensamiento devastándolo. Para ilustrarlo, recurre a la tradición bíblica para comentar que es "como si de un fuego devorador se tratara, convirtiendo el lugar en catastrófico, en el sentido etimológico del término".[52] En lenguaje inocultablemente poético dice Lévinas que esa manifestación de Dios es un "Deslumbramiento en el que el ojo soporta más luz de la que puede; ignición de la piel que toca y no toca aquello

---

más allá de la prueba de Anselmo [...]". Angela Ales Bello, *Pensar a Dios, creer en Dios,* trad. Luis Rabanaque y Marisa Calello, Buenos Aires: Biblos, 2005, p. 60.

48. *De Dios que viene a la idea*, p. 95.

49. *Ibid.*, p. 95. Cursivas originales.

50. *Ibid.*, pp. 95-96.

51. Para análisis más profundos de las meditaciones cartesianas, véase Edmundo Husserl, *Meditaciones cartesianas*, trad. Mario A Presas, Madrid: Tecnos, 1986; Jean-Luc Marion, *Cuestiones cartesianas,* trad. Pablo E. Pavesi, Buenos Aires: Prometeo, 2010 y, por supuesto, del propio Descartes, sus propias meditaciones en René Descartes, *Discurso del método y meditaciones cartesianas,* trad. Risieri Frondizi, La Plata: Terramar ediciones, 2004.

52. *De Dios que viene a la idea*, p. 100. La cita indirecta que hace Lévinas es la del profeta Miqueas: "Mirad el Señor que sale de su morada y desciende y camina sobre el dorso de la tierra. Bajo él se derriten los montes y los valles se resquebrajan, como cera junto al fuego, como agua precipitada por la torrentera". Miqueas 1:3-4, citada de la Nueva Biblia Española, dato que no se consigna en el texto.

que, por encima de lo que puede ser cogido, quema".[53] Ese deslumbramiento y ese fuego de pasión conducen al Deseo de Dios, "Deseo sin fin, de más allá del Ser: des-interesamiento, trascendencia, Deseo del bien". No obstante, ese Deseo que suscita Dios debe distinguirse de su alteridad, en otras palabras, es preciso que Dios sea separado en el Deseo en el sentido de que Dios permanezca como Santo, en el sentido hebreo de *kadosh*. Se trata, en síntesis, de un "Amor sin Eros".[54] Lo Deseable, que es Dios, me ordena luego a lo no deseable, es decir al otro, al prójimo, responsabilidad que se concreta en la sustitución del otro. En otras palabras, "Él, que es el Bien en un sentido eminente muy preciso, a saber: un él que no me colma de bienes, pero me compele a la bondad, mejor que los bienes que pueda recibir".[55] De ese modo Dios es arrancado de la objetividad, de la presencia y del ser y de su trascendencia se transforma en responsabilidad hacia el otro. Porque Dios, aclara Lévinas, no es simplemente el primer otro (*autrui*), u otro por excelencia o el absolutamente otro:

> [...] sino otro (*autre*) diferente del otro (*autrui*); otro de otra manera, otro con su alteridad previa a la alteridad del otro, previa a la obligación ética para con el próji-mo, y diferente de cualquier prójimo, trascendente hasta la ausencia, hasta su posible confusión con el trajín del *hay*.[56]

Esa responsabilidad ética hacia el prójimo es desmesurada, imposible de medir o aquilatar porque no es estática sino que se acrecienta "en la medida –o en la desmesura– en la que es obligado a dar una respuesta [...]"[57] Lévinas recurre a términos espaciales:

> El Infinito no está "delante" de mí; soy yo quien lo expresa, pero precisamente al dar señal de la donación de la señal, del "para-el-otro", en el que me desintereso: heme aquí. Acusativo maravilloso: heme aquí bajo vuestra mirada, obligado con vosotros, vuestro servidor. En el nombre de Dios. ¡Sin tematización![58]

---

53. *Ibid.* Sobre la poética en la obra de Lévinas véase el libro del colega y amigo español Fernando Gil Villa, *Hacia un humanismo poético. Repensando a Lévinas en el siglo XXI*, Zaragoza: Río Piedras Ediciones & Ediciones Universidad de Salamanca, 2021.

54. *De Dios que viene a la idea*, p. 102.

55. *Ibid.*, pp. 102-103. Para este concepto Lévinas se inspira en Franz Rosenzweig que interpela al ser humano que experimenta el amor de Dios como movimiento hacia el prójimo.

56. *Ibid.*, p. 103. Cursivas originales.

57. *Ibid.*, p. 107.

58. *Ibid.*, p. 110.

Y desde allí, el filósofo judío nos invita a invertir la expresión "creo en Dios" por el "heme aquí" que debo dirigir al prójimo anunciando la paz. Es, en otras palabras, la concreción de mi responsabilidad hacia el otro. Como fundamento bíblico, cita el texto de Isaías: "Brotando el lenguaje en sus labios… Paz al lejano, paz al cercano, dice el Eterno".[59]

Finalmente, al evaluar los alcances del intento de la filosofía para hablar de Dios, Lévinas es contundente en el sentido de que la inteligibilidad de la trascendencia no es una cuestión ontológica. Si bien la filosofía reconoce que lo Real es razonable y solo lo razonable es real —concepto hegeliano— no puede:

[…] ahogar ni acabar el grito de quienes, al día siguiente de este reconocimiento, pretenden transformar el mundo, es transitar por unos dominios del sentido que no puede comprender el englobamiento y entre razones que la "razón" desconoce y que no han tenido comienzo en la Filosofía.[60]

En su análisis del modo en que Lévinas toma distancia de la ontoteología planteada por Heidegger, David Roldán sostiene que en "Dios y la filosofía" —que constituye el núcleo del libro *De Dios que viene a la idea*— la estrategia de Lévinas consiste en:

Dejar de remitir a Dios con cualquier modalidad del ser, asumiendo la crítica heideggeriana a la onto-teo-logía de corte aristotélico o tomista (Dios como "primer motor" o como "ser supremo"), pero a la vez, evitar el terreno ontológico (tal como parece hacer Tillich), al postular el primado de la ética y de Dios como "lo otro del ser".[61]

En la misma perspectiva, Alberto Sucasas acentúa que la crítica del pensador judío a la teología racional en tanto teología del ser que deviene en la concepción de una divinidad abstracta, la cual tiene poco que ver con el Dios revelado en el Sinaí. Enfáticamente dice Sucasas:

[…] la teología esencial, pensando el ser o esencia de Dios, lo desposee de su divinidad, pues en cuanto correlato noemático de una representación pierde su exceso o des-mesura, inasequibles a la adecuación intencional entre lo pensante y lo pensado.[62]

---

59. *Ibid.* La cita corresponde a Isaías 57:19.

60. *Ibid.*, pp. 132-133.

61. David A. Roldán, "El problema de la onto-teología en Heidegger, Tillich y Lévinas", Revista *Teología y cultura*, Año 12, Nro. 17: https://teologiaycultura.ucel.edu.ar/el-problema-de-la-onto-teo-logia-a-partir-de-heidegger-tillich-y-levinas/ p. 53.

62. Alberto Sucasas, *Lévinas: lectura de un palimpsesto*, Buenos Aires: Lilmod, 2006, p. 324.

En otro tramo de su exposición sobre Lévinas, el filósofo de Galicia resume la perspectiva del pensador judío sobre la teología:

> Enunciando la "venida de Dios a la idea", de la divinidad solo se afirma que su sentido escapa al lenguaje, el fenómeno, el Dicho y la presencia. Decir lo inefable o pensamiento de lo impensable, la *teo*logía levinasiana supone el *grado cero* de la discursividad teológica.[63]

Habría, entonces, dos modos de la "venida de Dios". Una, es la del planteo filosófico, alternativa que Lévinas rechaza ya que, como dice Sucasas, en ella "solo se afirma que su sentido escapa al lenguaje, el fenómeno, el Dicho y la presencia. Decir de lo inefable o pensamiento de lo impensable, la *teo*logía levinasiana supone el *grado cero* de la discursividad teológica.[64] La otra, alternativa que Lévinas propone, es que Dios viene y se manifiesta en el prójimo y esa posibilidad impide que Dios se torne en un ente tematizable. En otras palabras, la idea de Dios, según Lévinas, no viene a partir de un planteo del ser, sino "en la concreción de mi relación con el otro hombre, en la socialidad que es mi responsabilidad para con el prójimo [...].[65] Más que una búsqueda de parte del ser humano es una respuesta a un llamado de Dios. Una perspectiva cercana a la de Lévinas es la de Gustavo Gutiérrez cuando señala que la verdadera teología surge de la contemplación y la práctica desde las cuales la teología se desarrolla como acto segundo y observa: "Hacer teología sin la mediación de la contemplación y de la práctica sería estar fuera de las exigencias del Dios de la Biblia".[66]

En síntesis: para Lévinas la idea de Dios que viene de la religión, se instala en la filosofía por la vía de la ontología. Sin embargo, para el pensador judío, la inteligibilidad de Dios no es una cuestión ontológica que se pueda pensar y decir en términos de ser, "elemento de la filosofía tras el que la filosofía no vislumbra más que oscuridad".[67] Lévinas revierte esa perspectiva afirmando que el conocimiento de Dios irrumpe como estallido, como fuego devorador, como deseo que se transforma en responsabilidad hacia el otro, del cual yo me convierto en rehén. Del "creo en Dios" Lévinas insta a pasar al "heme aquí" como respuesta a esa llamada de Dios. Esa inversión se fundamenta en la perspectiva de los profetas que responden

---

63. *Ibid.*, p. 344. Cursivas originales.

64. *Ibid.*, p. 344. Cursivas originales. El problema de la ontoteología en Lévinas ha sido estudiado con profundidad por David A. Roldán. Véase su obra: *Emmanuel Lévinas y la onto-teo-logía. Dios, el prójimo y yo*, tesis de licenciatura en teología en ISEDET, Buenos Aires, 2001.

65. *De Dios que viene a la idea*, p. 14.

66. *Op. cit.*, p. 17.

67. *Lévinas. Lectura de un palimpsesto*, p. 122.

al llamado de Dios con la disposición del "heme aquí". Ilustra tal respuesta con el profeta Amós quien, ante el rugido del león, en lugar de la pasividad y el miedo, dice resueltamente: "Dios ha hablado, ¿quién no profetizará?".[68] Carmelo Dotolo dice, recogiendo el concepto de Lévinas pero en perspectiva cristiana:

> A mí me parece que hoy la reflexión teológica y filosófica nos hace entender que el hombre, aun con su necesidad religiosa, está llamado a una elección que no es un desarrollo consecuente de una premisa natural, sino la opción que lleva a un camino inédito, libre, arriesgado. A partir no de una idea de Dios, sino del Dios que adviene a la idea, esto es, al Dios que se hizo hombre en Jesucristo.[69]

Y esto es así, porque como bien afirma Schillebeeckx: "el hombre es un ser en acecho del Dios *que viene.*[70]

3. Dios como problema para los creyentes

¿En qué sentido Dios es también un problema para los creyentes? En varios sentidos. Uno de ellos tiene que ver con preguntas insoslayables: ¿qué es Dios para los creyentes? ¿Cómo conocer a Dios? ¿Cómo actúa Dios en la historia, si es que actúa? ¿Qué importancia tiene Dios en la vida humana y en la sociedad? Esto constituye lo que Segundo denomina: el problema de Dios. El teólogo uruguayo constaba "un desinterés real entre cristianos por el problema de Dios. Desinterés comparativamente mucho mayor que por otros de la Revelación".[71] Esto confirmaría nuestra sospecha del comienzo: los teólogos y las teólogas se ocupan con mucha profusión de cristología, eclesiología, soteriología y escatología, antes que por el tema inicial de la teología: Dios. ¿Por qué será? Podríamos ensayar varias respuestas, una de ellas, pensamos, es que mientras hablar de la Iglesia, la salvación de la humanidad y Cristo resultan temáticas diríamos más concretas, plantear al tema Dios, a secas, aparece como una temática inasible e imposible

---

68. Amós 3:8. Cit. en *Ibid.,* p. 111. Alberto Sucasas interpreta que el "heme aquí bíblico tiene sus expresiones en Abraham, Moisés y los profetas e interpreta: "Entrega ética o donación de sí que permiten pensar el sujeto, fuera de toda categorización ontológica, en términos de servicio o auxilio al rostro necesitado". Alberto Sucasas, *Memoria de la Ley,* Buenos Aires: Altamira, 2004, p. 209.

69. Gianni Vattimo y Carmelo Dotolo, *Dios: la posibilidad buena,* trad. Antoni Martínez Riu, Barcelona: 2012, p. 55. La obra recoge el diálogo entre Vattimo y Dotolo sobre el tema de la kénosis de Dios, según la plantea Vattimo, la secularización y el modo de hablar de Dios hoy. El sugestivo título surgió de una expresión del propio Vattimo: "Dios es la posibilidad buena del hombre". *Ibid.,* p. 50.

70. Schillebeeckx, *Dios y el hombre,* p. 53. Cursivas originales.

71. Juan Luis Segundo, *Teología abierta para el laico adulto,* vol. 3, *Nuestra idea de Dios,* Buenos Aires: Carlos Lohlé, 1970, p. 8.

de definir en categorías humanas. Ello, por supuesto, insistimos, si introducimos una *epojé* o suspensión de juicio sobre la encarnación. Nos referimos a Dios como idea, como concepto y el intento que supera nuestra capacidad intelectiva. Por supuesto, si desde la más simple noción de "Dios" descendemos inmediatamente a la encarnación, entonces todo se simplifica. Pero esa es una respuesta que puede satisfacer a cristianos, a creyentes en el Dios cristiano, pero no a los filósofos ni a los creyentes en otras deidades.

Otra razón es que en nombre de Dios –sea Yahvé, o Elohim o Alá– se han perpetrado las más grandes atrocidades en la historia. Para justificar la guerra que es, esencialmente, la imposición del más fuerte sobre el más débil no por medio de las ideas sino por la guerra en cualquiera de sus formas. La historia está signada por ese fenómeno y, en el mejor de los casos, deriva en la política que, con un dejo de ironía se ha dicho que es la continuación de la guerra por otros medios. El problema radica en que la justificación de la guerra se hace en nombre de Dios, el Dios de Israel, el Dios cristiano y el Dios del Islam.

Una tercera razón es que algunas imágenes de Dios pertenecen a etapas históricas superadas y quizás ya no representan lo que esas imágenes transmitían en sus orígenes. Esto nos conduce precisamente al próximo punto: el problema de hablar de Dios hoy. Uno de los aportes más significativos de la reflexión teológica sobre Dios en el siglo XX fue precisamente la referida al sufrimiento de Dios. Tomemos el caso de Jürgen Moltmann que plantea el tema de la pasión de Dios. El teólogo reformado observa que la influencia de la filosofía griega clásica es notable en su referencia a la impasibilidad de Dios. "La impasibilidad es sin duda un atributo irrenunciable de la perfección y de la beatitud divinas".[72] Recordemos que Aristóteles definía a Dios como el motor inmóvil y, por lo tanto, incapaz de sufrir, sin pasiones, sin *pathos* que es propio de la debilidad de los mortales. Sin embargo, esa visión de un Dios pasible es superada a partir del sufrimiento de Cristo, el Hijo de Dios. Allí, Dios se muestra como un Dios apasionado, capaz de sufrir. Moltmann se pregunta por qué la Iglesia antigua mantuvo ese axioma de la impasibilidad de Dios, y entiende que hay dos razones:

1. La impasibilidad diferencia a Dios de los hombres y de todos los seres no divinos, sujetos al sufrimiento, a la caducidad y a la muerte.

2. Si Dios otorga al hombre la salvación haciéndole participar de su vida divina, esta salvación deberá aportar al hombre la inmortalidad, la incorruptibilidad y, por tanto, la impasibilidad.[73]

---

72. Jürgen Moltmann, *Trinidad y Reino de Dios,* trad. Manuel Olasagasti, Salamanca: Sígueme, 1983, p. 36.

73. *Ibid.,* p. 37.

Moltmann destaca que, curiosamente, una de las excepciones dentro de los Padres de la Iglesia fue Orígenes de Alejandría. En efecto, es el único de los teólogos griegos de siglo II que se animó a hablar del sufrimiento de Dios. En una homilía citada por el propio Moltmann afirmaba Orígenes:

> El Padre mismo no es impasible (*Ipse Pater non est impassibilis*). Cuando se le invoca, se compadece y sufre con nosotros. Padece el sufrimiento del amor, se convierte en algo que no corresponde a la grandeza de su ser y soporta el sufrimiento humano con nosotros.[74]

Moltmann interpreta que el teólogo alejandrino habla en lenguaje trinitario porque solo es posible hablar del sufrimiento de Dios desde la trinidad. En su notable obra *El Dios crucificado* –que tanto ponderaba José Míguez Bonino– es donde Moltmann desarrolla el sufrimiento trinitario de Dios. Mientras el teísmo tradicional fundado en el monoteísmo estricto dice que Dios no puede sufrir y por lo tanto, no puede morir: "La fe cristiana dice: Dios sufrió en la pasión de Jesús, Dios murió en la cruz de Cristo, para que vivamos y resucitemos en su futuro".[75]

No obstante, las raíces del tema del sufrimiento de Dios las encuentra Moltmann en las duras experiencias de Israel como fruto de su pasión y se compromete con el cumplimiento de la alianza para liberarlos y producir el éxodo. Sobre todo, encuentra en Franz Rosenzweig la expresión más clara de ello. Cita al místico judío:

> El propio Dios, cuando se compromete con Israel –nada más natural siendo "el Dios de nuestros padres" y comparte su destino, se coloca en situación de cautivo. Así esta participación de Dios en el sufrimiento presta una figura diferente a las relaciones entre Dios y el "resto de Israel".[76]

Lo que el cristianismo amplía en su visión de Dios es la perspectiva trinitaria, en apariencia totalmente ajena al judaísmo.[77]

---

74. *Homilía VI,* cit. En *Ibid.,* p. 38. Cursivas originales.

75. Jürgen Moltmann, *El Dios crucificado,* trad. Talavero Tovar, Salamanca: Sígueme, 1975, p. 301. En otro segmento, Moltmann dice que la paradoja de que Dios "muera" en la cruz y sin embargo no esté muerto, se puede resolver trinitariamente, dejando de lado por un momento el concepto simple de Dios. El Hijo sufre y muere en la cruz mientras el Padre sufre aunque no de la misma manera.

76. *Der Stern der Erlösung* III, Heildelberg, tercera edición, 1954, 192ss. Cit en *Trinidad y Reino de Dios,* p. 43.

77. Decimos en apariencia, porque en su análisis de la filosofía de Filón, Gérard Bensussan observa que los Padres de la Iglesia han tomado la exégesis filoniana para elaborar la teología

Es a partir de los sufrimientos humanos donde comienza a gestarse la idea de un Dios que también sufre. Siguiendo con la perspectiva judaica sobre el tema, resulta muy significativo que el filósofo Hans Jonas reflexiona profundamente sobre el tema de hablar de Dios después de la Shoá. Jonas –que fue discípulo de Heidegger, Husserl y Bultmann– se pregunta cómo hablar de Dios después del holocausto. Y llega a la siguiente conclusión:

> Con los conceptos de un Dios sufriente y que deviene está estrechamente relacionado el concepto de un Dios que está preocupado, o sea un Dios que no está alejado, separado y cerrado en sí mismo, sino involucrado en aquello por lo que se preocupa. Cualquiera que haya sido el estado "originario" de la divinidad, esta dejó de ser cerrada en sí misma en el momento en que entró en relación con la existencia del mundo, creando este mundo o permitiendo su surgimiento. El que Dios se preocupa por sus creaturas es algo que evidentemente forma parte de los principios más familiares de la fe judía.[78]

También, a partir del exterminio de seres humanos como fruto de las bombas arrojadas en Hiroshima y Nagasaki, surgió una teología del dolor de Dios desarrollada por Kazoh Kitamori. Para el teólogo japonés aceptar el dolor de Dios es esencial al evangelio de la cruz y no un mero aditamento. El sufrimiento de Dios se plasma en la cruz de Cristo y está en abierto contraste con la teología de la gloria. A partir de ello, Kitamori concluye su profunda reflexión afirmando:

> La "teología de la gloria" solo puede ser comprendida a través de la "teología de la cruz". El amor de Dios solo puede ser comprendido sobre la base de su sufrimiento. Su gloria es la radicación de la cruz, su amor es la victoria de su sufrimiento. Nuestra tarea entonces consiste en comprehender la profundidad del amor de Cristo como sufrimiento de Dios.[79]

Un Dios impasible y, por lo tanto, inmune al sufrimiento, se corresponde más a una perspectiva aristotélica antes que de una visión judeocristiana de Dios como Señor de la historia en la cual él se involucra, ya que desciende a la tierra condo-

trinitaria. Gérard Bensussan. *¿Qué es la filosofía judía?*, trad. Daniel Barreto González y Helenca Santana Sánchez, Buenos Aires. Prometeo, 2014, pp. 48-49.

78. Hans Jonas, "El concepto de Dios después de Auschwitz", http://www.sociales.uba.ar/wp-content/uploads/4-Jonas.pdf p. 5 Accedido: 7 de mayo de 2022.

79. Kazoh Kitamori, *Theology of the Pain of God,* (orig. KAMI NO ITAMI NO SHINGAKU), Richmond, Virginia: John Knox Press, 1965, p. 146 / edición española: *Teología del dolor de Dios*, trad. Juan José Coy, Salamanca, Sígueme 1975. Para una perspectiva posmoderna de hablar de Dios, véase la obra de John D. Caputo, *The Weakness of God*, Bloomington & Indianapolis: Indiana University Press, 2006.

liéndose para liberar a su pueblo de la esclavitud de Egipto como para redimir a la humanidad mediante su encarnación y sacrificio. Estas dimensiones que nutren la historia de la salvación en la narrativa bíblica, implican un amor arriesgado por parte de Dios porque todo auténtico amor implica riesgo. Porque, como dice Juan Luis Segundo: "nunca estamos más desprotegidos contra el dolor que cuando amamos".[80] Y agrega: "El amor infalible no es amor. El dolor es la otra cara del don de sí mismo, sin reservas, gratuito, que es todo amor verdadero".[81] Esto sirve de puente para otra cuestión relacionada con Dios como problema para los creyentes.

4. Dios, ¿interesa a los creyentes?

En sus encuentros con laicos –que así se generaron los volúmenes que conforman la *Teología abierta para el laico adulto*–, Juan Luis Segundo se planteaba esta pregunta inquietante: Dios, ¿nos interesa o no? Constataba que, por insólito que pareciera, había "un marcado desinterés real entre cristianos por el problema de Dios. Desinterés comparativamente mucho mayor que por otros temas de la Revelación".[82] Intuye Segundo que esto sucede porque lo sobrenatural además de difícil nos resulta grande, inabarcable. Y agrega: "Estamos hechos de tal medida que lo central, lo decisivo, lo objetivamente importante, no consigue interesarnos… ".[83] Entonces, elabora una hipótesis algo descabellada: si el Concilio ha decidido cambiar la fórmula trinitaria "tres personas distintas y un solo Dios" por "tres dioses en una persona", si bien la mayoría de los cristianos advertiría el cambio, no obstante "seguiríamos nuestra vida cristiana, sin que nada verdaderamente importante para nosotros se hubiera venido abajo. Y sin embargo, profesábamos que en ello consistía la quintaesencia del mensaje cristiano".[84] Para conocer quién es Dios en sí, no hay otro camino que recurrir al Evangelio, y encontrar en él al Dios que se involucra decididamente en nuestra propia historia, o sea, que se muestra en nuestro horizonte humano. Porque "si el mensaje de Jesús nos habla,

---

80. Juan Luis Segundo, *¿Qué mundo? ¿Qué hombre? ¿Qué Dios?*, Santander: Sal Terrae, 1993, p. 215.

81. *Ibid.* Para un desarrollo más amplio del sufrimiento de Dios, el sufrimiento humano y un Dios vulnerable, véase Paul S. Fiddes, *Participating in God,* Louisville: Westminster John Knox Press, 2000. En esa obra, el autor afirma que "Dios abre su propio ser al mundo en la vulnerabilidad" p. 178, distingue varias teodiceas: la de consolación, la de protesta y la de la historia y de la libre voluntad y define la vulnerabilidad de Dios como "estar abierto a ser herido", p. 170. Concluye su reflexión afirmando que "la fe en que Dios sufre puede ayudarnos a decir que la creación de las personas es digna de todas las lágrimas" p. 187.

82. Juan Luis Segundo, *Nuestra idea de Dios*, p. 8.

83. *Ibid.*

84. *Ibid.*

todo él, de nuestra existencia y de su transformación, debe ser porque a través de ella y solo a través de ella conocemos lo que Dios es *en sí*".[85]

A pesar del poco interés que parecen manifestar a veces los cristianos por el tema Dios, resulta ineludible pese a su complejidad. Existe siempre un peligro por hacer dioses a nuestra imagen y semejanza de modo que nuestra sociedad signada por la injusticia es terreno fértil para gestar una idea deformada de Dios o, en términos de Calvino –a quien cita Segundo– el corazón humano es una continua fábrica de ídolos. Desde esa constatación, el teólogo oriental recurre a San Agustín, que advierte que todo lo que imaginemos de Dios no es Dios y que, en consecuencia, nos queda solo un camino: el del amor. Porque "para que puedas gustar algo, sabe que Dios es amor, *ese mismo amor con que amamos...*".[86] Segundo también intuye que podemos decir que Dios está hecho, en parte, "a imagen y semejanza de esa realidad social designada con la cópula de adjetivos tan frecuente y políticamente aplicados a nuestra civilización: *occidental y cristiana*".[87]

También existe un problema de hablar de Dios en los ámbitos religiosos. La abundancia de discursos sobre Dios tiende a deformar la imagen bíblica de Él. Se habla de Él, se escribe sobre Él con tanta cotidianeidad, que termina por darse la idea o la pretensión que ya se lo ha definido, se lo ha enclaustrado, se lo ha determinado. Esa marcada familiaridad con Dios se genera de tanto pronunciar su nombre y es rayana con tomarlo en vano. Eso conduce al intento por cosificar a Dios o manipularlo a nuestro antojo. En algunos escenarios abundan expresiones como "yo declaro que Dios..." o "yo decreto que Dios..." afirmación esta última en la que parece que los decretos de Dios devienen en decretos del hombre. Esas expresiones parecen estar más cerca del ídolo que del Dios verdadero, ya que el predicador de turno piensa que puede manipular a Dios para sus propios fines que, muchas veces tienen que ver con el dinero y las riquezas. Se trata de un Dios a medida de los deseos humanos muchas veces surgidos del egoísmo. Gustavo Gutiérrez indica la actitud que debemos tener en el intento de hablar sobre Dios, que debe ser "de respeto que no se compagina con ciertos discursos que pretenden con seguridad y, a veces, con arrogancia, saber todo el propósito de Dios".[88] No tener en cuenta esa actitud, deviene en lo que dice Alberto Sucasas: "el Mismo egoísta diseña a su medida un dios 'económico' que, según un sistema de inter-cambios, proporciona al sujeto humano seguridad en el éxito final de sus empresas y justificación de su sufrimiento presente".[89]

85. *Ibid.*, p. 11. Cursivas originales.

86. San Agustín, *De Trinitate, PI*, 42, pp. 957-958, cit. en *Ibid.*, p. 12.

87. Segundo, *Nuestra idea de Dios*, p. 14. Cursivas originales.

88. *Op. cit.*, p. 13.

89. Alberto Sucasas, *Levinas: lectura de un palimpsesto*, Buenos Aires: Lilmod, 2006, p. 325.

Esto implica caer en la idolatría, en confundir a Dios con el ídolo hecho a nuestra imagen y que no guarda la distancia ontológica de la criatura respecto al creador. El problema radica en haber olvidado la trascendencia del Dios. En términos de Sucasas:

> La trascendencia del YHWH bíblico da paso a un ídolo conceptual. En su huida de la irracionalidad de un misterio solo aprehensible en la experiencia mística de lo sagrado, el discurso teológico únicamente es capaz de engendrar variaciones idolátricas.[90]

Desde su profundo análisis fenomenológico, Jean-Luc Marion también ha señalado el problema de hablar de Dios y confundirlo con un ídolo. El filósofo francés afirma que el ídolo pone a disposición del ser humano lo divino, pero termina por desnaturalizarlo confundiendo al adorador. Explica las limitaciones del ídolo en estos términos:

> La distancia de Dios, ningún ídolo puede anunciar la muerte ni la vida de Dios, porque "él habita una luz inaccesible" (1 Tm 6:16) que no puede ser alcanzada por ninguna luz, por ningún acceso, por ningún habitar. Pero la distancia preserva al mismo tiempo una proximidad inevitable con aquello que ya no podemos idolatrar.[91]

5. Nuevas metáforas para hablar de Dios hoy

Sallie McFague ha desarrollado con mucha profundidad el tema del lenguaje para hablar de Dios.[92] La teóloga estadounidense parte de una pregunta acuciante: ¿Son las metáforas bíblicas las únicas para hablar de Dios o funcionan como modelos o paradigmas? En otras palabras, esos modelos bíblicos fueron gestados en culturas muy diferentes a las actuales. Las metáforas constituyen lenguajes simbólicos para hablar de Dios. El problema, argumenta McFague, es que muchas de ellas están forjadas y consolidadas por la tradición, son jerárquicas, imperialistas y dualistas y acentúan la distancia entre Dios y el mundo. Recurriendo a una imagen arqui-

90. *Ibid.* A partir del tetragrámaton que representa el nombre de Dios por excelencia, Sucasas dice que, a partir de que sean solo consonantes y se ignore a ciencia cierta su pronunciación, ello implica que la "inefabilidad del Tetragrámaton consagra (mejor, santifica) una nominación religiosa no-ontológica". *Ibid.,* pp. 332-333.

91. Jean-Luc Marion, *El ídolo y la distancia,* trad. Sebastián M. Pascual y Nadia Latrille, Salamanca: Sígueme, 1999, p. 78.

92. En esta sección sintetizo una investigación ya publicada sobre el tema: "La propuesta hermenéutica de Sallie McFague en la búsqueda de nuevos modelos para una teología metafórica" en Alberto F. Roldán, *Hermenéuticas y éticas. De la interpretación a la acción,* Salem, Oregon: Publicaciones Kerigma, 2020, pp. 91-117, publicado anteriormente en *Franciscanum, Revista de las ciencias del espíritu,* vol. LIX, Nro. 168, julio a diciembre de 2017, pp. 197-228.

tectónica, la teóloga sostiene que esas metáforas son construcciones teológicas que funcionan como "casas" en las cuales vivir con ventanas y puertas entornadas "pero se convierten en prisiones cuando ya no nos permiten entrar y salir, añadir una habitación o quitar otra o, si es necesario, abandonarlas y construir otras nuevas".[93] Esa búsqueda está justificada para que la teología sea relevante en la cultura de hoy porque, como señala Torres Queiruga:

> La revelación, con su profundidad misteriosa nunca totalmente objetiva, está pidiendo un acercamiento más sintético y unitario, que responda a la nueva sensibilidad cultural: esta es, en definitiva, la carne en la que ella tiene que expresarse.[94]

McFague encuentra tres metáforas que responden mejor a sociedades más igualitarias y antijerárquicas, a saber: Dios como madre, amante y amigo. Dios como madre, es una metáfora muy frecuente en la teología feminista, entre muchas expositoras, por Elizabeth Schüssler-Fiorenza en su clásica obra *In Memory of Her*.[95] El propósito de la teología feminista es expresado de modo específico por Luiza Tomita, quien define que ese objetivo consiste en:

> Deconstruir las relaciones asimétricas socialmente establecidas entre mujeres y hombres en la construcción de la historia del pueblo de Dios. Privilegiar las experiencias de lo cotidiano vivido por las mujeres de todas las clases o etnias, al hablar de la experiencia de la gracia en nuestra vida… Resaltar un nuevo modo de hablar de Dios, a partir de una experiencia subjetiva y emocional o mostrar una mística inspirada en la pasión y la sensualidad de una relación amorosa como la que inspiró el Cantar de los cantares… Articular la teoría con la práctica de lo cotidiano de las mujeres… Estas son perspectivas que las mujeres están desarrollando en su nuevo quehacer teológico en América Latina.[96]

En la misma línea argumental, Sallie McFague, dice que hablar de Dios hoy, implica la búsqueda de nuevas metáforas que expresen mejor la relación humana

---

93. Sallie McFague, *Modelos de Dios. Teología para una era ecológica y nuclear*, trad. Agustín López y María Tabuyo, Santander: Sal Terrae, 1994, p. 60.

94. Andrés Torres Queiruga, *La revelación de Dios en la realización del hombre*, Madrid: Cristiandad, 1987, p. 55. Para analizar el modo en que las imágenes de Dios varían en la misma narrativa bíblica, véase del mismo autor: *Do terror de Isaac ao Abbá de Jesus. Por uma nova imagem de Deus*, trad. José Alfonso Beraldin, San Pablo: Paulinas, 2001 (original en gallego).

95. Schüssler-Fiorenza, *In Memory of Her. A Feminist Theological Reconstruction of Christian Origins*, Nueva York: Crossroad, 1983. Versión en castellano por Desclée de Brouwer, Bilbao, 1989.

96. Luiza E. Tomita, "A teologia feminista no contexto de novos paradigmas" en Airton J. da Silva *et. al.*, *Teologia aberta ao futuro*, San Pablo: Soter-Paulinas, 1997, p, 143.

como una especie de reflejo de las relaciones de Dios con nosotros. Por caso, las relaciones básicas con madres y padres, con amantes y amigos contienen el potencial "a partir de los cuales pueden elaborarse las metáforas que expresen la presencia salvífica de Dios".[97] La autora, que fue discípula del famoso teólogo H. Richard Niebuhr, admite que la relación humana fundamental de padre, aplicada a Dios, ha recibido una atención excepcional en la tradición cristiana en desmedro de otras. Explica: "las otras han sido, en el mejor de los casos, desdeñadas y, en el peor, reprimidas. Pueden encontrarse sus huellas en la Escritura y en la tradición, pero nunca han llegado a ser, o nunca se les ha dejado llegar a ser, modelos fundamentales".[98] Para McFague, Dios como madre destaca tres aspectos: el amor *ágape*, la acción de *Sophia* en la creación y la justicia. El primer aspecto enfatiza el amor desinteresado de Dios aunque, aclara la teóloga, no hay que separarlo de otras formas de amor como *eros* y *philia*. Dios como madre es una metáfora que destaca el amor de ternura de Dios hacia sus hijos e hijas. Una metáfora que aparece en algunas ocasiones en la narrativa bíblica, por caso, a través del lenguaje poético de Isaías:

Festejen a Jerusalén, gocen con ella, todos los que la aman;
alégrense de su alegría los que por ella llevaron luto;
mamarán a sus pechos y se saciarán de sus ubres abundantes.
Porque así dice el Señor:
Yo haré derivar hacia ella, como un río, la paz:
como un torrente en crecida, la riqueza de las naciones.
Mamarán, los llevarán en brazos,
y sobre las rodillas los acariciarán;
Como a un niño a quien su madre consuela,
así los consolaré yo.[99]

En cuanto a la metáfora de Dios como amante, McFague parte del hecho de que si hay una palabra que la tradición cristiana ha aplicado a Dios –nutriéndose de la teología joánica– es precisamente que "Dios es amor" (1 Juan 4:8). Por lo tanto, si él es amor, hablar de él como amante es lo más natural. Lo esencial del enamoramiento, aclara la teóloga, no es la lujuria, el sexo y el deseo –aunque

---

97. Sallie McFague, *Modelos de Dios,* pp. 148-149.

98. *Ibid.*, p. 149. En otro texto, McFague todavía es más incisiva en su crítica a la unilateralidad de llamar a Dios exclusivamente como Padre. Véase el capítulo titulado "God the Father: Model or Idol?" en *Metaphorical Theology. Models of God in Religious Language,* Filadelfia: Fortress Press, 1982, pp. 145-192.

99. Isaías 66:10-13 Nueva Biblia Española.

también son expresiones del amor humano– sino la valoración del amado o la amada. Y comenta:

> Dios como amante es el único que ama al mundo, sin evitar ensuciarse las manos, sino total y apasionadamente, disfrutando de su variedad y su riqueza, encontrándolo atractivo y valioso, recreándose en su realización. Dios como amante es la fuerza del amor que mueve el universo, el deseo de unidad con todo lo que ama, el abrazo apasionado que hace girar a "la tierra que vive y palpita", que "envía la sangre por nuestras venas" y "nos arroja en los brazos del otro".[100]

Finalmente, la metáfora de Dios como amigo, tan rica en sus alcances, implica el compromiso que él tiene con su creación curando las heridas de la humanidad e invitándonos a colaborar con él. Dice McFague: "El modelo de Dios como amante del mundo nos permitió ver que Dios lo considera valioso y desea que sus heridas sean curadas y que sus criaturas sean libres; Dios como amigo/a nos pide que, como adultos, nos asociemos a esa tarea".[101]

Conclusión

Dios es un problema para la filosofía. Desde sus comienzos más remotos, a la filosofía le ha resultado difícil sustraerse al tema "Dios" más allá de los esfuerzos sistemáticos de pronunciar su muerte. La presencia de "Dios" en la filosofía, se da en el campo de la metafísica aristotélica ya que, para el estagirita, la teología era una de las tres ciencias teóricas más importantes, junto a la matemática y la ética. Pero la presencia de Dios en la filosofía no se reduce a la antigüedad, sino que es una constante en la historia del pensamiento. Solange Heffesse, fundamentándose en Giles Deleuze, constata ese fenómeno. Escribe el filósofo francés:

> Dios y el tema de Dios fue para la filosofía la ocasión irremplazable para liberar aquello que es objeto de creación de la filosofía, es decir los conceptos, de las coacciones que les hubiera impuesto el hecho de ser la simple representación de las cosas. Es al nivel de Dios que el concepto es liberado, porque ya no tiene que representar algo. (…) Es verdad que los filósofos sufren las coacciones de la teología pero en condiciones tales que de esa coacción van a hacer un medio de creación fantástico.[102]

---

100. *Modelos de Dios*, p. 217.

101. *Ibid.*, p. 274.

102. Giles Deleuze, *En medio de Spinoza*. Buenos Aires: Cactus, 2008, p. 23 cit. por Solange Heffesse, "Complicatio-Explicatio Nicolás de Cusa y el camino hacia un Spinoza deleuziano", *Revista científica Guillermo de Ockam*, Universidad San Buenaventura Cali, vol. 14, Nro. 2, p. 2. Accedido: 27 de abril de 2022.

Aun el ateísmo, bien entendido, encierra en sí el postulado de Dios. Como dice Lévinas: "La humanidad, religiosa o atea, tiene en este sentido una experiencia de Dios por el hecho mismo de que comprende este término, aunque sea para negar su objeto, para reducirlo o para explicarlo".[103] Lo mismo observa Lacoste desde su análisis fenomenológico de la experiencia de Dios: "somos libres para afirmar la existencia de un Absoluto que es sujeto y promesa de relación, del mismo modo podemos elegir existir en su presencia, exponernos ante Él".[104]

Hablar de Dios tiene significado hoy siempre y cuando implique una conexión con la humanidad creada a su imagen, porque, como señala Schillebeeckx, nuestra realidad humana debe ser una flecha que señale a Dios y la experiencia de fe en Él. La pregunta por Dios es, de alguna manera, una pregunta por el ser humano en su finitud y no siempre el lenguaje humano es adecuado para expresar a Dios. Por lo tanto, debemos buscar nuevas metáforas para hablar de Dios en una era ecológica y bajo la amenaza nuclear. A partir de esa realidad, Sallie McFague, propone hablar de Dios como amante, madre y amigo, metáforas plenamente bíblicas pero que han quedado obturadas por otras en la tradición cristiana pero que hoy es imperioso resaltar. Dios como amante alcanza su clímax con la doctrina de la trinidad que, aunque se puede interpretar de muchas maneras, destaca la idea fundamental de que Dios no es una mónada solitaria, sino que intrínsecamente vinculada a nosotros de modo interrelacionado. A Dios no se accede mediante métodos de las ciencias positivas porque, como explica Schillebeeckx: "Dios no puede ser descubierto en un acercamiento científico a la realidad, Es la realidad misma".[105] El mismo teólogo sintetiza los modos de acercamiento de la filosofía y de la teología al tema de Dios. La primera, "no puede reflexionar sobre Dios más que a partir del mundo creado,[106] mientras que la teología lo hace "a partir de la historia de la salvación y en contacto con la misma, ya que allí es donde se revela Dios como el Dios de la salvación".[107] En términos teológicos, la filosofía lo hace a partir de la revelación general mientras que la teología lo hace desde un Dios que se revela en la historia de la salvación. Más que mediante un planteo metafísico, en el caso de los creyentes el tema "Dios" se resuelve en la experiencia de fe. Porque para los creyentes es una realidad ineludible, ya que, como dice Juan Luis Segundo: "Qué es Dios, cómo es Dios, cómo actúa Dios, he aquí otras

---

103. Emmanuel Lévinas, *Difícil libertad*, 2da. Edición, Buenos Aires: Lilmod, 2008, p. 261.

104. Jean-Ives Lacoste, *Experiencia y absoluto*, trad. Tanita Checchi, Salamanca: Sígueme, 2010, p. 64.

105. Edward Schillebeeckx, *Dios y el hombre*, p. 143.

106. *Ibid.*, p. 54.

107. *Ibid.*

tantas preguntas que un cristiano no puede forzosamente soslayar".[108] En todo caso, tanto para creyentes como para no creyentes, Dios siempre ha sido, es y será una realidad ineluctable. Por eso el salmista decía en lenguaje sublime: "¿A dónde iré lejos de tu aliento, a dónde escaparé de tu mirada?".[109]

108. *Nuestra idea de Dios*, p. 7.
109. Salmo 139:7 *Nueva Biblia Española*.

III

Pensar a Dios desde las mediaciones del rostro y la carne

...el fenómeno saturado es opuesto a la lógica de la construcción del objeto y de su aparecer... empuja a la donación a sus límites más extremos y se hace visible...

Stéphane Vinolo

La toma de carne, comprendida como la última postura fenomenológica del *ego,* abre entonces al menos una *posibilidad* de pensar razonablemente, la Encarnación teológica.

Jean-Luc Marion

...porque la vida se manifestó, [εφανερωθη], nosotros la vimos y damos testimonio...

1 Juan 1:2 *Nueva Biblia Española*

Jean-Luc Marion es uno de los más importantes filósofos actuales de la escuela francesa. Retoma el camino de la fenomenología iniciado por Husserl y seguido por Heidegger. Como señala Pommier, "se distingue por su método de investigación que hereda tanto del estilo fenomenológico como de su formación en la escuela francesa...".[1] Si bien, todo el planteo de Marion es de naturaleza filosófica tiene indudables repercusiones e influencias para el replanteo de la teología en tanto

---

1. Eric Pommier, "Introducción. El don del filósofo" en Eric Pommier (compilador), *La fenomenología de la donación de Jean-Luc Marion,* Buenos Aires: Prometeo, 2018, p. 21. Para una

discurso sobre Dios. En su aproximación al tema, Vinolo sostiene que desde la filosofía se ha puesto a la teología en crisis:

> [...] con la declaración de la muerte de Dios en los textos de Nietzsche y con los filósofos de la sospecha. En fin, es posible mostrar con Heidegger que la crisis de la teología proviene de un error conceptual fundamental que afecta su mismo objeto de estudio, y de manera más precisa, que surge de la confusión entre Dios y la posición de Dios [...].[2]

Por ello, Jean-Luc Marion propone en su fenomenología tomar en cuenta el rostro del prójimo y el cuerpo propio de carne, imágenes que toma de Emmanuel Lévinas y Michel Henry, respectivamente, como lugares desde los cuales pensar a Dios, en un intento por superar la metafísica de confundirlo como un ente del Ser que lo transforma en ídolo.

Nuestro procedimiento seguirá el siguiente camino: en primer lugar, nos referimos a una cuestión clave para entender la fenomenología de Marion como lo son los "fenómenos saturados". Luego, analizamos el tema del rostro del prójimo como fenómeno saturado, planteo que recibe su impronta de la fenomenología de Lévinas y es profundizada por la reflexión del filósofo francés. En tercer lugar, exponemos el tema del cuerpo de carne, como otro fenómeno saturado el cual también se puede considerar como una posibilidad de acceso a Dios. En esta sección pondremos de manifiesto la osadía de Marion en relacionar de modo profundo el fenómeno erótico como metáfora viva de la relación íntima entre el ser humano y Dios, de la cual dan cuenta los místicos cristianos. Finalizamos con unas conclusiones que se desprenden de la exposición y que tienen mucha relevancia para tomar en cuenta los espacios del rostro del prójimo y el cuerpo de carne como posibilidades para pensar a Dios desde la encarnación del Logos y del cual dan testimonio los apóstoles.

1. ¿Qué son los fenómenos saturados?

Como hemos dicho, Marion retoma el desafío del iniciador de la fenomenología postulada por Edmund Husserl pero enfatizando el hecho de que el fenómeno se da. Dice:

---

visión general de la fenomenología francesa véase Philippe Capelle, *Fenomenología francesa actual*, trad. Gerardo Losada, Buenos Aires: UNSAM-Jorge Baudino Ediciones, 2009.

2. Stéphane Vinolo, "Jean-Luc Marion y la teología. Pensar desde el amor". *Theologica Xaveriana*, Nro. 186, julio-diciembre de 2018, p. 2.

[...] si el fenómeno se define como lo que se muestra en y desde sí mismo (Heidegger), en lugar de dejarse constituir (Husserl), ese sí mismo sólo puede atestarse en la medida en que el fenómeno, primeramente, se da. [...] Solo una fenomenología de la donación puede volver a las cosas mismas porque, para volver a estas, hay de entrada que verlas, verlas pues venir y, finalmente, soportar su arribo.[3]

De modo rotundo, Marion considera que los intentos por definir a la filosofía como ciencia rigurosa o teoría de las ciencias –como lo planteara Husserl– "han fracasado estrepitosamente de manera regular; sin duda por buenas razones: la filosofía permite la existencia de las ciencias exactas, pero justamente a condición de no pretender convertirse en una de ellas [...]."[4]

Si esos intentos han fracasado, ¿cómo resituar entonces a la filosofía en un mundo donde los objetos (técnicos) parecen dominar toda la realidad? No hay otro camino, sostiene Marion, que volver a lo que planteaba Heidegger, en el sentido de que el fenómeno es "lo que se muestra a sí mismo en sí mismo, lo manifiesto".[5] Partiendo de ello, Marion entiende que solo pueden manifestarse los entes no objetivables, por caso, el *Dasein* o el mundo en tal como lo define Heidegger: *In-der Welt-sein*. Se trata, entonces en un horizonte ontológico. A ese planteo heideggeriano el filósofo francés le formula dos preguntas: "¿cómo podría un fenómeno disponer de sí, si no dispone en sí mismo de ningún *ser*? ¿Cómo comprender el ser de un fenómeno que no sea un *ego*?".[6] Marion dice que solo se pueden responder esas preguntas eliminando los horizontes del objeto y del ser y, en sustitución, otorgar a este último de donación.

Comenta Marion:

La 'donación de sí mismo, *Selbstgebung*' indica que el fenómeno se da en persona, pero también, y sobre todo, que se da desde sí mismo y a partir de sí mismo. Solo esta donación originada en sí misma puede dar el sí mismo del fenómeno e investir la evidencia de la dignidad de vigilante de la fenomenicidad, arrancándola así de su muerte idolátrica.[7]

3. Jean-Luc Marion, *Siendo dado,* trad. Javier Bassas Vila, Madrid: Editorial Síntesis, 1998, p. 34.

4. Jean-Luc Marion, "Los límites de la fenomenalidad" en Eric Pomier, *Op. cit.,* p. 36.

5. *Sein und Zeit:* 28, cit. por Marion en *Ibid.*, p. 41. Dice Heidegger: "La confusa variedad de los 'fenómenos' nombrados por los términos fenómeno, apariencia, manifestación, mera manifestación solo se deja desembrollar cuando sea comprendido desde el comienzo el concepto de fenómeno: lo-que-se-muestra-en-sí-mismo". *Ser y Tiempo,* 5ta. Edición, trad. Jorge Eduardo Rivera, Santiago de Chile: Editorial Universitaria, 2015, p. 56.

6. *Ibid.* Cursivas originales.

7. *Siendo dado,* p. 59. Cursivas originales.

Marión sostiene que lo dado no se inscribe en una posible enticidad sino que se descubre como algo que se da y que es en tanto se da. Explica:

> Con un mismo gesto, lo dado conquista su donación y el ser (étant en el sentido verbal) desaparece así cumpliéndose. Aquí, lo dado despliega pues verbalmente, en él, su donación –lo que llamaremos el pliegue de lo dado–, y el ser auxiliar se somete a la donación, sirviéndola. 'Étant *donné*' anuncia lo dado en tanto que dado.[8]

Por "fenómenos saturados" Marion quiere decir que desbordan nuestra capacidad de captación y se caracterizan por el exceso. Ellos son, no porque nosotros le demos entidad, sino que son en tanto se dan. Siguiendo a Kant, Marión[9] sostiene que el fenómeno saturado excede las categorías enunciadas por el filósofo alemán, a saber: no mutable según la cantidad, insoportable según la cualidad, absoluto según la relación e inmirable según la modalidad. Para Marión, el fenómeno saturado se caracteriza por el exceso de intuición que es previa a toda intención.

"Y así, dándose absolutamente, el fenómeno saturado se da también como absoluto, libre de toda analogía con la experiencia ya vista, objetivada, comprendida. Se libera de ella porque no depende de ningún horizonte. En cualquier caso, no depende de esa condición de posibilidad por excelencia, el horizonte, sea cual sea. Lo llamaremos pues un fenómeno incondicionado".[10]

El fenómeno saturado se opone o se resiste a todo tipo de objetivación. Hay una oposición manifiesta entre el fenómeno saturado y la construcción de un objeto. Vinolo la explica en estos términos:

> [...] el fenómeno saturado es opuesto a la lógica de la construcción del objeto y de su aparecer. No por esto deja de tener una relación con la fenomenicidad corriente o con la fenomenicidad pobre. De hecho, empuja a la donación a sus límites más extremos y se hace visible, de alguna manera, en todos los fenómenos, cualesquiera que estos sean [...].[11]

Por su parte Carlos Restrepo interpreta que los fenómenos saturados no carecen de intuición pero su grado de intuición sobrepasa limitaciones "ofreciendo en cambio un modo de donación cuya intensidad deshace las 'condiciones de posibilidad de la

---

8. *Ibid.*, p. 31. Cursivas originales.

9. *Ibid.*, p. 330.

10. *Ibid.*, p. 344-345.

11. Stéphane Vinolo, *Jean-Luc Marion, La fenomenología de la donaci*ón como relevo de la metafísica, Quito: FCE, 2019, p. 106.

experiencia' por tratarse de un exceso de donación, a cuya conmoción paradójica Marion designa con el concepto de *saturación*".[12]

Concretamente, según Marion, esos fenómenos saturados son cuatro[13]: el acontecimiento, el ídolo, el cuerpo y el rostro del prójimo. Cada uno de ellos adviene a nuestra experiencia y nos dejan sin posibilidades de conceptualización a causa, precisamente, de su exceso de intuición saturando nuestra comprensión de ellos.

2. Pensar a Dios desde el rostro del 'otro'

Para Marion, el rostro del prójimo es un fenómeno saturado de intuición que "se sustrae a la visibilidad inerte de un objeto subsistente en el mundo […] que me provoca y convoca a través de una intencionalidad invertida que ahora va de él hacia mí".[14] Por supuesto, hablar del rostro del prójimo como fenómeno saturado que nos rebasa, evoca inmediatamente a la amplia y profunda perspectiva desarrollada por Emmanuel Lévinas. Opuesto al planteo ontológico de Heidegger, el filósofo judío señala que lo primero que adviene a la experiencia como fenómeno es la irrupción del rostro del 'otro', del prójimo. Su necesidad, su desnudez, suscitan mi acción solidaria, de modo que se torna en una llamada a la ética de la proximidad, es decir, volcada al 'otro', en tanto próximo. Siguiendo esa misma línea de argumentación, Marion dice: "el conocimiento del prójimo jamás debería aspirar a la certeza como fin último, ya que el prójimo implica la indeterminación de su libertad, a falta de lo cual nunca podrá reemplazar el rol de mi *otra* otredad […]".[15] Para Lévinas, la totalidad se da cuando el prójimo no es sujeto sino más bien objeto abarcable y, por ello, insta a ascender a partir de esa totalidad:

> […] a una situación en la que la totalidad se quiebra, cuando esta situación condiciona la totalidad misma. Tal situación es el resplandor de la exterioridad o de la trascendencia del rostro del otro. El concepto de esta trascendencia, rigurosamente desarrollado, se expresa con el término infinito.[16]

---

12. Carlos Enrique Restrepo, "Relectura de los fenómenos saturados" en Jorge Luis Roggero, *Jean-Luc Marion. Límites y posibilidades de la filosofía y de la teología*, Buenos Aires: Sb, 2017, p. 158. Cursivas originales.

13. Habría un quinto fenómeno saturado que es la "revelación". Al respecto véase el análisis de José Daniel López en "Reducción fenomenológica y reducción teológica", Jorge Luis Roggero, *Ibid*, pp. 61-68.

14. Jean-Luc Marion, "Los límites de la fenomenalidad" en Eric Pommier, *La fenomenología de la donación de Jean-Luc Marion*, pp. 43-44.

15. *Ibid.*, p. 45. Cursivas originales.

16. Emmanuel Lévinas, *Totalidad e infinito*, trad. Daniel E. Guillot, Madrid: Biblioteca Nacional, 2002, p. 55.

La totalidad está entonces en las antípodas de lo infinito. La primera, cosifica al ser humano, lo toma como un medio para un fin y no un fin en sí mismo. De ese planteo totalitario hay que subir, dice Lévinas, hacia lo infinito que se da como trascendencia en el rostro del prójimo. Todo el desarrollo de la filosofía del 'otro' en Lévinas es tan amplio que, como hemos expuesto en otro trabajo[17] el carácter multifacético del planteo levinasiano implica por lo menos que el rostro del prójimo sea una epifanía que irrumpe sin llamarla, un deber ético irrenunciable, el diálogo que suscita y la infinitud misma. Finalmente, para Lévinas, Dios es mediado en el rostro del prójimo, como lo demuestra la tradición judeocristiana que, en los profetas, implica que conocer a Dios es practicar la justicia con el pobre, la viuda, el huérfano y el extranjero y, según Jesús de Nazaret, él mismo está en el rostro del prójimo que tiene hambre, sed, está preso o desnudo, hacer bien a ese prójimo es hacerle bien a él mismo, "a mí lo hicisteis" (Mateo 25:31-40 RV 1960). Significativamente, el propio Lévinas en su clase impartida en París el viernes 22 de abril de 1976, cita ese pasaje del Evangelio de Mateo y comenta:

La señal dada al otro es sinceridad, veracidad según la cual se glorifica la gloria. El infinito solo posee la gloria a través del acercamiento al otro, mediante mi sustitución del otro o mi expiación por otros. El sujeto está, en su psiquismo, *inspirado* por el Infinito, de modo que contiene más de lo que puede contener.[18]

Que Marion haya recurrido y seguido el camino elaborado por Lévinas es detectado también por Luis Mariano de la Maza, cuando en su análisis del amor erótico que plantea el filósofo francés, comenta que en ese amor hay que experimentar la alteridad radical del otro y de nadie más, es decir, con exclusión de terceros.

Esa significación me llega desde otro lugar que no me pertenece: el *rostro* del otro, que no aporta ninguna intuición nueva, y no obstante retiene mi atención como ninguna otra cosa. El rostro me impone una significación que prueba su exterioridad y trascendencia respecto de mis propios actos de significar: me impone la prohibición de matarlo.[19]

17. Alberto F. Roldán, "El carácter multifacético de la epifanía del rostro en Emmanuel Lévinas: ética, diálogo, infinitud y concreción" en *Hermenéuticas y éticas. Del texto interpretado a la acción responsable*, cap. 6, Oregón, 2020 (en edición).

18. Emmanuel Lévinas, *Dios, la muerte y el tiempo*, María Luisa Rodríguez Tapia, Barcelona: Altaya, 1999, p. 238. Cursivas originales.

19. Luis Mariano de la Maza, "El amor según Marion" en Eric Pommier, *Op. Cit.*, p. 163. En nota al pie, el autor indica que en ese tema Marion sigue a Lévinas remitiendo al lector a *Totalidad e infinito*, Salamanca: Sígueme, 1977, pp. 211-214.

Marion amplía el planteo levinasiano del amor al prójimo. Comienza constando que hay un gran silencio sobre el amor en la filosofía de hoy, ya no se dice nada del amor, siendo que es, según su propia etimología: "amor a la sabiduría". Al dedicarse casi exclusivamente al ser, a la ontología, la filosofía ha perdido el amor al amor y sacrificó lo erótico. "La filosofía no ama el amor, que le recuerda su origen y su dignidad, su impotencia y su divorcio. Entonces lo pasa por alto, cuando no lo odia abiertamente".[20] Porque se trata, plateando una hipótesis, de un odio amoroso, pese a la aparente contradicción de términos. Al derivar a la supremacía casi excluyente del ser, la filosofía rechazó la primacía del amor y ese rechazo implicó también una distinción entre *eros* y *ágape*. La unicidad[21] del amor muestra la influencia que ejerció sobre Marion su maestro y amigo Hans von Balthasar. Dice Marion:

> De entrada, se debilita y compromete todo concepto del amor en la medida en que se permite distinguir obstinadamente acepciones divergentes, e incluso irreconciliables, por ejemplo, si se oponen desde un principio, como una evidencia indiscutible, el amor y la caridad (eroς y agapη), el deseo supuestamente posesivo y la benevolencia supuestamente gratuita, el amor racional (de la ley moral) y la pasión irracional.[22]

La renuncia a plantearse la pregunta: "¿me aman?", significa para Marion renunciar a lo humano de uno mismo. Por eso es que apunta a producir una reducción erótica. Por eso propone a la reducción epistémica que conserva de una cosa lo que es irrepetible y permanente y una reducción ontológica que conserva el estatuto del ente a ir a una reducción erótica. No es suficiente, argumenta Marion, que yo me reconozca como un ego o como un ente propiamente tal, "haría falta que me descubriera como un fenómeno dado (y dedicado), de manera que se confirme como un dato exento de vanidad".[23] Es allí donde se inicia la reducción erótica.

---

20. Jean-Luc Marion, *El fenómeno erótico,* trad. Silvio Mattoni, Buenos Aires: El Cuenco de Plata, 2005, p. 9.

21. Roberto Walton se refiere a la univocidad del amor que se une a la equivocidad de los modos de su ejercicio y, desde allí, reflexiona sobre la lógica unívoca del amor en la cual destaca cuatro aspectos: a. la certeza, b. la posibilidad, c. el conocimiento y d. la alteridad, concluyendo: "Dios manifiesta la lógica del amor, por ejemplo, en el avance de amar primero. Ama a los que no lo aman y también a lo que no es y que extrae *ex nihilo*. [...] Así, el amor no se apoya en un ente para hacerse amar por él sino que suscita al ente en su amor unilateral". Roberto Walton, "El fenómeno erótico en el marco de la fenomenología y teología del amor", en Jorge Luis Roggero (editor), *Límites y posibilidades de la filosofía y de la teología,* Buenos Aires: Sb editorial, 2017, p. 79.

22. *El fenómeno erótico*, p. 11.

23. *Ibid.*, p. 31.

Dejamos de lado, por el momento, la reflexión de Marion a lo atinente a la carne propia, para centrarnos en lo erótico como relación del prójimo en tanto amante.

De la pregunta inicial: "¿me aman?" Marion pasa a otra pregunta acaso más decisiva y comprometedora: "¿puedo yo amar primero?". Eso sería "comportarme como un amante que se entrega, en vez de un amado que da lo mismo que recibe".[24] Aun en el caso de que nadie me ame, eso no sería obstáculo que imposibilite el que yo ame, en que yo me convierta en amante. Y aquí está el gran descubrimiento acaso contradictorio: que quien ama nunca pierde. El amante nunca tiene nada que perder porque "cuanto más da, más pierde y más derrocha, menos pierde a sí mismo, puesto que el abandono y la pérdida definen el carácter único, distintivo e inalienable de amar".[25] El amante se da, derrocha amor y cuanto más lo hace "más gana (porque sigue amando). En la reducción erótica, el amante que se pierde se sigue ganando a sí mismo en tanto que amante".[26] Apelando al lenguaje paulino, sin citarlo, Marion dice después que ¡el amante *cree todo,* tolera todo e insiste sin límite ni auxilio con la soberana potencia de aquel que ama antes de saberse amado o de preocuparse por ello".[27]

Siguiendo, como ya hemos señalado, las orientaciones de Lévinas Marion dedica en *El amor erótico* una amplia y profunda reflexión al tema del rostro. Se pregunta cómo puede afectarle la significación del otro y conmoverlo hasta el punto de convertirse él en amante. Y responde: "De hecho, lo sé desde hace tiempo, desde que empecé a contemplar el rostro del otro. El rostro-de otro: se trata de una tautología, pues solo el otro me impone un rostro y ningún rostro desemboca en una prueba que no sea la de la alteridad".[28] Ese rostro, único, definible, distinguible de todos los demás, es el que suscita mi atención y me atrae por su mirada. Es el rostro del prójimo que se lo puede ignorar, poseer y hasta matar. Pero esto ya es el límite infranqueable: "Porque solo el rostro me expresa, hablando o en silencio: 'No matarás'".[29] Esto es estrictamente levinasiano, ya que el pensador judío oponiendo totalidad e infinito, que: "Este infinito, más fuerte que el homicidio, ya nos resiste en su rostro, y su rostro, es la *expresión* original, es la primera palabra, 'no matarás'".[30] Puede ser que el otro no oponga resistencia física pero sí opone resistencia ética. Es, "la resistencia del que no presenta resistencia,

---

24. *Ibid.,* p. 86.

25. *Ibid.,* p. 87.

26. *Ibid.,* p. 89.

27. *Ibid.,* p. 103. Cursivas originales.

28. *Ibid.,* p. 117.

29. *Ibid.,* p. 118.

30. *Totalidad e infinito,* p. 227. Cursivas originales.

la resistencia ética".[31] Marion deja planteado el interrogante referido a si el "no matarás" es una prohibición que corresponde más al plano de la ética que al de la erótica. Y cómo una significación ética puede fijar la intuición erótica del amante. Se trata, reflexiona, de dos litigios "que no han dejado de asediar al amante, que no se conquista a sí mismo más que procurando zanjarlos".[32]

3. Pensar a Dios desde el amor expresado en la carne

En sus reflexiones fenomenológicas el cuerpo ocupa un lugar central y reiterado. Siempre distingue entre cuerpo físico, inerte, y mi propio cuerpo. En *El fenómeno erótico*[33] contrasta los cuerpos extensos del mundo físico que si bien son cuerpos y ocupan un lugar o espacio, no son sintientes. Esos cuerpos no sienten, no son afectados. Por contraste, el cuerpo humano que es de carne (o que es carne) es afectado y siente al mero toque de otro cuerpo.

> La carne no puede sentir nada sin sentirse ella misma y sentirse que siente (que es tocada e incluso herida por lo que toca); también puede ocurrir que sienta no solo sintiéndose sentir, sino además sintiéndose sentida (por ejemplo, si un órgano de mi carne toca otro órgano de mi propia carne). […] Nunca puedo entonces ponerme a distancia de mi carne, distinguirme de ella, alejarme de ella, mucho menos ausentarme de ella.[34]

En otro texto[35], Marion insiste en que el cuerpo debe ser considerado como un fenómeno saturado y que se trata no simplemente de cualquier cuerpo sino de "*mi cuerpo*", con el cual experimento el sentir y produce mi autoafectación, de modo que ese cuerpo, que es mío, no admite ningún tipo de conceptualización, ni entra en relación con nada más que mí mismo. En otras palabras: me identifico a mí mismo con mi propio cuerpo, soy cuerpo. Esto, dicho sea de paso, coincide con la visión judeocristiana del cuerpo que afirma que no tenemos cuerpo sino que

---

31. *Ibid.*

32. *El fenómeno erótico*, p. 120.

33. *Ibid.*, p. 50. Esta diferenciación proviene de un estudio profundo que hace Marion de la sexta meditación de Descartes sobre el pensamiento pasivo. Dato proporcionado por gentileza de Stéphane Vinolo.

34. *Ibid.* Sobre las condiciones fenomenológicas de la revelación véase Raúl Zegarra, "Una fenomenología (hermenéutica) de la revelación para una teología de la liberación" en Jorge Luis Riggero (editor), *Jean-Luc Marion. Límites y posibilidades de la filosofía y de la teología*, Buenos Aires: Sb editorial, 2017, pp. 24-29.

35. "Los límites de la fenominalidad" en Eric Pommier (compilador), *La fenomenología de la donación de Jean-Luc Marion*, Buenos Aires: Prometeo Libros, 2017, p. 43.

somos cuerpo o, más literalmente aún, somos carne.[36] Es lo que dice el propio Marion cuando afirma: "Ya que solo la carne o más bien *mi* carne –no tengo carne, soy mi carne [...]".[37]

Pero ¿qué tiene que ver el hecho de que soy de carne con el mundo, con lo que me rodea, con el prójimo y, aun, con Dios? El propio Marion niega la posibilidad de que haya mundo sin una carne que lo siente. "Mi carne rodea, recubre, protege y entreabre el mundo, no a la inversa. Cuanto más siente mi carne, y por lo tanto se experimenta a sí misma, más se abre al mundo, no a la inversa".[38] La carne es entonces como una puerta que se abre al mundo, sin la cual no hay percepción del mundo que me rodea o, más enfáticamente: no hay mundo. Con reminiscencias heideggerianas, Marion comenta después que es mi propia carne que "me hace comprobar entonces que no comprendo el mundo, sino que estoy comprendido en él: de acuerdo al ser, soy precisamente en tanto que comprendido".[39] La carne se torna, entonces, en vehículo de la comprensión del mundo del cual forma parte como ser-en-el-mundo, como *Dasein*.

A partir de estas premisas, la reflexión de Marion adquiere una inusitada osadía. Porque va a extremar las metáforas descriptivas del encuentro erótico-sexual. Define al placer como "mi recepción de parte de la carne ajena, tal como ella me brinda su propia carne; dicho placer aumenta a medida que recibo más profundamente mi carne de la carne ajena y mi carne se incrementa por esa no-resistencia [...]".[40] Es la pasividad como un modo de no resistencia, de entrega. Con referencia a la "erotización del rostro" dice luego Marion que "el otro me da lo que no tiene, mi propia carne. Y yo le doy lo que no tengo, su carne".[41] La carne propia "me adviene y aumenta en la medida en que la carne del otro la provoca".[42] En cuanto al gozo de los amantes, Marion dice sin ambages que puedo gozar del otro en lugar de usarlo. Se usan las cosas para interés propio "mientras que en este caso adhiero al otro por él mismo, en tanto que su carne ya no pertenece

---

36. Cf. Hans Walter Wolff, *Antropología del Antiguo Testamento*, trad. Severiano Talavero Tovar, Salamanca: Sígueme, 1975 y John A. T. Robinson, *El cuerpo. Estudio de teología paulina*, trad. Natalio Fernández Marcos, Barcelona: Ariel, 1968.

37. *El fenómeno erótico*, p. 132.

38. *Ibid.*, p. 134.

39. *Ibid.*, p. 139.

40. *Ibid.*, p. 139-140.

41. *Ibid.*, p. 141.

42. *Ibid.*, p. 142. La reflexión sobre el erotismo ya está esbozada en Michel Henry cuando se refiere al placer que proviene tanto del otro como de uno mismo y que, dice: "en todo caso es un hombre y su cuerpo de hombre o de mujer el que está en el origen de todo lo que experimenta y, especialmente del placer que se da a sí mismo o por la mediación de otro que es como él". Michel Henry, *Yo soy la verdad*, trad. Javier Teira Lafuente, Salamanca: Ediciones Sígueme, 2001, p. 238.

al mundo de las cosas".[43] Con lo cual podemos decir que el amor es el mejor antídoto del uso de las personas como objetos o como medios y no como fines. La culminación del gozo es cuando yo no gozo de mi propio placer sino del otro. La entrega del amor más íntimo permite olvidarnos de nosotros mismos y gozar del gozo del otro. Al hacer el amor –que para Marion tiene un solo sentido– el amante se encuentra o, más bien, se reencuentra "frente a la mirada erotizada del otro en su carne misma".[44] La carne, al ser un fenómeno saturado se muestra tal como es y se da tal como es, "porque se da sin límites. Se da entonces en carne y hueso, en persona".[45] Es un fenómeno distinguible de otros porque afecta a los amantes provocando la mutua y absoluta donación.

El amor erótico tiene para Marion dos tiempos: uno futuro y otro presente. Cada uno de esos tiempos se define en dos expresiones: "En el futuro erótico '¡Aquí estoy!', se dice '¡Ven tú!'".[46] Mientras que: "En el presente erótico '¡Aquí estoy!', se dice '¡Voy!'".[47] Y, refiriéndose sin remilgos al orgasmo, Marion dice que lejos de ser una especie de cumbre de la cual se baja por niveles, "se parece en todo a un acantilado que desemboca en el vacío, donde caemos de golpe".[48] Y es allí, en ese punto culminante, donde el fenomenólogo francés roza el tema de la gloria. Dice Marion en lenguaje intensamente poético:

> La carne, luego del instante en que se glorifica y estalla, casi vuelta inmaterial, en un puro resplandor de luz, vuelve a ser súbitamente un cuerpo, nada más que un cuerpo, tan groseramente mundano como los otros que lo rodean, como el mundo que lo encierra.[49]

A todo esto, surgirá la pregunta: ¿qué tiene que ver toda esta intrincada y osada incursión por el erotismo y la sexualidad con el tema de Dios? ¿Cómo se pueden vincular un acercamiento a Dios con el acercamiento erótico entre dos personas? El propio Marion, en el parágrafo 28 comenta que el habla erótica provoca un

---

43. *El fenómeno erótico*, p. 149.

44. *Ibid.*, p. 151.

45. Eric Pommier, "La donación de la carne según Marion", p. 75.

46. *El fenómeno erótico*, p. 153.

47. *Ibid.*, p. 155. Justamente en este punto es donde Marion amplía la visión de Lévinas. Como dice Philippe Capelle: «Marion da al rostro la carne que le faltaba en los análisis levinasianos, por lo que "la orden que el otro me dirige al solicitarme ('Heme aquí, ven') no pertenece ya al marco de lo universal, sino que, más bien, lo transgrede al cuestionarle el derecho a la última palabra"». Philippe Capelle, *Fenomenología francesa actual*, trad. Gerardo Losada, Buenos Aires: UNSAM Edita-Jorge Baudino Ediciones, 2009, p. 82.

48. *El fenómeno erótico*, p. 158.

49. *Ibid.*, p. 158.

lenguaje transgresor que puede ser hasta obsceno y a veces rozar lo místico. Es un salirse del mundo en un *éx-tasis* en que los amantes quedan fuera de un mundo de cosas y objetos que los limitaban. En ocasiones, dice: "Debe pues, inevitablemente tomar las palabras de la teología mística que también dice y provoca en primer lugar el exceso, el exceso de la unión y por lo tanto de la distancia".[50] De ese modo, las expresiones espontáneas: "¡Aquí estoy!", "¡Todavía!" y "¡Ven!" derivan en la teología mística que surge de la Revelación arraigándose en ella. Explica: "Debemos concluir que la palabra erótica tampoco puede realizarse sin el lenguaje de la unión espiritual del hombre con Dios, del mismo modo que no puede prescindir de los otros dos léxicos, el obsceno y el infantil".[51] El léxico teológico es, para Marion, una especie de lenguaje hiperbólico y, según nuestra interpretación, también metafórico. No hay lenguaje más adecuado que este ya que no existe en la experiencia humana una unión tan íntima que se define con la expresión rotunda: "serán una sola carne" (Gn 2:24 RV 1960).

El tema de la relación erotismo y teología mística no es nada nuevo. Si echamos una mirada por las Sagradas Escrituras encontramos expresiones cargadas de erotismo. La simple mención del Cantar de los Cantares sería más que suficiente para convencernos de que la relación íntima con Dios se grafica en el amor erótico entre una pareja al punto de que, como dice el biblista Pablo Andiñach[52], la inclusión de este libro en el canon hebreo se debe a que en Jamnia –cuando en el año 70 d. C. se discutió el tema– el Rabí Akivá argumentó que no hay en él nada que pueda manchar las manos, ya que de lo que habla es de la relación entre Israel y Dios. En síntesis, esa lectura alegórica –que se privilegió por encima de la hermenéutica erótico-sexual a la que apunta el texto– fue la que permitió su integración al canon del Antiguo Testamento. Las metáforas nupciales y sexuales abundan en otros textos, como el trasfondo de la profecía de Oseas, donde Yahvé es el esposo de su esposa infiel Israel. Algunos salmos davídicos también están impregnados de ese lenguaje. Por caso cuando el salmista exclama:

"Dios, Dios mío eres tú;
de madrugada te buscaré;
mi alma tiene sed de ti,
mi carne te anhela" (Salmo 63:1 RV 1960).

San Pablo también utiliza esas metáforas nupciales cuando compara el amor de Cristo por su Iglesia como el modelo del amor que deben tener los esposos hacia

---

50. *Ibid.*, p. 174.

51. *Ibid.*

52. Pablo Andiñach, *Introducción hermenéutica al Antiguo Testamento*, Estella (Navarra): Verbo Divino, 2012, p. 464.

sus esposas. Dice: "El que ama a su mujer, a sí mismo se ama. Porque nadie aborreció jamás a su propia carne, sino que la sustenta y la cuida[53], como también Cristo a la iglesia, porque somos miembros de su cuerpo, de su carne y de sus huesos" (Efesios 5:28-30).[54]

El tema también se percibe en textos de los místicos españoles Santa Teresa de Jesús y San Juan de la Cruz. Un breve poema de la primera dice:

"Cuando el dulce Cazador
Me tiró y dejó rendida,
En los brazos del amor
Mi alma quedó caída,
Y cobrando nueva vida
De tal manera he trocado
Que es mi amado para mí
Y yo soy para mi Amado".

Los verbos "tiró", "rendida" y "caída" parecen estar atravesados por lo eróticosexual que tiene su correlato en la lengua francesa según explica Stéphane Vinolo:

---

53. El verbo utilizado aquí es θαλπει que etimológicamente significa "calentar" y originalmente se usaba para la referencia del empollar de las aves. Como dice Mariano Ávila: "Por extensión tiene el sentido de cuidar con sumo esmero y cariño. Es darle al cuerpo todo lo que necesita para estar sano y confortable". Mariano Ávila Arteaga, *Carta a los Efesios. Comentario para exégesis y traducción*, Miami: Sociedades Bíblicas Unidas, 2008, p. 213. En una conferencia dictada en Buenos Aires hace muchos años, el biblista español Luis Alonso Schökel fue más allá, argumentando que, por pudor, casi ningún traductor vierte el verbo griego en su sentido más íntimo de la caricia sexual que es –dice– a lo que apunta ese lenguaje. La Reina Valera 1909 vierte: "la sustenta y regala". La versión Nacar-Colunga traduce: "la abriga". Una antigua versión francesa traduce: "la nourit et la chérit", *La Sainte Bible qui comprend L'Ancient et le Nouveau Testament, traduits sur les textes originaux par J. N. Darby, La Haye: Imprimiere C. Blommendall, 1895.* Y *Biblia Textual,* traduce "cuida" y en nota agrega: "Lit. abriga o calienta".

54. Somos conscientes que esta opción de traducción de Reina Valera no es la más sustentada por los mejores manuscritos griegos y sigue el denominado *Textus Receptus.* Sin embargo, como dice F. F. Bruce, esa adición, aunque no es original, guarda estrecha relación con el argumento del pasaje, especialmente con Génesis 2:24 citado en el contexto. F. F. Bruce, *The Epistle to the Ephesians,* Londres: Pickering & Inglis, 1961, p. 119. Al estar en algunos testimonios, lo utilizamos aquí para enfatizar la idea de comunión plena entre los creyentes que conforman la Iglesia, con Cristo como esposo. También *El Nuevo Testamento* traducido por Félix Torres Amat vierte como Reina Valera: "porque todos nosotros somos miembros de su cuerpo, de su carne y de sus huesos". *Nuevo Testamento*, 2ª. Edición, traducido por Félix Torres Amat y comentado por Monseñor Juan Straubinger, Buenos Aires: Guadalupe, 1942. La antigua traducción francesa ya citada, lee: "somes membres de son corps –de sa chair et de ses os". La versión checa traduce: *"Nebofjsme oudové têla jeho, z masa jeho, a z kosti jeho". Biblí Svatá, Praga: Nákladem Biblické Spolcnosti,* 1953.

Nadie puede prever cuando se enamorará. Podemos empezar una relación habiéndola previsto, seguramente, mas no podemos decidir enamorarnos. La lengua francesa, de hecho, lo dice con certeza: 'on tombe amoureux', caemos en el amor.[55]

Por su parte, también San Juan de la Cruz abunda en referencias al amor nupcial como metáfora del amor entre Dios y el ser humano. Comentando su cántico espiritual, dice Xabier Pikaza:

SJCruz ha interpretado y presentado la experiencia humana en clave de *encuentro intersexual:* un varón y una mujer está heridos de amor; por eso sufren y se buscan de manera apasionada hasta que, hallándose, descubren y disfrutan la hondura de su vida en gesto de amor compartido.[56]

Pero es el propio Marion quien también relaciona el fenómeno de la carne con la teología cuando, luego de citar los textos que dicen: "el Verbo se hizo carne" (Juan 1:14), "... vino a la carne" (1 Juan 4:2), "se manifestó" (*ephaneróthe*) en la carne (1 Timoteo 3:16) y "nadie ha jamás odiado su propia carne" [sarka] (Efesios 5:29) concluye:

En fin, la carne tiene en teología su privilegio por el mismo motivo que en fenomenología. [...] La toma de la carne, comprendida como la última postura fenomenológica del *ego*, abre entonces al menos una *posibilidad* de pensar razonablemente en la Encarnación teológica.[57]

¿Cómo es posible transitar el camino de reflexión desde el amor erótico al amor de Dios? En la parte final de *El fenómeno erótico,* Marion introduce el tema de Dios. Lo hace en primer lugar, evocando el *adiós* que se dan los amantes. "Se dicen 'adiós': el año próximo en Jerusalén, la próxima vez en Dios. Pensar a Dios puede realizarse, eróticamente, en ese 'adiós'".[58] El amor es unívoco, más allá de las diferenciaciones o diversificaciones que podríamos hacer de él. El amor es uno

55. Stéphene Vinolo, *Jean-Luc Marion, La fenomenología de la donación como relevo de la metafísica*, p. 115.

56. Xabier Pikaza, *El "Cántico espiritual" de San Juan de la Cruz. Poesía. Biblia. Teología*, Madrid: Paulinas, 1992, p. 156. Cursivas originales.

57. Jean-Luc Marion, *Acerca de la donación. Una perspectiva fenomenológica*, trad. Gerardo Losada, Buenos Aires: Jorge Baudino Ediciones-USAM, 2005, p. 74. Cursivas originales. Sobre el misterio de la encarnación del Logos véase Alberto F. Roldán, "La encarnación del Logos según la perspectiva fenomenológica de Michel Henry", Revista *Enfoques* Vol. XXXI, Libertador San Martín: Universidad Adventista del Plata, Nro. 1, enero-junio 2019, pp. 47-68.

58. *El fenómeno erótico*, p. 243.

y "se define tal como se despliega, a partir de la reducción erótica y únicamente a partir de ella [...]".[59] Las dicotomías que se pueden establecer en cuanto al amor tienen que ver con la diversidad de objetos a los cuales se dirige: dinero, sexo, poder, Dios. Pero en el fondo el amor es unívoco y es la respuesta a las preguntas planteadas: "¿Me aman?" y "¿Puedo amar yo primero?". A fin de cuentas, entonces, εϱος y αγαπη son dos dimensiones de un único amor. "Su εϱος se revela pues tan oblativo y gratuito como el αγαπη, del que por otra parte ya no se distingue. [...] No se trata de dos amores, sino de dos nombres tomados entre una infinidad de otros nombres para pensar y decir el único amor".[60] Según Marion, a fin de cuentas, Dios ama como amamos nosotros pero su amor "se revela por los medios, las figuras, los momentos, los actos y los estadios del amor, del único amor, el que también nosotros practicamos".[61] Pero a la hora de la inevitable comparación, el fenomenólogo francés no duda en afirmar que Dios "simplemente ama infinitamente mejor que nosotros. Ama a la perfección, sin una falta, sin un error, del principio al fin. Ama siendo el primero y el último. Ama como nadie".[62] A lo cual podríamos agregar la palabra de Dios mismo al profeta Jeremías: "Con amor eterno te he amado" (Jeremías 31:3 RV 1960). En la experiencia cristiana descubrimos –como dice San Juan– que le amamos porque Dios nos amó primero, porque su amor encendió nuestro amor hacia él. "Al fin, no solamente descubro que otro me amaba antes de que yo lo ame, pues ese otro se había hecho amante antes de mí, sino también que ese primer amante se llamaba, desde siempre, Dios".[63] Mediante la escalera de Jacob podemos ascender hasta Dios y descender como ángeles portadores de su amor que es *siendo dado* a todas sus criaturas.

Conclusión

Marion lleva a las consecuencias más profundas la fenomenología de Husserl y de Heidegger, invitándolos a pensar a Dios desde otro lugar que no sea la metafísica. En su planteo, tanto el rostro del prójimo como mi propio cuerpo de carne son fenómenos saturados que se muestran o se dan como espacios desde los cuales

---

59. *Ibid.*

60. *Ibid.*, p. 253. Paul Tillich ha señalado la tendencia a la separación entre *eros* y *ágape* en el cristianismo y, aunque ese contraste ha sido criticado, todavía ejerce una fuerte influencia tanto en el ascetismo católico-romano como en el moralismo protestante. Paul Tillich, *Systematic Theology*, vol. III, Chicago: The University of Chicago Press, 1963, p. 240. Un clásico estudio sobre el tema es la obra del teólogo sueco Anders Nygren: *Eros y ágape: La noción cristiana del amor y sus transformaciones,* traducción de José A. Bravo, Barcelona: Sagitario (Colección Marginalia), 1969.

61. *El fenómeno erótico*, p. 253.

62. *Ibid.*, p. 254.

63. *Ibid.*

pensar a Dios. Así, la *otredad* y la *ipseidad* se conjugan en esa búsqueda para pensar y aun sentir a Dios en esas mediaciones. El rostro del prójimo en su desnudez y necesidad es lugar privilegiado desde el cual Dios mismo apela a mi acción ética solidaria. Otro lugar privilegiado es mi propio cuerpo de carne que, *siendo dado*, se abre al mundo y se hace una sola carne con el amado/a tornándose así en amor pleno que en el éxtasis del orgasmo "se glorifica y estalla" convirtiéndose en la imagen más viva e intensa del amor de Dios con lo humano. El presente erótico vierte el "¡Aquí estoy!" en "¡Voy!", mientras que en el futuro erótico ese "¡Aquí estoy!" se conjuga "¡Ven tú!".

Tanto el rostro del otro como mi propia carne deben relacionarse entre sí. La primera es una orden, la segunda una solicitud. "Porque en la reducción erótica del rostro no solamente me ordena '¡No matarás!', sino que me solicita '¡Me amarás!, o más modestamente '¡Ámame!'".[64] El amor, más allá de sus múltiples manifestaciones siempre es uno. No hay que establecer diferencias entre ἔρος y ἀγάπη ya que ἔρος puede ser tan oblativo y gratuito como ἀγάπη.

Desde la fenomenología de lo más cotidiano de la experiencia humana: el rostro del otro y mi propia carne es posible entonces pensar a Dios como el amante perfecto, que nos amó primero para que nosotros pudiéramos amar (le). En palaras de Walton:

> Dios envía a su Hijo y toma el riesgo de amar sin retorno por la inversión. Es un amor incondicionado que prefiere, a su propia vida, la vida del amigo (en un primer grado de perfección), la vida del enemigo (en un segundo grado de perfección) y la vida del que no la merece (en un tercer grado de perfección). El Hijo encarnado a la vez está en tránsito y atestigua para siempre la relación erótica.[65]

Walton interpreta que en el planteo de Marion el invariante eidético de un amor unívoco es el que permite entenderlo "una esencia impersonal y objetiva que se manifiesta según prácticas radicalmente diferentes, y lo hace, en virtud de la univocidad, tanto en Dios como en los hombres".[66]

A partir de ello, ya no se trata de pensar a Dios como un ente que participa del ser sino de un Dios que se manifiesta en la carne, tanto en el rostro de carne como lo primero que adviene a mi experiencia, como desde mi propia carne con su fragilidad y búsqueda de plenitud. Y todo ello es posible porque Dios se hizo carne en el Logos que habitó entre nosotros. Es allí donde el misterio de la encarnación adquiere una relevancia inusitada para pensar en Dios ya que "la toma

---

64. *El fenómeno erótico*, p. 193.
65. Roberto Walton, *Op. cit.*, p. 81.
66. *Ibid.*, p. 83.

de carne no se puede ni pensar ni cumplir en el campo metafísico de la *cogitatio* reducida al entendimiento puro [...]".[67] Tanto el rostro del otro y la carne son entonces fenómenos saturados que desbordan nuestra comprensión. Ellos son en la medida que *son dados* y no en la medida en que yo los constituyo como entes. Siguen el mismo modelo de la encarnación de Dios en la carne del Logos-Cristo que se dio sin límites, en quien la vida misma se manifestó "en carne y hueso" y de la cual dan testimonio los apóstoles.

67. Jean-Luc Marion, *Acerca de la donaci*ón, p. 73. Cursivas originales.

IV
La Revelación de Dios

Desde los inicios del cristianismo siempre ha existido la conciencia clara de un Dios que se autocomunica y se revela al hombre en la historia, primero como promesa (Antiguo Testamento, pueblo de Israel) y luego como plenitud en Jesucristo. Pero este Dios de la revelación está por encima del puro esfuerzo racional, filosófico. [...] Solo es accesible a través de *la fe*.

Eudoro Rodríguez Albarracín[1]

La revelación no solo es el punto de partida de la teología, también es el talón de Aquiles de la religión cristiana. La historia de la Iglesia y la teología claramente indica que el sistema cristiano se mantiene o cae con el concepto de revelación.

Bruce Demarest[2]

Para la Biblia, Dios es un misterio; es decir, amor que todo lo envuelve. Alguien que se revela en la historia y se hace, al mismo tiempo, presente en el corazón de cada uno.

Gustavo Gutiérrez[3]

¿Es posible conocer a Dios? Y, si así fuera, ¿cómo sería posible lograr un conocimiento certero y seguro sobre Dios?

En este capítulo reflexionamos sobre la revelación de Dios, partiendo de la premisa de que solo porque Dios se revela puede ser conocido. En otras palabras,

---

1. Eudoro Rodriguez Albarracín, *Problemática actual sobre Dios. Cuadernos de formación cristiana* Nro. 6, Bogotá: Universidad Santo Tomás, 1991, p. 86.

2. Bruce A. Demarest, *General Revelation. Historical views and Contemporary issues*, Grand Rapids: Zondervan, 1982, p. 13-14.

3. Gustavo Gutiérrez, *El Dios de la vida*, Salamanca: Sígueme, 1994, p. 15.

no es que el ser humano "descubre" a Dios por su cuenta sino que más bien, responde a la revelación de Dios.

¿Qué entendemos por "revelación"? La palabra en sí misma se refiere a "correr el velo" de algo que está oculto. Aplicado a Dios, significa que Dios corre el velo de su ser y de sus propósitos, revelándose a los seres humanos. ¿Cómo se revela Dios?

La teología sistemática ha distinguido entre dos tipos de revelación: a) la revelación general, y b) la revelación especial. La primera, implica que Dios se da a conocer a toda la humanidad mediante su creación. La segunda, es la revelación de Dios a un pueblo específico y mediante su palabra.

Ampliemos el tema de la "revelación general". La Biblia da testimonio de ello. En el salmo 19 leemos: "Los cielos cuentan la gloria de Dios, el firmamento proclama la obra de sus manos. Un día comparte al otro la noticia, una noche a la otra se lo hace saber. Sin palabras, sin lenguaje, sin una voz perceptible, por toda la tierra resuena su eco, ¡sus palabras llegan hasta los confines del mundo!" (Salmo 19:1-4 a NVI).

Estamos ante un texto poético. Por lo tanto, las metáforas y símbolos están presentes en este género literario. Por eso el salmista dice que "los cielos cuentan la gloria de Dios". Se trata de una "personificación". Los cielos no "cuentan" nada, literalmente. Es una forma poética de decir que los cielos transmiten la gloria de Dios y que, el firmamento "proclama la obra de sus manos". Dios es espíritu, por lo tanto no tiene cuerpo y, por ende, hablar de sus "manos" es un antropomorfismo, un lenguaje humano para hablar de Dios.

Luego, el poeta dice que tanto el día como la noche, comparten noticias, hacen saber cosas. Y lo hacen sin palabras, sin lenguaje, sin voz perceptible. Esto significa que puede haber mensajes no verbalizados, no transmitidos mediante palabras articuladas, lenguaje o voz. El teólogo y poeta en hebreo Luis Alonso Schökel comenta:

> El objeto del mensaje se resume en dos palabras: gloria y acción. Se trata de una teofanía del Dios supremo, título escogido aquí para el Dios creador en un mensaje universal. Espacios y tiempos, en cuanto obras de Dios, revelan su gloria, porque revelan a Dios en acción. Is 6:3 dice que "toda la tierra está llena de su gloria", pero hicieron falta serafines para formularlo. Nuestro salmo no necesita serafines ni ángeles.[4]

¿Qué es lo que anuncian los cielos y el firmamento? Obviamente, no podríamos esperar que lo que transmiten sea preciso y completo en cuanto a revelación de Dios. Quizás un texto de San Pablo nos pueda ayudar para entender qué es lo que transmite la creación como medio de revelación de Dios. Dice el apóstol:

---

4. Luis Alonso Schökel, *Treinta salmos: poesía y oración*, Madrid: Cristiandad, 1986, p. 97.

"Lo que se puede conocer acerca de Dios es evidente para ellos, pues él mismo se lo ha revelado. Porque desde la creación del mundo las cualidades invisibles de Dios, es decir, su eterno poder y su naturaleza divina, se perciben claramente a través de lo que él creó, de modo que nadie tiene excusa" (Rm 1:19-20).

Pablo está hablando de los gentiles, es decir, de los pueblos que no son Israel. Y dice que lo que puede conocerse de Dios es evidente para esos pueblos, porque Dios se les ha revelado. ¿En qué sentido? En el sentido de creador de los cielos y la tierra. La revelación general de Dios implica que él se ha revelado como creador y la creación en sí misma es un testimonio elocuente del poder y de la divinidad de Dios. El teólogo británico C. H. Dodd se refiere al hecho de que a Dios se lo encuentra en el mundo de las cosas y los acontecimientos. Dice: "No estamos llamados a negar este mundo ni a evadirnos de sus apremiantes realidades. Si ocupamos nuestro puesto en el orden real y concreto de la historia a que pertenecemos como seres humanos, nos encontramos con Dios".[5]

Esta intuición de que Dios está cerca de cada uno de nosotros, es afirmada por el propio san Pablo cuando, en su discurso en Atenas, dice a los filósofos:

El Dios que hizo el mundo y todo lo que hay en él es Señor del cielo y de la tierra. No vive en templos construidos por hombres, ni se deja servir por manos humanas, como si necesitara de algo. Por el contrario, él es quien da a todos vida, el aliento y todas las cosas. De un solo hombre hizo todas las naciones para que habitaran toda la tierra; y determinó los períodos de su historia y las fronteras de sus territorios. Esto lo hizo Dios para que todos lo busquen y, aunque sea a tientas, lo encuentren. En verdad, él no está lejos de ninguno de nosotros, "puesto que en él vivimos, nos movemos y existimos". Como algunos de sus propios poetas griegos han dicho: "De él somos descendientes" (Hch 17:24-28).

La importancia de este discurso de Pablo no es posible de sobredimensionar. El apóstol, tomando en cuenta que su auditorio es griego y, por tanto, ajeno a la revelación de Dios en el Antiguo Testamento, decide hablar de Dios como el Creador y, citando a poetas griegos afirma que Dios no está lejos de ninguna persona que lo invoca porque, remata: "en él vivimos, nos movemos y existimos". Esto implicaría que la vida misma deriva del Dios de la vida y que nuestra propia existencia, independientemente de nuestras creencias, se debe al Dios creador.

---

5. C. H. Dodd, *La Biblia y el hombre de hoy*, trad. A. de la Fuente Adanez, Madrid: Cristiandad, 1973, p. 140.

La Revelación general de Dios en el enfoque de Bernard Ramm

La teología sistemática ha distinguido dos formas de la revelación: la general y la especial. Hablando de la primera, dice Bernard Ramm:

> En su sentido más amplio, la revelación es la totalidad de los modos en que Dios se da a conocer. Sin embargo, puede dividirse de ciertas maneras. *La revelación general* es el testimonio de sí mismo que Dios da a todos los hombres. Es general en dos sentidos: (i) es una revelación general para todos los hombres, es decir, no se limita a un hombre o pueblo específico. (ii) Es una clase general de revelación (Sal 19:4): la revelación general no se da en la forma de lenguaje o palabras: *no hay dicho, ni palabras*). Los teólogos han hecho referencia a la gloria de Dios en los cielos, tanto de día como de noche (Sal 19:1), al testimonio de la criatura (*poiéma*), "lo que ha sido hecho por Dios", Rm 1:20), al logos antes de la encarnación (*logos asarkikos*, Jn 1:9), al diálogo moral y eterno (Rm 2:14-15), y a la bondad de Dios en su providencia (Hch 14:17) como ejemplos de la revelación general. La *revelación especial*, por el contrario, es la palabra de Dios en una forma concreta a una persona o grupo específicos. El Sermón del Monte es un caso de revelación especial.[6]

¿Qué lugar ha tenido la revelación en la historia del pensamiento cristiano? En un profundo estudio sobre el tema, Bruce Demarest hace un resumen histórico que ahora vamos a seguir. Demarest afirma, en primer lugar, que "la historia de la Iglesia y la teología, claramente indica que el sistema cristiano permanece o cae con el concepto de revelación".[7] Después, Demarest habla de la historia de la interpretación de la revelación general. Postulando la existencia de una "analogía del ser", entre Dios y el hombre, la teología clásica tomista afirmó la importancia de la revelación general. No solamente la existencia de Dios, sino también su grandeza, bondad y universal providencia podrían ser deducidas de la revelación general. Tomás de Aquino formuló las famosas cinco vías de demostración de la existencia de Dios. El resultado fue que el catolicismo escolástico afirmó que el

---

6. Bernard Ramm, *La revelación especial y la palabra de Dios*, trad. Justo L. González, Buenos Aires: La Aurora, 1967, p. 15. Énfasis original. Por su parte Edward Schillebeeckx relaciona la revelación de Dios con la palabra y los eventos en estos términos: "Revelación-suceso y revelación-palabra son las dos caras del único mensaje de Dios o de la «palabra de Dios». Aunque la revelación resida en primer lugar en la acción salvífica de Dios, y por tanto en la historia del pueblo judío, esta historia no alcanza sin embargo su significado pleno de revelación más que cuando es recibida en la conciencia religiosa del pueblo de Dios. La acción salvífica divina, por la que la historia se convierte en historia de salvación o de perdición, debe quedar iluminada por la palabra del profeta que ha percibido con claridad el sentido de este acontecimiento". Edward Schillebeeckx, *Revelación y teología*, 2ª. edición, trad. Alfonso Ortiz García, Salamanca: Sígueme, 1969, p. 44.

7. Bruce Demarest, *General revelation*, Grand Rapids: Zondervan, 1982, pp. 13-14.

conocimiento de Dios puede ser obtenido por medio de la razón. En el esquema tomista, la fe completa la comprensión.

Por su parte los reformadores afirmaron que la razón caída es incapaz de recorrer un camino adecuado hacia el Dios viviente de la Biblia. Lutero y Calvino redujeron el poder del descubrimiento racional de Dios. Ellos creyeron que Dios solamente puede ser conocido cuando Cristo es honrado en el corazón. En el racionalismo del Iluminismo, la razón, que clásicamente fue sierva de la revelación, ahora es postulada con una virtual omnipotencia. Teólogos racionalistas consideraron la *lumen naturale* con potencialidad de revelación especial de Dios.

En el siglo XIX surge el movimiento romántico, que fue una protesta contra el intelectualismo seco de la escuela racionalista. De acuerdo con teólogos románticos, el conocimiento de Dios es alcanzado no por la razón, sino por una experimencia directa de Dios en las profundidades del alma. Enfatizando la intuición, la escuela romántica de Schleiermacher, postuló que a través de la facultad no cognitiva del sentimiento o al imaginación, el alma humana llega a un contacto inmediato con el Espíritu del universo.[8]

Otro momento importante fue marcado por Karl Barth y su teología. Barth insistió que el hombre es un pecador sin esperanza, e incapaz de descubrir a Dios por sus propios recursos. No es posible un punto de contacto entre el Creador infinito con la criatura finita. Por lo tanto, la revelación general es una ilusión.

En recientes movimientos del protestantismo neoliberal, se tiende a concebir a Dios en forma impersonal y filosóficamente como "el fundamento o el poder del ser". Esta es una elíptica referencia que Demarest hace de Paul Tillich, a quien nos referiremos ampliamente en la parte final de este ensayo. Como conclusión, a manera de hipótesis, dice Demarest:

> El hombre, hecho a la imagen de Dios es incapaz por la gracia común, de intuir los eternos principios, incluyendo la existencia, el carácter y las demandas morales de Dios. De esta manera, equipado con un rudimentario conocimiento intuitivo de Dios, el hombre aduce conocimiento del carácter y los propósitos de Dios por medio a la reflexión racional sobre los datos de la naturaleza y la historia. A partir de la luz de la revelación general, entonces, toda la gente conoce a Dios como Creador, Preservador y Juez del mundo. Sin embargo, controlado por un corazón entenebrecido y una voluntad distorsionada, el hombre natural rechaza cultivar el elemental conocimiento de Dios aportado por la revelación general. [...] De ahí que el conocimiento mediado por la revelación general no salva; más bien sirve solamente para condenarlo. Sin embargo,

---

8. Para una evaluación del pensamiento de Friedrich Schleiermacher, véase mi libro *¿Para qué sirve la teología?* Buenos Aires: Fiet, 1999, pp. 107-109.

Dios en su gracia reveló a los hombres sus propósitos a través de actos en la historia y supremamente a través de la vida, las enseñanzas y los actos de su Hijo, Jesucristo.[9]

Demarest también habla de un conocimiento intuitivo de Dios. El hombre, creado a imagen de Dios y universalmente iluminado por el Logos, intuye la realidad de Dios como una primera verdad. La Escritura sostiene una forma apriorística de ese conocimiento, tal como fue formulado por San Agustín de Hipona. Juan describe al Logos como "la verdadera luz que ilumina a todo hombre estaba viniendo al mundo" (Jn 1:9). El Logos, quien es la verdad (Jn 14:6), puede ser considerado como el principio de la razón que capacita al pecador para su función como criatura racional de Dios.

En contra de la tradición empírica, Demarest afirma que la mente no es una *tábula rasa*, según la clásica expresión de John Locke. Además de la observación y al experiencia sensible la mente del hombre intuye verdades eternas, incluyendo la primera verdad: Dios. "Nuestra tesis es que la mente humana intuye la existencia del Poder, Perfección y Personalidad de Aquel que es primero, no causado e infinito".[10]

Finalmente, con referencia al pasaje de Romanos 1:18 ss., el autor se pregunta si allí el apóstol contempla el conocimiento intuitivo de Dios como la primera verdad, o el conocimiento adquirido por reflexión racional sobre la creación visible. Y, luego de citar a varios intérpretes de Romanos, concluye: "creo que Pablo en el versículo 20 ofrece una declaración sumaria de ambos, un conocimiento estampado en la mente humana y un conocimiento adquirido por el orden creado. [...] Concluimos, pues, sobre la autoridad de Romanos 1:19, que Dios en su gracia común, ofrece al hombre el conocimiento de sí mismo".[11]

1. La revelación general y los paganos: un asunto controversial

Un problema muy serio es el que se relaciona con la salvación de los paganos. ¿Qué sucede con aquellos que viven en otras culturas adonde el cristianismo no ha llegado en ninguna de sus expresiones? ¿Es suficiente el conocimiento que esas personas tienen sobre Dios a partir de la revelación general? Vamos a observar algunos posicionamientos hacia esta cuestión.

Demarest, luego de mencionar a algunos Padres de la Iglesia, como Justino Mártir y ciertos teólogos alejandrinos, en el sentido de que el Logos estaba actuando en los filósofos griegos, afirma que:

---

9. *Ibid.*., pp. 22-23.

10. *Ibid.*., p. 229.

11. *Ibid.*., pp. 230-231.

Históricamente, sin embargo, la convicción dominante de la Iglesia Cristiana ha sido que la persona es salva por oir y responder positivamente al mensaje del Evangelio. La Escritura enseña que el Pan de Vida no es distribuido a todas las naciones. [...] Jesucristo es la revelación final y normativa de Dios, transcendiendo a todas las otras revelaciones (Juan 14:6; Hechos 4:12; Hebreos 1:1-2).[12]

No obstante, luego el autor reconoce la posibilidad de que Dios se revele a personas fuera del testimonio de la Biblia. Dice: "En suma, si Dios se da a conocer a sí mismo y revela a Cristo en algún medio sobrenatural aparte del mensaje bíblico, eso podría considerarse como un modo extraordinario del obrar divino, el modo ordinario de su revelación y salvación es a través de la predicación misionera de la Iglesia".[13] Esta forma de plantear el tema, muestra por un lado la necesidad de reconocer que Dios es soberano para actuar fuera de los "modos ordinarios" de su obrar. El autor procura salvaguardar la centralidad de la evangelización, pero nos preguntamos: ¿Qué diferencia substancial hay entre "medios ordinarios" y "medios extraordinarios"? A fin de cuentas, ¿qué es lo que importa? ¿Que las personas sean salvas y conozcan a Dios o los medios que Él usa en la consecución de ese objetivo? En otros términos, la aceptación de la postura de Demarest depende de la importancia que le demos a los medios o a los fines.

Por su parte el teólogo católico Gerald O'Collins discute el tema a partir de una referencia a la perspectiva de Carl Braaten. Las preguntas que O'Collins formula son: ¿toda experiencia de revelación y salvación se relaciona con Cristo? En cuanto al "dónde" de la autocomunicación divina, ¿es verdad que fuera de Cristo no hay ninguna revelación ni salvación? Entonces, comenta:

¿O debemos concordar, por ejemplo, con Carl Braaten que reconoce en Cristo un papel universal para la salvación, pero no para la revelación? Según esta perspectiva, Cristo es Salvador para todos, pero no Revelador para todos. Solamente aquellos que conscientemente saben que su experiencia religiosa depende de y es interpretada por la experiencia fundamental de los apóstoles son relacionados con Cristo en el nivel de la revelación. Los otros ignoran a Cristo al recibir la revelación. Conocen genuinamente a Dios, pero aparte de Cristo. En la perspectiva de Braaten, Cristo puede ser absolutamente necesario para la salvación, pero relativamente importante para la experiencia de revelación divina. Él es el principal mediador de la revelación, pero

---

12. *Ibid..*, p. 260.
13. *Ibid.*, pp. 260-261.

no es esencial en esa función para todos los seres humanos. Muchos pueden conocer a Dios, y de hecho lo conocen, sin su mediación.[14]

Luego, O'Collins se refiere a Cristo como meta, agente y objeto de la revelación. Aporta datos bíblicos sobre la importancia de los pueblos tal como aparece en el Antiguo Testamento (ej. Amós 1, 2; Isaías 13-27; Jeremías 46-51; Ezequiel 25-32). Y dice:

> Podemos resumir esta evidencia del Antiguo Testamento. La elección particular de Israel, hecha por Yahvé, no excluye la voluntad de comunicar con, ser conocido por y traer salvación a otros seres humanos. Ellos pueden verdaderamente experimentar la intervención de Yahvé a su favor.[15]

También O'Collins hace referencia al Vaticano II, donde se afirma que los no cristianos que son sinceros, pueden ser "movidos por la gracia" y conocer la voluntad de Dios "a través de los dictámenes de conciencia". Finalmente, el autor propone cuatro criterios por los cuales podemos identificar las experiencias que manifiestan la presencia reveladora y redentora de Cristo. Dice O'Collins:

> Los criterios de *profundiad, consecuencias, orientación cristológica* y *forma trinitaria.* Estos criterios preguntan: ¿Las experiencias en cuestión revelan elementos supremos, absolutos de la existencia humana? ¿Modifican el comportamiento subsecuente y tornan a las personas más llenas de esperanzas y amorosas? ¿Manifiestan alguna orientación básica hacia Cristo? ¿Presentan algunos *vestigia Trinitatis*? El primero, el tercero y el cuarto criterio, consideran a la experiencia directamente en sí misma. ¿Es profunda, cristológica y de algún modo trinitaria? El segundo criterio focaliza la consecuencia de la experiencia: ¿Trae resultados éticos considerados aceptables?[16]

Esta perspectiva de O'Collins, que recupera las orientaciones del Vaticano II, nos parece más elaborada que la de Demarest, comentada antes. Tiene como virtud el hecho de presentar los criterios mínimos teológicos que podrían orientarnos para responder a la pregunta inquietante: ¿Es posible la salvación de personas que no han tenido contacto con el Evangelio de Jesús?

---

14. Gerald O'Collins, *Teologia Fundamental,* trad. Silvana Cobucci Leite, San Pablo: Loyola, 1991, pp. 141-142. Collins se fundamenta en un trabajo de Braaten titulado *History and Hermeneutics,* Filadelfia, 1966, p. 15.

15. *Op. cit.,* p. 148.

16. *Ibid..,* p. 157.

Para completar nuestro muestreo, volvemos ahora a Carl Braaten en su *Dogmática Cristã*, donde este teólogo luterano desarrolla el tema. Braaten hace referencia al tema de la "unicidad y universalidad de Jesucristo". Reconoce que tenemos una larga tradición que afirma la exclusividad de Jesucristo en cuanto a la salvación, a partir del *locus* clásico de Hechos 4:12. También menciona a Romanos 10:17. Después de citar a algunos teólogos como John Hick de Birmingham que propuso una "revolución copernicana", buscando subvertir el dogma cristológico que está detrás de todo exclusivismo cristiano, y Tillich, que habló de "una Iglesia latente" y Karl Rahner, con un "cristianismo anónimo", Braaten menciona "el Pacto de Lausanne", donde "los evangélicos declararon dogmáticamente que 'es imposible ser un cristiano bíblico y un universalista al mismo tiempo'".[17] Comenta Braaten: "La lógica de esa posición es que las criaturas que mueren en la infancia están perdidas, las personas mentalmente retardadas están perdidas, todos los que nunca oyeron hablar de Cristo están perdidos. Aún así, los evangélicos se apegan a este punto de vista como siendo el (centro) del evangelio y el incentivo para la misión".[18] A la pregunta: "¿Cuál es la esencia de la unicidad de Jesús?", responde Braaten:

Ella no reside en el hecho de que Él haya sido un individuo histórico que vivió cierta vez en Palestina. Cada uno de nosotros es un individuo único en el sentido de que ninguno de nosotros tiene un duplicado. La unicidad de Jesús, por ello, es *sui generis*. Él murió como un individuo histórico único en un tiempo y un lugar determinados, pero fue resucitado para ser la presencia viva de Dios en cada nueva época y en cada lugar extraño. En último análisis, la cuestión de unicidad de Jesús tiene que ver con la resurrección: "Dios lo resucitó, habiendo roto los dolores de la muerte" (Hch 2:24).[19]

En cuanto a la universalidad de Jesucristo, Braaten afirma que "su unicidad reside en su universalidad. Si Jesús es el Salvador, es el Salvador universal".[20] Luego, el autor presenta el siguiente dilema:

Si Jesús es el Salvador único y universal, ¿cómo puede haber un diálogo con otras religiones? ¿No están obligados los cristianos a decir que el único camino de salvación es de ellos, que los no cristianos serán salvos aquí y ahora o por alguna brecha cualquiera? Aparentemente, estamos confrontados con un dilema. Si Jesús es el Salvador único y universal, no hay salvación en las religiones no cristianas. Si hay salvación

---

17. Carl Braaten, *Dogmática Cristã*, vol. 1, San Leopoldo: Sinodal, 1995, p. 542.

18. *Ibid..*, pp. 542-543.

19. *Ibid..*, pp. 544-545.

20. *Ibid..*, p. 545.

en las religiones no cristianas, entonces Jesús no es el Salvador único y universal. La teología se confronta con este dilema.[21]

Braaten cita varios textos del Nuevo Testamento para mostrar la universalidad de la salvación en Cristo. Los textos son: 1 Timoteo 2:4; 1 Corintios 15:22; Colosenses 1:19 s.; Efesios 1:9s.; Filipenses 2:10s.; 1 Corintios 15:28 y 1 Juan 2:2. Invita a los teólogos que hablan de salvación en otras religiones, si se trata de la misma salvación que Dios prometió en Cristo. Y dice: "El nuevo desafío que se coloca a la cristología es hablar de la identidad de Jesucristo en el contexto de las religiones universales y de la cultura secular".[22] Finalmente, el teólogo luterano hace la siguiente conclusión:

> Seguimos un camino situado entre la opción de un evangelicalismo sin la universalidad de Jesucristo y una opción de un universalismo sin la unicidad de Jesucristo. Con todo, nuestra posición no es esencialmente una posición de centro que combina elementos de derecha y de izquierda de modo aleatorio. Antes, la derecha y la izquierda son fragmentos de una visión holística del Cristo escatológico, cuya unicidad reside en su universalidad concreta. [...] En este tiempo intermedio, podemos testimoniar y trabajar como si Dios actuase por detrás de las espaldas de la pluralidad de las religiones universales, impeliéndolas en dirección a una unidad final que se encarnó prolépticamente para todos en Jesucristo. No hay dos caminos de salvación. Hay una única salvación y un único camino de salvación. Hay una salvación escatológica válida para todos a través de aquel que vino para que todos pudiesen encontrar vida, que murió para que el mundo pudiese ser reconciliado, que fue resucitado para que pudiese vivir la esperanza de la victoria de Dios y de la restitución de todas las cosas en Dios.[23]

Podemos ver que esta posición de Braaten aparece como la más equilibrada. Se trata de una posición que intenta ser intermedia entre un evangelicalismo sin universalidad de Jesús y un universalismo sin universalidad. Aunque esta sea una perspectiva abierta hacia la importancia de las religiones del mundo, afirma que no hay dos caminos de salvación, que proclama la singularidad de Jesucristo y la victoria de Dios a través de Él al final de la historia. El tema queda abierto a la polémica y, sobre todo, a tomar en serio el rol de las religiones en el mundo y su relación con el cristianismo. Intuimos que se trata de un tema que se irá agudizando en el siglo XXI, con una creciente unificación mundial y una globalización que se dará también en el universo religioso.

21. *Ibid..*, p. 546.
22. *Ibid..*, p. 549.
23. *Ibid..*, p. 551.

2. Las formas de la revelación especial en el enfoque de Bernard Ramm

Volvemos al tema de la revelación especial. ¿Cuáles son sus formas y qué características tienen? Para intentar una respuesta a esta y otras preguntas relacionadas recurriremos a Bernard Ramm y su obra *La revelación especial y la Palabra de Dios*. La primera característica de la revelación especial es que es "antrópica". Explica Ramm:

> Con esto queremos decir que *lleva las características de lo humano*. Habla del mundo que no se ve (2 Cor 4:18) en términos y analogías del mundo que se ve. El conocimiento de Dios se enmarca en el lenguaje, conceptos, metáforas y analogías de los hombres. El trasfondo de la revelación es la tierra y no el cielo, y aun cuando el hombre recibe una visión de lo celestial, esto es según la analogía y las figuras terrenales. El carácter antrópico de la revelación habla de la condescendencia de Dios de tal manera que su revelación penetra en el mundo y toma la forma de la raza humana.[24]

La segunda característica es la condescendencia de Dios, en el sentido de que la revelación de Dios es analógica en su forma. Escribe Ramm: "El puente entre la incomprensibilidad de Dios y la posibilidad de conocerlo. *Una analogía es el instrumento conceptual mediante el cual algo que pertenece a un campo del pensamiento se emplea para explicar, ilustrar, o probar algo que pertenece a otro campo.*[25]

En este contexto, el autor habla de diversas formas de analogías: símbolos, tipos, semejanzas, paralelismos, símiles, metáforas. De ese modo, Dios comunica su revelación a los hombres. Recurriendo al Antiguo Testamento, también vemos diferentes modalidades de la revelación, tales como: suertes (Prov 16:33; Hch 1:21-26), Urim y Tummim, sueños (Job 4:13; 33:15), visiones (Is 1:1; 6:1), teofanías (Éx 33:22-23; Ez 1; Dn 7; Ap 4). ¿Cómo se complementan el acontecimiento con la palabra reveladora? Ramm explica que el acontecimiento y la palabra deben ser sostenidos con igual firmeza. Porque una palabra reveladora separada del acontecimiento revelador "es una abstracción" y, por otra parte, un acontecimiento salvífico, pero separado de la palabra que lo interpreta, "es opaco". Por lo tanto Ramm afirma: "La palabra es el dato sólido en el campo de la verdad; el acontecimiento es el dato sólido en el campo de la historia; el acontecimiento de la redención espera la palabra de revelación; la palabra de revelación tiene su subsistencia en la obra redentora de Dios".[26]

Otro aspecto importante de la revelación de Dios, es que es *real, orgánica y progresiva*. Por "real", Ramm quiere decir que la revelación tiene lugar dentro

24. *Op. cit.*, p. 35. Énfasis original.
25. *Ibid..*, p. 39. Énfasis original.
26. *Ibid..*, p. 84.

de las categorías típicas de la historia, o sea, tiene lugar en tiempo y espacio. En cuanto a "orgánica", explica Ramm: "La revelación es un todo y es por lo tanto orgánica. Es una revelación que tiene partes, es decir, *miembros*".[27] Finalmente, el carácter de "progresiva" significa que cada revelación o momento revelador, sirve de fundamento para una nueva revelación. Significa, también, que Dios fue revelándose gradualmente a los hombres.

Una cuestión final en este enfoque de Ramm es, ¿de qué maneras se relacionan Jesús y la Biblia como las formas de la revelación especial? El autor trabaja dos binomios: Cristo y el Evangelio y Cristo y el Nuevo Testamento. Sobre el primero dice: "...la Palabra única de Dios, la Palabra total de Dios, el organismo único de la revelación, es Evangelio. Este encuentra su resumen en Jesucristo, quien es al mismo tiempo la Palabra de Dios y el Cordero de Dios, y une en sí mismo la culminación de la revelación y la redención".[28]

Es de mucha importancia reconocer el hecho de que, aunque en un sentido estricto, el Evangelio viene con Cristo, en el Antiguo Testamento tenemos vestigios de un Evangelio o Proto-Evangelio. En este sentido podemos ver textos clave como Gálatas 3:8 donde se habla de un preanuncio del Evangelio.

Otra relación es entre Jesús y el Nuevo Testamento, o sea, la revelación personal de Dios en Jesucristo, el Logos, y la revelación escrita: el Nuevo Testamento. Dice Ramm: "Jesucristo es la Verdad, pero solo podemos conocerlo mediante *verdades*. Jesucristo es el Señor viviente, pero solo conocemos ese señorío en los documentos *escritos* del Nuevo Testamento. Jesucristo es vida eterna, pero solo sabemos de ella en las páginas del Nuevo Testamento".[29]

Creo que es importante aquí hacer una aclaración: la perspectiva de Ramm no debe ser considerada de "bibliólatra", o sea, una apertura a considerar a la Biblia como un objeto de adoración, propia para rendirle culto. En primer lugar, Ramm critica al fundamentalismo, corriente teológica que tiene ese acercamiento a la Escritura mientras que también critica al liberalismo. Dice:

> Por extraño que parezca, el crítico bíblico y el fundamentalista racionalista caen aquí en un error común. El crítico quiere una Biblia notarial, una Biblia escrita por una combinación de historiador y taquígrafo legal. La Biblia le interesa sobre todo como un *registro*. El fundamentalista quiere una Biblia que sea mejor que la famosa serie histórica de Cambridge. Quiere tener esa certeza religiosa racional que surge de los hechos sólidos, concretos e históricos.[30]

---

27. *Ibid.*, p. 105. Énfasis original.

28. *Ibid..*, p. 104.

29. *Ibid.*, p. 120. Énfasis original.

30. *Ibid.*, p. 101. Énfasis original.

En segundo lugar, Ramm afirma el carácter instrumental de la Biblia, que no es un fin en sí mismo. El autor define: "En un sentido general, la bibliolatría es el respeto *exagerado* hacia las Escrituras. Esta exageración no es fácil de medir, pero podemos decir que existe cuando se concede a las Escrituras una vida y poder propios como si no hubiese presencia del Espíritu Santo ni acción del Cristo vivo en la historia".[31]

Como ejemplos de que la Biblia es un instrumento y no un fin en sí mismo, Ramm cita los textos de Efesios 6:17 y Hebreos 4:12. Destaca que mientras en el pasaje de Hebreos la Palabra es comparada con una espada, en Efesios es el instrumento del Espíritu Santo. "Luego, el carácter instrumental de las Escrituras no solo refuta la idea mágica, sino que también conserva su espiritualidad, puesto que el poder de la Palabra de Dios se manifiesta solo cuando el Espíritu Santo así lo desea y bajo ciertas condiciones".[32]

En síntesis, nos parece que la visión de Bernard Ramm sobre la revelación es una de las más sistemáticas y amplias. Distingue con claridad entre "revelación general" y "revelación especial". En esta última, intenta –acertadamente– relacionar entre Cristo y el Evangelio, Cristo y el Nuevo Testamento como testimonios de la revelación especial, al punto que logra evitar asociarse con toda forma de bibliolatría, al enfatizar la obra del Espíritu Santo en la comprensión y la proclamación de la Palabra de Dios. Ramm puede ser considerado como un exponente importante del neo evangelicalismo.[33] Durante su año sabático 1957/58, Ramm hizo estudios con Barth en Suiza. Es posible que ese contacto haya resultado decisivo para su comprensión de la Escritura. Entonces "semejante a Barth, Ramm comenzó a enfatizar la obra iluminadora del Espíritu Santo en hacer de la Escritura, Palabra de Dios".[34]

Conclusión

El tema de la revelación de Dios es uno de los más importantes de la teología, porque de él depende nuestra comprensión de Dios, de sus propósitos con los seres humanos y con el universo. El protagonista central de la revelación es Dios mismo, por eso podemos hablar de "autorrevelación de Dios". La revelación general de Dios está testimoniada en las Escrituras. A pesar de que los teólogos

---

31. *Ibid.*, p. 123.

32. *Ibid.*, p. 124.

33. Para más datos sobre este movimiento teológico surgido en Estados Unidos, véase Alberto F. Roldán, *¿Para qué sirve la teología?*, pp. 111-112.

34. Gary Dorrien, *The Remaking of Evangelical Theology*, Louisville: Westminster John Knox Press, 1988, p. 125. Ver en ese libro, más informaciones sobre la posición teológica de Ramm, que según Dorrien no es necesariamente barthiana, aunque revela influencias de Barth.

protestantes no siempre acreditaron en ella, su afirmación es importante porque muestra la unidad entre los conceptos de Dios Creador y Dios Salvador. Un problema que plantea el concepto de la revelación general, es el que tiene que ver con la salvación de los paganos. En este sentido, existen varias perspectivas, desde una posición que no ve ninguna alternativa de salvación que no sea en el contexto de la Iglesia cristiana, hasta un velado universalismo, pasando por una posición de centro, representada acaso por Carl Braaten que, sin renunciar a la universalidad de Jesucristo, intenta una visión holística sobre un tema controversial.

Bernard Ramm aporta mucha información sistemática al concepto de las formas de la revelación especial y representa un acercamiento más abierto con respecto a la clásica posición cerrada y literalista del fundamentalismo. Muy creativo nos parece el enfoque de Pannenberg, quien inicia un nuevo camino hacia la comprensión de la revelación en la historia. Es creativo, en tanto procura superar tanto el carácter autoritario de la revelación, representado por Karl Barth, como la escuela existencialista de Bultmann y los pos-bultmannianos e, inclusive, las tendencias idealistas representadas por Hegel. Su aporte principal está en lo que él llama "carácter proléptico de la revelación" o sea, una revelación que toma como hecho histórico que anticipa el futuro escatológico, la resurrección de Jesús. Pero de todos los teólogos estudiados, nos parece que el que más aporta al tema es Paul Tillich, tanto por el carácter sistemático de su propuesta, como por su serio intento por armonizar los conceptos, a primera vista contradictorios y, también, elaborar algunas hipótesis que, aunque atrevidas, resultan necesarias para un tema tan importante como abarcador.

V

La Revelación y su relación con Cristo y la Trinidad

La única mirada y el único punto de vista que puede hacer que la infinita hipérbole de la caridad se dé a sí misma es la que se fundamenta en Cristo; la única mirada fenomenológicamente infinita, aun en nuestra carne.

....

El Espíritu se impone a sí mismo como el fenoménico medio de acceso a la visión icónica del Padre en el Hijo *como* Jesús el Cristo, funcionado como director del despliegue trinitario de Dios...

Jean-Luc Marion

E indiscutiblemente, grande es el misterio de la piedad:
Dios fue manifestado en carne [ἐν σαρκί] 1 Timoteo 3:16

El concepto de fenómeno saturado se encuentra en Descartes, Kant y Husserl y es retomado por Jean-Luc Marion. Para el filósofo francés, los fenómenos saturados son aquellos cuya intuición sobrepasa o desborda al concepto. Básicamente hay cuatro fenómenos saturados a saber: el acontecimiento histórico, el ídolo, el cuerpo (la carne) y el rostro del prójimo. Pero a ellos se puede agregar otro fenómeno saturado –acaso el quinto– que es el fenómeno de la Revelación. En el presente capítulo, analizamos la Revelación como concentrador de otros fenómenos saturados, su relación con Cristo y con la trinidad y la influencia de Barth en el planteo de Marion.

1. La Revelación como concentrador de otros fenómenos saturados

Marion dice:

> [...] se trata de la última variación posible de la fenomenicidad del fenómeno en tanto que dado, el fenómeno de revelación no solamente depende de la saturación (paradoja en general), sino que concentra en él los cuatro tipos de fenómenos saturados y se da a la vez como acontecimiento histórico, como ídolo, como carne y como icono (rostro).[1]

Para Marion, este quinto tipo, estrictamente, no añade nada nuevo a los cuatro anteriores, sino que la Revelación desborda de modo que satura la fenomenicidad con una saturación de la saturación, en otras palabras, una saturación plena. En ese contexto, Marion admite que la fenomenología tiene sus límites al enfrentarse a este fenómeno. Porque, explica:

> La fenomenología no podría decidir si una revelación puede o no debe darse jamás, pero sí que puede (y únicamente la fenomenología puede) establecer que, en ese caso, un tal fenómeno de revelación debería tomar la figura de paradoja de paradojas: si tiene que haber revelación (y la fenomenología no tiene ninguna autoridad para decirlo), entonces esa revelación tomará, toma o ha tomado la figura de paradoja de paradojas, siguiendo una ley de esencia de la fenomenicidad.[2]

En otro texto, Marion cita a Marlène Zareder que, de modo más rotundo, dice que "ninguna Revelación con una R mayúscula se puede dar en la fenomenicidad".[3] A ello, agrega Marion a renglón seguido:

---

1. Jean-Luc Marion, *Siendo dado,* trad. Javier Basas Vila, Madrid: Editorial Síntesis, 2008, p. 379.

2. *Ibid.,* p. 379-380. Sobre la recepción de la revelación como tema de la filosofía, Robyn Horner dice que, si la revelación es considerada dentro del dominio de la filosofía, normalmente solo aparece en su posibilidad de revelación natural o general más que como revelación especial. Y agrega que el propio Marion ha admitido que el fenómeno revelatorio a menudo ha sido excluido de su legítima consideración por parte de la filosofía y de la universidad (¿o universalidad?) por su aparente falla en armonizar con el principio de razón suficiente. La revelación parece no ser un concepto que una persona racional puede tomar en cuenta de modo serio. Robyn Horner, "Revelation as a Problem for Our Age" en Jean-Luc Marion-Christiaan Jacobs Vandegeerd (editors), *The Enigma of Divine Revelation. Between Phenomenology and Comparative Theology, Contributions to Hermeneutics 7,* Cham, Suiza: Springer, 2020, p. 76. Una excelente introducción a la filosofía de Marion en su relación con la teología es la obra de Stéphane Vinolo, *Jean-Luc Marion. La fenomenología de la donación como relevo de la metafísica,* Quito: FCE, 2019.

3. Marlène Zeder, "Phenomenology and Trascendence" en Faulconere, James E. (ed.), *Trascendence in Philosophy and Religion,* Bloomington, Indiana UP, 2003, cap. VI, p. 110. Cit.

En pocas palabras, no tenemos experiencia de lo que rebasa las posibilidades de la experiencia; y sin embargo el pretendido fenómeno saturado, rebasa por su propia definición los límites de la experiencia [...].[4]

Marion distingue entre revelación como fenómeno posible y Revelación como efectividad. La fenomenología, explica, no puede llegar más allá o decidir sobre la Revelación como hecho histórico y efectivo. Porque esta última excede el dominio de cualquier ciencia, incluida la fenomenología. Y agrega de modo rotundo: "solo una teología, y a condición de dejarse construir a partir de ese solo hecho (K. Barth o H. U. Von Balthasar, sin duda, en mayor medida que R. Bultmann o K. Rahner) podría eventualmente acceder a ella".[5] En otro texto, citando específicamente a Karl Barth, Marion comenta la radical descripción de la Revelación elaborada por el teólogo de Basilea. Dice que Barth, teólogo ampliamente conocido, se refirió a:

la auto-manifestación de Dios por sí mismo que entra en la experiencia de los hombres de un modo semejante a la caída instantánea de una roca, que deshace todo con su impacto.[6]

Agrega que la Revelación es siempre una Revelación que Dios hace de sí mismo porque "no hay otro más alto del cual pueda derivarse o basarse esa Revelación. Citando al propio Barth, agrega: "Es la condición que condiciona todas las cosas sin ser ella misma condicionada. Esto es lo que decimos cuando hablamos de Revelación".[7]

Estas consideraciones sobre la Revelación como fenómeno saturado nos conducen a analizar la relación entre Revelación y Cristo.

Por Jean-Luc Marion en "La banalidad de la saturación", Jorge L. Roggero, *El fenómeno saturado. Reflexiones sobre la excedencia de la donación en la fenomenología de Jean-Luc Marion*, Buenos Aires: sb Editorial, 2020, p. 17. También Lévinas distingue entre "revelación" y "Revelación". Dice que el contenido atribuido a la Revelación es casi metafísico, "hecho que es a su vez el primer y principal contenido revelado de toda revelación". Emmanuel Lévinas, "La Revelación en la tradición judía" en *Difícil libertad*, trad. Manuel Mauer, Buenos Aires: Lilmod, 2004, p. 417. Para Lévinas, la Revelación está contenida en el Antiguo Testamento del cual dice: "No hay un solo versículo, una sola palabra del Antiguo Testamento –leído como lectura religiosa, como Revelación– que no abra sobre todo un mundo, mundo inicialmente insospechado que envuelve lo legible". *Ibid.*, p. 420.

4. Jean Luc-Marion, "La banalidad de la saturación", *Op. cit.*, p. 17.

5. *Siendo dado*, p. 381, nota 2.

6. Marion, *Givenness & Revelation*, trad. Stephen E. Lewis, Oxford, United Kingdom: Oxford University Press, 2016, p. 57. Este es el texto base que tomamos en cuenta para nuestra presente investigación. Existe un libro posterior del mismo autor, titulado *D'Ailleurs La Révélation*, Grasset, noviembre de 2020 que, por su envergadura, reservamos para ulteriores investigaciones.

7. Karl Barth, *Kirchliche Dogmatik, I.1*, pp. 121, 122, cit. en *Ibid.*, p. 58.

2. La relación entre Revelación y Cristo

Cristo es, para Marion, el paradigma del fenómeno de saturación y se da de modo imprevisible como especie de relámpago que sale del Oriente y se muestra en Occidente. Cita aquí el texto del sermón escatológico de Jesús, que reza: "porque como el relámpago que sale del oriente y se muestra hasta el occidente, así será también la venida del Hijo del Hombre".[8] Para Marion Cristo es el fenómeno paradigmático y la paradoja de las paradojas. Dice:

> La figura de Cristo ofrece pues el carácter de una paradoja perfectamente imprevisible, porque la intuición satura ahí según la cantidad todo concepto anterior: se trata por excedencia de un acontecimiento.[9]

Jesucristo es, para la teología cristiana, el acontecimiento histórico interpretado en el Nuevo Testamento. En palabras de Miguel Benzo:

> Todo el Nuevo Testamento se ajusta igualmente a tal esquema: un hecho (vida, muerte y resurrección de Jesús) y una interpretación de este hecho. Pero hay que añadir algo más: según el Nuevo Testamento, el intérprete fundamental y primario del "hecho Jesús" es Jesús mismo.[10]

La saturación implica que la intuición sobrepasa lo que la mirada fenomenológica puede soportar. Marion cita pasajes ilustrativos de los evangelios que parecen describir el tema. Uno es cuando Jesús dice a sus discípulos: "Ahora tengo muchas cosas que deciros, pero ahora no las podéis sobrellevar" (Jn 16:12 RV 60). Y se pregunta qué es lo que ellos no pueden soportar. Para ilustrarlo, apela a otro pasaje de Marcos: "los llevó aparte solos a un monte alto: y se transfiguró delante de ellos. Y sus vestidos se volvieron resplandecientes, como blancos, como la nieve, tanto que ningún lavador en la tierra los puede hacer tan blancos" (Mr 9:2-3). El verbo griego para "transfiguró" es μετεμορφώθη literalmente: "metamorfoseó", cambió de forma. Comenta Marion: "De este modo, la voz del otro mundo, que viene del cielo, que no permanece al espacio, aterroriza...".[11] Cita también la afirmación de Jesús: "Yo soy el que soy" (Jn 18:6-7) como resultado de lo cual sus

---

8. Mateo 24:27 Reina Valera 1960. En el presente trabajo las citas bíblicas son tomadas de esa versión, salvo cuando se indique lo contrario. El texto griego para "mostrar" es: φαίνεται. Otras versiones traducen: "brilla" (Biblia de Jerusalén), "brilla" (Nueva Biblia Española), "brilla" (Biblia textual), "resplandece" (Biblia de las Américas).

9. *Siendo dado*, p. 382.

10. Miguel Benzo, *Teología para universitarios*, Madrid: Cristiandad, 1961, p, 182.

11. *Siendo dado*, p. 383.

enemigos cayeron en tierra y comenta: "Lo insoportable suspende pues la percepción en general, más allá de la diferencia entre el oído y la vista, porque resulta de la saturación global de la figura de Cristo".[12] Y ese fenómeno culmina en la resurrección de Cristo porque sobrepasa lo que pueda percibirse en este mundo, abarcar o contener como resultado de lo cual los testigos experimentan la rara mezcla de terror, gozo y tacto. Marion ofrece aquí los pasajes de Marcos 16:8 y Juan 20:27. A la luz de estos pasajes, Marion sintetiza su pensamiento:

> Según la relación, Cristo aparece como fenómeno absoluto que anula toda relación porque satura todo horizonte en el que una relación podría introducirlo. Satura todo horizonte posible, no solamente porque su "hora" escapa al tiempo del mundo (saturación según el acontecimiento imprevisible) y su figura al espacio de la "tierra" (saturación según lo insoportable), sino porque [su] reino no es de este mundo" (Juan 18:36).[13]

En la obra ya citada, *Giveneess & Revelation,* Marion dedica un capítulo a Cristo como fenómeno saturado a modo de Icono del Invisible. Su reflexión comienza con el tema del "misterio del Reino de Dios" del que habló Jesús en los evangelios (Mt 13:11; Mr 4:11; Lc 8:10) y lo conecta con el concepto misterio del Evangelio al que se refiere Pablo en Romanos 16:25-26. Define: "El *mystêrion* del 'Reino de Dios' demanda su descubrimiento, es decir, su proclamación (el kerigma) y su recepción (la hermenéutica), cada uno hasta el infinito".[14] Luego reflexiona sobre la perspectiva de San Pablo en cuanto a la filosofía. Cita el conocido pasaje de 1 Corintios donde el apóstol afirma que "hablamos sabiduría de Dios en misterio, la sabiduría oculta, la cual Dios predestinó antes de los siglos para nuestra gloria" (1 Cor 2:7). Una sabiduría que los grandes de este mundo no conocieron porque se trata —como dijo Isaías— de:

> Cosas que ojo no vio, ni oído oyó,
> ni han subido en corazón de hombre,
> son las que Dios ha preparado para los que le aman.[15]

Quien comunica esa *sophia* es el Espíritu de Dios que sondea las profundidades de él (1 Cor 2:10). Según Marion, esas profundidades de Dios se corresponden

---

12. *Ibid.*
13. *Ibid.,* p. 384
14. *Givenness & Revelation,* p. 62. Cursivas originales.
15. 1 Cor 2:9 Reina Valera (RV), 1960. Cita de Isaías 64:4.

con lo que el propio Jesús descubre a sus discípulos a quienes les ha sido dado a conocer el misterio del Reino de Dios (Mr 4:11). Y afirma:

Es decir, para el *mysterion* de Dios, ninguna visión, ninguna interpretación, ninguna constitución es posible, a menos que sea por medio de la intencionalidad de Dios, interpretación del mismo Dios, constitución de Dios de su propio fenómeno, que puede ser visto y recibido cuando es dado. En este sentido, literalmente, el Espíritu decide y "juzga todas las cosas, *anakrinei ta panta*" (1 Cor 2:15).[16]

Este planteo de Pablo, para Marion, abre un campo de "inevitable conflicto de interpretaciones". Un conflicto entre "sabiduría del mundo" y la "sabiduría de Dios" (1 Cor 1:21; 2:6-7). No hay dudas que la extensa discusión que Pablo hace en 1 Cor 1:18 a 2:16 representa una oposición crítica entre la filosofía griega y la sabiduría de Dios, *sophia vs. sophia*.

> Tal conflicto de interpretaciones resulta en una radical oposición, porque no solo representa una divergencia de opiniones o aun de tesis rivales basadas en argumentos, sino con una ruptura en la racionalidad misma, que cesa para garantizar el común espacio de comunicación, aun de una comunicación divergente. Ciertamente, esto lo hace en oposición a un *logos,* el *Logos* que muere en la cruz y desde la cual resucita (1 Cor 1:18), para "subliminar el *logos* o la sabiduría" (2:1) del mundo; en este sentido, se trata de razón contra razón, racionalidad contra racionalidad.[17]

Marion continúa con otras referencias al término *logos* en la perspectiva paulina. Recuerda la advertencia de no ser engañado por palabras vacías (Ef 5:6); critica el *logos* de la sabiduría humana y lo contrasta con el poder (*dynamis*) de Dios (1 Cor 2:5) porque el reino de Dios no se caracteriza por meros *logoi* vacíos de eficacia sino por la *dynamis* del Espíritu Santo (1 Cor 4:19-20 y 1 Ts 1:5). El *logos* de la cruz es una verdadera locura para los que se pierden mientras que es verdadero poder de Dios para que los que se salvan (1 Cor 1:18). En ese contexto, Marion se pregunta cómo es posible comprender que "lo insensato de Dios es más sabio que los hombres" (1 Cor 1:25) y explica, tomando en cuenta a Aristóteles, que contra quien niega los principios del argumento racional, uno solo puede exponer sus contradicciones o permanecer firmemente dentro de la evidencia de la verdad. Esto, en el argumento de Pablo significa el mundo considera como locura la "sabiduría que viene de Dios, *sophia apo theou*" (2 Cor 1:30)".[18] Hay que entender con Bultmann, que en este insondable pasaje paulino hay motivos gnósticos. El exégeta luterano explica:

---

16. *Givenness & Revelation*, p. 65. Cursivas originales.

17. *Ibid.*, p. 67. Cursivas originales.

18. *Ibid.*, p. 68. Cursivas originales.

Pablo mismo se encuentra ya *bajo la influencia del pensamiento gnóstico* (párrafo 15. 4) y su correspondencia con la comunidad de Corinto permite reconocer que había ambientes dentro del joven cristianismo que sucumbieron en alguna medida a esta influencia, que el mensaje cristiano fue vaciado o desviado. Son aquellos miembros de la comunidad que presumen de su sofια ("sabiduría") y de su gnωsις ("conocimiento") (1 Cor 1:18 s; 8:1s) y los apóstoles que han venido de fuera, para Pablo: apóstoles de mentira (2 Cor 11:13).[19]

Entendemos que Pablo se apropia del lenguaje gnóstico, contrastando la *sophia* del mundo, propia de los que se pierden y consideran locura el *kerigma* de la cruz precisamente con ese mensaje que para los que se están salvando es sabiduría y poder de Dios. De modo que cuando Pablo dice que "lo insensato de Dios es más sabio que los hombres, y lo débil de Dios es más fuerte que los hombres" (1 Cor 1:25), no está levantando una hipótesis insostenible en su propia formulación, sino que se refiere a la cruz de Cristo, que mientras para los incrédulos es locura y debilidad, para los creyentes es precisamente lo contrario: demostración de la sabiduría y del poder de ese Dios debilitado.

Marion sigue interpretando el mensaje paulino en vertiente filosófica para referirse a la ontología. Afirma que estamos en presencia de una radical oposición entre las visiones de un mismo fenómeno. Porque la sabiduría del mundo, que caracteriza a los griegos, ella representaba una búsqueda de la cuestión de qué es el Ser/seres, planteo para el cual todos los fenómenos se manifiestan dentro del horizonte del Ser/seres. De acuerdo a esas coordenadas, Dios debe ser comprendido siguiendo los términos de la fenomenicidad impuesta por el horizonte del Ser. Pero Pablo insiste en sus epístolas en que "Dios tiene el derecho de sobrepasar la distinción entre ser y no ser, y anular y descalificar por virtud de su 'poder, *dynamis'*".[20] El hecho se patentiza en la elección de los creyentes, que no eran precisamente los nobles, poderosos y respetables de la sociedad, sino a lo necio del mundo, a lo débil, a lo vil, a lo menospreciado (1 Cor 1:27). El objetivo es nulificar lo que se considera que "es", deshaciéndolo o, de otro modo, mediante una anamorfosis que permite ver el hecho desde otro ángulo. Explica Marion en un párrafo que es imposible no citar *in extenso* dada su insondable profundidad creativa:

De acuerdo a esta *radical* anamorfosis, el mismo fenómeno aparece *sub contrario:* sabiduría como locura (y viceversa), poder como debilidad (y viceversa), lo noble como plebeyo (y viceversa); y entonces, finalmente dar vuelta todo, el no-ser como ser, y el

19. Rudolf Bultmann, *Teología del Nuevo Testamento,* trad. Víctor A. Martínez de la Pera, Salamanca: Sígueme, 1980, p. 558. Cursivas originales.

20. *Givenness & Revelation,* p. 68. Cursivas originales.

ser como no-ser. La indiferencia óntica de Dios (equivalente entre seres y no-seres) aun llega a ser una indiferencia ontológica (equivalente entre Ser y seres/(no-seres), una vez que comprendemos que "Dios da vida a los muertos y llama las cosas que no son, como si fuesen" (καλοῦντος τὰ μὴ ὄντα ὡς ὄντα, Rm 4:17). Porque si Dios hace que los muertos vivan, en ese sentido él repite en la resurrección lo que llevó a cabo en la creación *—trayendo* al ser el no-ser como ser— como dueño y Señor de todas las cosas (*incluyendo lo que no es*). La diferencia entre ser y no ser queda cancelada porque Dios se excluye a sí mismo del Ser, y así de toda diferencia entre Ser y seres.[21]

De ese modo, Dios desbarata la astucia de la *sophia* griega planteando que hay otro modo de contemplar fenomenológicamente el hecho: desde la visión de Dios mismo. Esta reflexión conduce luego a una relectura fenomenológica de otro pasaje de Pablo: Efesios 3:18-19).[22] Se trata de una oración en la que el apóstol pide que los cristianos de Éfeso sean llenos de la plenitud de Dios. Para Marion estamos en presencia de lo que denomina "el hiperbólico amor de Dios". En una creativa relectura del pasaje, dice Marion:

> [...] "que puedan tener el poder de comprender (*katalabesthai*) con todos los santos la anchura, la longitud, la profundidad y la altura (*ti to platos kai mekos kai hypsos kai bathos*), y conocer el hiperbólico amor de Cristo que sobrepasa todo conocimiento (*gnomai te ten hiprballousan tes gneseos agapen tou Christou*), que puedan ser saturados con toda la saturación de Dios (*hina plerothete eis pan to pleroma tou theou*) (Ef 3:18-19). En el horizonte de la caridad, el conocimiento no consiste en identificar lo que se muestra por sí mismo tal y como objeto o ser, el cual podría ser capaz de constituir y definir de acuerdo a nuestra intencionalidad, sino en el reconocer un exceso que satura la visión y la sumerge en su inmensurable hipérbole.[23]

El *pléroma* del amor de Dios es su saturación que invade y cubre totalmente la capacidad de un receptor. Es el exceso del amor de Dios que sobrepasa límites como una copa que desborda de *champagne* y se derrama. Pablo desea que los efesios sean capaces de comprender lo incomprensible del amor de Cristo, es decir, conocer ese amor que, por naturaleza, excede a todo conocimiento (Ef 3:19). Afirma que Dios es poderoso "para hacer todas las cosas mucho más abundantemente de lo que pedimos o entendemos" (Ef 3:20), con lo cual parece admitir que su oración

---

21. *Ibid.*, p. 69. Cursivas originales.

22. No juzgamos aquí la autoría de Efesios como paulina o pospaulina. Para una discusión del tema véanse: William Hendriksen, *Ephesians. New Testament Commentary,* Londres: The Banner of Truth Trust, 1972, pp. 32-56 y Mariano Ávila Arteaga, *Efesios. Comentario Bíblico Iberoamericano, tomo I,* Buenos Aires: Kairós, 2018, pp. 20-21.

23. *Givenness & Revelation,* p. 71. Cursivas originales.

sobrepasó su propia capacidad intelectiva. Para Marion, la caridad es descrita de acuerdo a cuatro dimensiones: la amplitud, la longitud, la profundidad y la altura.

> […] mientras que la sabiduría de la filosofía nunca se movió más allá de tres dimensiones: amplitud, extensión y profundidad) para describir el espacio, […] la caridad no puede ser concebida como un espacio del mundo, porque no pertenece al mundo; sino que puede ser concebida como un "ámbito divino" [*divine milieu*] en el estricto sentido. Verdaderamente no puede ser concebido como un ámbito –un medio– porque, si lo considero como un horizonte hiperbólico, no puedo describirlo en un espacio que podría desplegarse frente a mí, en un sentido externo (Kant) mientras yo lo constituyo y lo almaceno entre los objetos de mi mirada externa […].[24]

El espacio tridimensional, sigue explicando Marion, nos permite ver y mostrar un objeto, pero el ámbito en que se muestra la caridad requiere una experiencia de saturación que el propio Pablo insinúa cuando se refiere a la hipérbole de la gracia que sobreabunda (Rm 5:20) superando el pecado. El misterio de la voluntad de Dios y su economía de la salvación consiste en "hacer nuevas todas las cosas" (Ap 21:5) y, en términos paulinos, la recapitulación de todas las cosas en Cristo, tal como lo expresa en Efesios 1:10. Marion subraya la importancia de los términos griegos: *anakephalaiosesthai ta panta to Christo* que, como hemos explicado en otro texto[25], es una palabra cuyo núcleo (*kephale*) significa "cabeza", con lo cual el autor se refiere a colocar todas las cosas bajo la cabeza o jefatura de Cristo.

La conclusión es que: "La única mirada y el único punto de vista que puede hacer que la infinita hipérbole de la caridad se dé a sí misma es la que se fundamenta en Cristo; la única mirada fenomenológicamente infinita, aún en nuestra carne".[26]

Interpretando la cristología en vertiente fenomenológica, Marion afirma que Cristo:

> […] es la única fenomenización del Padre, como la única mirada en la cual se muestra todo lo que él da de sí mismo, el centro fenoménico de la gloria de todas las cosas en tanto dadas. […] De ese modo, su perspectiva fenoménica concentra toda posible fenomenización de la invisibilidad de Dios, y es establecida como "el icono del Dios invisible, *eikon tou theou tou aoratou*" (Col 1:15). En otras palabras, "el resplandor de su gloria, *apaugasma tes doxes*, e imagen misma de su sustancia" (Hb 1:3). Cristo aparece, constituido por este medio por el Padre, quien lo resucita de los muertos, como icono

---

24. *Ibid.*, p. 71. Cursivas originales.

25. Alberto F. Roldán, *Dios y la narrativa de los tiempos. Tras las huellas del Apocalipsis en la literatura latinoamericana*, Buenos Aires: Ediciones Juanuno1, 2021, p. 42.

26. *Givenness & Revelation*, p. 72.

de su propia invisibilidad, *como el hiperbólico fenómeno de la caridad.* En este sentido, el "descubierto de Jesucristo, *apocalypsei tou kirou Iesou*" es realizado (2 Ts 1:7).[27]

Cristo es la fenomenización del Padre no solo en sus palabras sino también en sus acciones y de ese modo "llega a ser el fenómeno de todos los fenómenos. Él, es el agente total de saturación que pone en evidencia lo absoluto invisible, del *mysterion* de Dios escondido desde el origen de los tiempos, pero que 'fue manifestado en la carne, *ephanerothe en sarki'* (1 Tm 3:16)".[28]

Marion reflexiona luego sobre la relación entre el Padre y el Hijo, sobre todo en los testimonios del cuarto evangelio. Jesús dice que no habla por su propia cuenta sino mediante las obras que el Padre realiza (Jn 14:10). Creer en él es creer en el Padre (Jn 12:44. "Conocer al uno, el Padre es, entonces, equivalente a conocer al otro, el Hijo, y viceversa. Pero con la condición de que salvaguardemos su diferencia sin separación, su unión sin mixtura. [...] Con esta precaución, seremos capaces de concebir a Cristo como el icono del Dios invisible (Col 1:15)".[29] En *El ídolo y la distancia*, Marion describe con mayor precisión la función de Cristo como icono de Dios. A partir de la cita de Colosenses 1:15, explica que Cristo es:

> Figura, no de un Dios que pudiera perder en ella su invisibilidad, para volvérsenos familiar hasta el exceso, sino de un Padre que irradia con una trascendencia tanto más definitiva e irreductible cuanto que la da a ver sin reserva en la figura de su hijo. La profundidad del rostro visible del Hijo entrega a la mirada la invisibilidad del Padre como tal.[30]

En síntesis: la Revelación de Dios es cristocéntrica, en el sentido de que se plasma en la encarnación del Verbo, que es imagen visible del Dios invisible, el Hijo que es la única fenomenización que irradia la gloria del Padre por obra del Espíritu Santo, el agente de la unidad. Este concepto es el umbral de la entrada al planteo trinitario, es decir, la relación entre Revelación y Trinidad.

3. La relación entre Revelación y Trinidad

El dogma de la Trinidad pertenece al campo fenoménico en el que Cristo aparece como paradoja del fenómeno saturado de la Revelación. "La Trinidad constituye el

---

27. *Ibid.,* p. 74. Cursivas originales.

28. *Ibid.,* p. 77. Cursivas originales.

29. *Ibid.,* p. 86.

30. Jean-Luc Marion, *El ídolo y la distancia,* trad. Sebastián M. Pascual y Nadie Latrille, Salamanca: Sígueme, 1999, p. 21. El original griego de Colosenses 1:15 dice: ὅς ἐστιν εἰκὼν τοῦ θεοῦ τοῦ ἀοράτου.

fundamento y la presuposición dogmática de la revelación de Cristo como Hijo del Padre".[31] Pero advierte que la interpretación monárquica de la Trinidad produce confusiones en el ámbito de la ciudad humana. Esto ha sido señalado por Erik Peterson en su obra *Der Monotheismus als politisches Problem,* que data de 1935, que intenta ser una refutación a la tesis de Carl Schmitt en cuanto a que las ideas del Estado moderno están imbuidas de lo teológico.[32] A modo de ampliación de la breve referencia que Marion hace de la obra de Peterson, podemos decir que en la misma, el autor admite que los cristianos profesaban una monarquía divina: "Pero no una monarquía unipersonal, porque esa monarquía lleva dentro de sí el germen de la disensión, sino la monarquía del Dios trino".[33] Pero esa monarquía divina, según opinión de Peterson, debía fracasar en el dogma trinitario que implica una superación del planteo estrictamente monárquico. En su evaluación del planteo de Peterson, Jürgen Moltmann considera que ha demostrado que "la doctrina de la monarquía universal del Dios uno contribuyó a la helenización del Dios judíos a través de Filón: 'El Dios de los judíos se mezcló con el concepto monárquico de la filosofía griega'".[34] Sin embargo, como hemos señalado en otro trabajo: "Toda la argumentación de Peterson, pese a su rigor académico y documental no ha carecido de críticas. Por ejemplo, Alfonso Galindo Hervás señala: 'La crítica de Erik Peterson a Schmitt incurre en confusiones que obedecen al tipo de lectura *realista* o confesional de las analogías entre teología y política que hace'".[35] Ha sido Jürgen Moltmann, como hemos dicho en el texto ya citado, quien ha contribuido a señalar la importancia de la doctrina trinitaria de Dios para superar el monoteísmo porque:

La doctrina trinitaria une a Dios, Padre todopoderoso, con Jesús entregado a la muerte, crucificado por los romanos y con el Espíritu unificador. De esa unidad no puede surgir la figura del monarca omnipotente al que imitan los soberanos de la tierra.[36]

---

31. *Ibid.,* pp. 89-90.

32. Esa tesis es presentada por primera vez en la obra de Carl Schmitt *Teología política.* Véase Héctor Orestes Aguilar, *Carl Schmitt, teólogo de la política. Teología política I: Cuatro capítulos sobre la teoría de la soberanía,* México: FCE, 2001, pp. 23-62.

33. Erik Peterson, *El monoteísmo como problema político,* trad. Agustín Andreu, Madrid: Trotta, 1999, p. 93.

34. Jürgen Moltmann, *Trinidad y reino de Dios,* trad. Manuel Olasagasti, Salamanca: Sígueme, 1983, p. 147. La cita entre comillas corresponde a la obra de Peterson ya citada, en su original, pp. 49 ss.

35. Alberto F. Roldán, "Las teologías políticas de Jürgen Moltmann y Johann Baptist Metz en *Reino, política y misión,* Lima: Ediciones Puma, 2011, p. 171, nota 419. La frase entre comillas corresponde al texto de Alfonso Galindo Hervás, "¿Autonomía o secularización? El falso dilema sobre la política moderna" en Reyes Mate-José A. Zamora, *Nuevas teologías políticas. Pablo de Tarso en la construcción de Occidente,* Madrid: Anthropos, 2006, p. 125.

36. *Reino, política y misión,* p. 172.

Entrando más de lleno en el ámbito de la teología trinitaria, Marion advierte la importancia de abolir el politeísmo respecto al monoteísmo evitando el subordinacionismo.[37] Reflexiona que, desde el título del Uno, se abren dos cuestiones diferentes y acaso divergentes respecto a la unicidad y a la unidad. Y piensa que contrariamente a los requerimientos aritméticos, la teología cristiana muestra su originalidad porque piensa la unidad en base a la unicidad. A la pregunta de cómo puede hacer eso, responde: "Porque recibe, mediante el descubrimiento, el desafío de pensar la identidad de Dios como identidad de amor, o más precisamente como amor puesto en operación *en sí mismo*, y lo pone en operación como comunión".[38] De ese modo, la identidad viene de la unidad y la unidad desde la puesta en acción del amor y su unicidad es definida como comunión, lo cual conduce a la comprensión fenoménica de la Trinidad. Este planteo no solo evita la contradicción de la unidad de comunión del único Dios, sino que la corrobora. En otras palabras:

"Aquí, esto significa que la fenomenicidad debe corroborar haciendo manifiesto *en su propio camino,* es decir, fenoménicamente, haciendo que la unidad de comunión de los términos trinitarios aparezca como un fenómeno".[39]

Citando a Santo Tomás, Marion señala que el teólogo escolástico se refirió al poder creativo de Dios que es común a toda la Trinidad y de ahí que pertenece a la unidad de esencia, pero no a la distinción de personas. "Por lo tanto, por razón natural podemos conocer respecto a Dios lo que pertenece a su unidad de esencia, pero no lo que pertenece a la distinción de personas".[40]

De esas fuentes medievales, Marion pasa a las consideraciones de la teología contemporánea, especialmente de Karl Rahner y Karl Barth. Del primero, cita su famoso axioma: "La Trinidad económica de salvación *es* la Trinidad inmanente y viceversa".[41] Pero una mayor consideración dedica al tratamiento del tema de la

---

37. Sobre el subordinacionismo, explica Leonardo Boff, está vinculado a Pablo de Samosata y el teólogo Arrio de Alejandría. La idea es que Jesús como el Logos pertenece a la esfera divina pero no es plenamente Dios y, siendo Hijo, siempre está subordinado al Padre. El subordinacionismo puede ser tanto en el sentido de haber sido creado por Dios como haber sido adoptado por Dios. Leonardo Boff, *La trinidad, la sociedad y la liberación,* trad. Alfonso Ortiz García, Buenos Aires: Paulinas, 1988, pp. 64-66.

38. *Givenness & Revelation,* p. 91. Cursivas originales.

39. *Ibid.* Cursivas originales.

40. Santo Tomás, *Summa Theologiae,* Ia, q. 32, cit. en *Ibid.,* p. 92.

41. Karl Rahner, "Bemerkungen zum Dogmatischen Traktat 'De Trinitate'", *Schriften zur Theologie,* vol. 4, Einsiedeln: Benziger, 1960, p. 115, cursivas originales, cit. en *Ibid.,* p. 98. Para una discusión sobre la trinidad inmanente y la trinidad económica véase Jürgen Moltmann, *Trinidad*

Trinidad por parte de Barth ya que detecta un cierto eco del teólogo reformado en el planteo de Rahner. En el volumen I.1 de su Dogmática, Barth establece la estrecha relación entre Revelación y Trinidad, afirmando que la Revelación es la base de la Trinidad y que "la doctrina de la Trinidad no tiene otra base aparte de esta".[42] Ampliando esa cita, consignamos el epígrafe inicial del tema en la *Church Dogmatics,* donde Barth enuncia:

La palabra de Dios es Dios mismo en su revelación. Porque Dios se revela a sí mismo como el Señor y, de acuerdo a la Escritura, esto significa para el concepto de revelación que Dios mismo es irreprochablemente unidad pero también en incomparable distinción es revelador, revelación y revelamiento.[43]

Para Barth, Dios se revela siempre como trinidad o "triunidad", como comunidad del Padre, del Hijo y del Espíritu, a los cuales designa creativamente como "revelador", "revelación" y "revelamiento", respectivamente. Como hemos analizado en otro trabajo[44] en su característico juego dialéctico, Barth desarrolla el tema yendo desde la unidad hacia la trinidad y de la trinidad a la unidad. Y en el parágrafo 9 formula que Dios que se revela a sí mismo —en otro término que también usa "autorrevelación"–, Él lo hace en tres modos de ser. Explica:

El Dios que se revela a sí mismo de acuerdo a la Escritura es Uno en tres distintos modos de ser subsistiendo en sus mutuas relaciones: Padre, Hijo y Espíritu Santo. De este modo él es el Señor, es decir, el Tú que reúne al hombre y lo une a sí mismo a este Yo como el indisoluble sujeto y por lo tanto en ello se revela a sí mismo a él como su Dios.[45]

---

y reino de Dios, trad. Manuel Olasagasti, Salamanca: Sígueme, 1983, pp. 175-186. Mateo-Seco y Miguel Brugarolas afirman: **"Trinidad inmanente y Trinidad económica no se identifican, pero están estrechamente relacionadas y, en buena teología, son inseparables.** La Trinidad inmanente se manifiesta en la historia como Trinidad económica para introducirnos en la vida trinitaria, que es esencialmente comunión interpersonal de conocimiento y amor". *Misterio de Dios,* p. 221. Negritas originales.

42. Karl Barth, *Kirliche Dogmatik,* I.1, p. 329, cit. en *Ibid.*

43. Karl Barth, *Church Dogmatic I.1, The Doctrine of the Word of God,* trad. G. W. Bromiley, Edinburgo: T& T Clark, 1975. Negritas originales.

44. Cf. Alberto F. Roldán, "Karl Barth: una teología de la trinidad y la revelación en relación dialéctica", capítulo de la obra conjunta: *Teólogos influyentes del siglo XX,* vol. 2, Libertador San Martín (Entre Ríos), Universidad Adventista del Plata, 2021. Incluido en este libro.

45. *Ibid.*, p. 348. Negritas originales. Para Mateo-Seco y Brugarolas, el misterio de la trinidad es el misterio *par excellence* ya que "incluso después de revelado, sigue trascendiendo la capacidad de penetración de **la inteligencia creada,** la cual **no puede demostrar ni su existencia, ni su naturaleza, ni su posibilidad intrínseca.** El hombre solo **puede** –y debe– **esforzarse**

Con esta terminología Barth quiere superar la ambigüedad del término "persona" que, como sabemos, inicialmente significaba "máscara". Pero al proponer la expresión "modos de ser" le ha valido algunas críticas por dar la sensación de referirse al modalismo, cosa que Barth rechaza. Pero el énfasis parece estar en el hecho de que Dios subsiste "en sus mutuas relaciones: Padre, Hijo y Espíritu Santo". Esto, como veremos al final, ubica al teólogo reformado en la perspectiva de quienes subrayan, como los padres capadocios, Leonardo Boff y el propio Marion, en que la clave para comprender el misterio trinitario radica no en el recurso a la aritmética sino a la comunión intratrinitaria del Padre, del Hijo y del Espíritu.

A partir de ello es que se entiende por qué Marion estima tanto el aporte de Barth a su tema: Revelación y Trinidad. Porque, para el teólogo reformado, la Revelación es precisamente el fundamento de la Trinidad ya que es el modo en que la propia Trinidad descubre (*apokalipsis*) el misterio de Dios articulado trinitariamente. "En una palabra, la Trinidad ofrece no solo el contenido del descubrimiento, sino también el modo de manifestación. O, mejor dicho: el modo de manifestación (el *wie* fenoménico), coincide con lo que se manifiesta a sí mismo (*Sich-selbst-zeigende*)".[46] Es decir, una armonía total entre el modo de mostración y el contenido de lo que se muestra a sí mismo.

En cuanto a la Revelación económica, Marion indica que es importante determinar de qué economía estamos hablando. Y allí discurre sobre los términos alemanes *Historie* y *Geschichte*, pero la Revelación no pertenece ni puede ser descrita por ninguno de ellos, porque la Revelación se da a través de eventos, "es decir, fenómenos saturados, que son no objetivables por medio de conceptos, y la venida de los cuales (arribo, *arrivage* inesperados) por lo que impone una hermenéutica ilimitada en su testimonio".[47] Marion cita un texto de Gregorio Nacianceno en el que interpreta los medios en que se proclama a cada persona de la Trinidad: "El Antiguo Testamento proclamó al Padre abiertamente, y al Hijo más oscuramente. El Nuevo manifestó al Hijo, y sugirió la Deidad del Espíritu. De ahora en adelante (*nyn*) el Espíritu mismo habita entre nosotros, y nos suministra una más clara demostración de sí mismo".[48] Respecto a la unidad como unión mediante

---

por entender el contenido de la doctrina revelada –saber qué es lo que cree–, **y explicitar la fe en la Trinidad mediante algunas analogías** y declaraciones que articulen entre sí los diversos aspectos revelados del misterio". Lucas F. Mateo-Seco y Miguel Brugarolas, *Misterio de Dios*, pp. 14-15. Negritas originales.

46. *Givenness & Revelation.*, p. 99. Cursivas originales.

47. *Ibid..* Cursivas originales.

48. Gregorio Nacianceno, *Orationes,* XXXI, 26, PG 36, 161c cit. en *Ibid.*, p. 100. Cursivas originales. Con razón, Marion señala que esa división tripartita de la historia de la salvación que va del Antiguo al Nuevo Testamento es recogida después por el místico calabrés Joaquim da Fiore: reino del Padre, reino del Hijo y reino del Espíritu Santo que tanta influencia ejerció en la teología

la comunión, que evite aritmetizar la pluralidad más que la unidad, Basilio de Cesarea recalcó con claridad: "Nosotros proclamamos cada hipóstasis como única (*monakhos*); y, cuando contamos debemos, no hacerlo de modo que conduce a una ignorante aritmética (*apaideuto arithmesen*) llevándonos lejos a la idea de pluralidad de Dioses".[49] Para Marion, la originalidad de la doctrina desarrollada por Basilio el Grande, descansa en su capacidad para mostrar la invisible e indispensable función del Espíritu para obrar el modelo fenoménico-icónico de la Trinidad. Para Basilio, el Espíritu muestra su papel de divinización de los hombres mediante la encarnación del Hijo, de iluminar a Jesús como el Cristo, el Hijo de Dios. "'Fundamento y condición (*aitia*) para los bienes', el Espíritu es la 'necesaria condición para llevarlo a cabo (*aitia teleuké*)' […]".[50] A partir de ese *insight* del teólogo capadocio, Marion subraya la importancia del rol que le cabe al Espíritu en ofrecer el medio de acceso a la visión icónica del Padre en el Hijo, el Cristo. De ese modo, el Espíritu "funciona como director del descubrimiento trinitario de Dios, la única economía propia de la teología".[51] De la exposición de Basilio se deducen tres cosas: a. Que uno no puede ver si no es mediante el Espíritu; b. que el Espíritu permite en sí mismo mostrar a Cristo como el poder y la sabiduría de Dios y c. podemos describir la iluminación y la posibilidad de tomar el punto de vista del icono de Cristo en un modo óptico, o aun fenomenológico. Citando una vez más a Basilio, escribe Marion:

---

y la filosofía, entre otros, en Hegel y, más recientemente, en Gianni Vattimo. También Leonardo Boff comenta el aporte de Gregorio Nacianceno que subraya la función única del Espíritu como soplo de Dios. Dice: "En la naturaleza divina, la piedad nos obliga a creer en un Espíritu (Soplo) de Dios, ya que existe también una palabra de Dios. La palabra de Dios no debe ser inferior a nuestra palabra; lo mismo que nuestra palabra viene acompañada del soplo, así la Palabra viene acompañada del Soplo (Espíritu)". Gregorio Nacianceno, *Oratio cathechetica magna*, 2.1, cit. por Leonardo Boff, *La Trinidad, la sociedad y la liberación*, p. 127. Según Pannenberg, contra la perspectiva arriana de Dios, Gregorio Nacianceno subrayó la incomprensibilidad de la esencia divina mientras que Gregorio Niseno se basó en la doctrina de la infinidad de Dios. Wolfhart Pannenberg, *Systematic Theology vol. 1*, trad. Geoffrey W. Bromiley, Grand Rapids: Eerdmans, 1998, p. 342.

49. Basilio de Cesarea, *Liber de Spiritu Sancto*, XVIII, 44, PG, 32, 148a, cit en *Ibid*. Cursivas originales. En la misma perspectiva y, con relación al aporte general de los grandes capadocios, José Míguez Bonino destaca que ese aporte consistió en su énfasis en la comunión. Superando al "Uno" inaccesible, los padres capadocios destacaron: *una permanente conversación, una comunión de amor, una identidad de propósito y una unidad de acción: Padre, Hijo y Espíritu Santo*. José Míguez Bonino, *Rostros del Protestantismo latinoamericano*, Buenos Aires: Isedet-Nueva Creación, 1995, p. 113. Cursivas originales.

50. *Ibid.*, p. 106. Cursivas originales. Las frases entre comillas corresponden al texto de Basilio, *On the Holy Spirit*, XVI, 37, PG 32, 133d; *Traité sur le Saint-Esprit*, p. 376 y *On the Holy Spirit*, XVI, 38, PG 32, 136b; *Traité sur le Saint-Esprit*, p. 378, respectivamente.

51. *Ibid.*

Porque es imposible ver 'el Icono del Dios invisible' (Col 1:15) excepto por la iluminación (*en to photismo*) del Espíritu, y es impracticable para él fijar su mirada sobre el Icono para descomponer la luz del Icono, porque la condición de la visión es necesario para ver al mismo tiempo tal como es vista (*aition tou oran sugkatharotai*). Así, de manera clara y consistente contemplamos la 'brillantez de la gloria' de Dios por medio de la iluminación del Espíritu.[52]

En la parte final de su exposición, Marion destaca el aporte de San Agustín al dogma trinitario en perspectiva fenomenológica. Entiende que el teólogo de Hipona confirma, acaso de modo inesperado, esa interpretación de Basilio de Cesarea. Citando su tratado *De Trinitate*, transcribe: "*Cum Pater* ostenditur, *et Filius* ostenditur qui in illo est; *et cum Filius* ostenditur, etiam ostenditur *Pater qui in illo est*, cuando el Padre *es mostrado*, el Hijo quien está en él *también es mostrado*, y cuando el Hijo *es mostrado*, el Padre que es en él *también es mostrado*".[53] También el apóstol Pablo pone de relieve la obra del Espíritu Santo para confesar a Cristo. Afirma que hemos "recibido el espíritu de adopción, por el cual clamamos: ¡Abba, Padre!"[54] En breve: solo el Espíritu es quien hace posible la anamorfosis para convertir la mirada meramente humana en una mirada desde la óptica de Dios mismo. Es una mirada que viene del Espíritu mediante el Hijo, hacia el Padre. Como cierre, Marion cita una vez más a Basilio que aclara lo que significa la glorificación de Dios producida por el Espíritu:

Dar gloria desde nosotros mismos en el Espíritu no es una prueba de nuestra dignidad; es más bien una confesión de nuestra debilidad, indicando que no somos suficientes para glorificarle por nosotros mismos, sino que nuestra suficiencia (*hikanotés*, 2 Cor 3:5?) está en el Espíritu Santo.[55]

En el final de su exposición y, a modo de conclusión, Marion insta al acto de fe, a la decisión en términos de recepción de la Revelación. Frente a ella, el sí debe ser sí y el no debe ser no (2 Cor 1:17). Es así. porque "esta decisión, pone en ope-

---

52. *Ibid.*, p. 109. Cursivas originales. La cita entre comillas corresponde a Basilio de Cesarea, *On the Holy Spirit*, XXVI, 64, PG 32, 185c; *Traité sur le Saint.Espirit*, p. 476.

53. San Agustín, *De Trinitate*, I, 18, vol. 15, p. 138; *The Trinity*, trans. Edmund Hill, OP, Brooklyn: New New City Press, 1991, p. 70. Cit. en *Ibid.*, p. 110. Cursivas agregadas por Marion. Cf. Jean-Luc Marion, *Au lieu de soi. L'approche de Saint Augustin*, PUF, 2008.

54. Romanos 8:15. En otro pasaje, Pablo afirma algo similar aunque en ese caso es el propio Espíritu que clama. Dice: "Dios envió a vuestros corazones el Espíritu de su Hijo, el cual clama: ¡Abba, Padre!" Gálatas 4:6.

55. Basilio, *On the Holy Spirit*, XXVI, 63, PG 32, 184c; y *Traité sur le Saint-Espirit*, p. 474. Cit en *Givenness & Revelation*, p. 115. Cursivas originales.

ración la estructura del llamado, la respuesta, y ritmos, de acuerdo a una lógica tan rigurosa como sorpresiva, con la estructura fundamental fenomenológica del evento y de cada fenómeno".[56]

Conclusión

Jean-Luc Marion ofrece un nuevo acercamiento fenomenológico a la Revelación y su doble relación: con la cristología y la Trinidad. Destaca la función de Cristo como icono del Padre y su fenomenización de modo que el Invisible se torna visible a partir de la encarnación. También, la exposición maroniana subraya, a partir de los padres capadocios, el papel fundamental del Espíritu Santo superando así tanto el monoteísmo como el acercamiento aritmético al misterio trinitario. Marion se nutre de lo mejor de la tradición patrística y de la teología contemporánea en las cuales se destacan: Gregorio Niceno, Basilio el Grande, San Agustín y Karl Barth, respectivamente. Finalmente, Marion afirma que, sobre todas las cosas, Dios es comunión eterna, una verdadera comunidad de amor y acción.

En un trabajo conjunto que recoge nuevas reflexiones de la Trinidad desde una perspectiva global, se afirma el progreso que el enfoque trinitario ha marcado el camino de la unidad de sujeto a la trinidad de personas y desde allí, el surgimiento de la teología de la comunión. Es este último enfoque, se destacan los aportes de John Zizioulas[57] –desde la Ortodoxia oriental– y teólogos protestantes y católicos tales como Karl Barth, Karl Rahner, Jürgen Moltmann, Wolfhart Pannenberg y Leonardo Boff. Esos aportes centrados en la comunión intratrinitaria representan un gran avance ya que:

---

56. *Givenness & Revelation*, p. 117. Por su parte Eduardo Silva, luego de aclarar que la Revelación no es un objeto sino un acontecimiento, ella no es estructurada por el adonado, porque "la fe no es lo que constituye desde sí mismo un sujeto, sino aquello que le asa (que le sucede, le acontece) al adonado. Aquí es la clave la articulación entre actividad y pasividad que encontramos espléndidamente reflexionada no solo en Marion, sino en muchos de los fenomenólogos franceses contemporáneos". Eduardo Silva, "La fenomenología de la donación y las (im)posibilidades de la teología" en Eric Pomier (compilador), *La fenomenología de la donación,* Buenos Aires: Prometeo libros, 2017, p. 189.

57. Nacido en Grecia en 1931, Ioannis Zizioulas es uno de los más destacados teólogos de la tradición ortodoxa. En una de sus obras afirma que Dios es un ser relacional y que "Sería impensable hablar del 'Dios uno' antes de hablar del Dios que es 'comunión', es decir, de la Trinidad. La Santísima Trinidad es un concepto ontológico *primordial* y no una noción que se añade a la sustancia divina o más bien que la sigue, como ocurre en los manuales dogmáticos de occidente y, ¡caramba!, en los de oriente de tiempos modernos. La sustancia de Dios, 'Dios', no tiene contenido ontológico, no tiene un ser real, al margen de la comunión". Ioannis D. Zizioulas, *El ser eclesial,* trad. Francisco Javier Molina de la Torre, Salamanca: Sígueme, 2003, p. 31. Cursivas originales.

Considerar al Dios de la Biblia como comunión de amor también ayuda a la teología cristiana a moverse más allá del error de la idea de Dios como el único y simple, incambiable e inescapable al sufrimiento. El amor participa. El amor se relaciona. El amor comparte gozos y tristezas. El amor se preocupa. Este es el retrato del Dios de la Biblia: el Padre que busca al perdido, el Hijo que da su vida, el Espíritu que gime dentro de los creyentes y en la creación.[58]

La exposición de Marion sobre Revelación, cristología y Trinidad se puede resumir diciendo que el Espíritu es quien produce una anamorfosis que transforma la mirada horizontal y terrena en una perspectiva divina que percibe en Jesús, carpintero de Nazaret, al Cristo, Icono visible del Invisible. El Espíritu es, finalmente, el director del despliegue trinitario de Dios. Con ello, el filósofo francés se inscribe dentro de la larga tradición que, iniciándose en el Nuevo Testamento, sigue en la patrística —especialmente los grandes capadocios y Agustín— para finalizar con el planteo de Karl Barth de que Dios siempre se revela trinitariamente como Revelador (el Padre), la Revelación (Jesucristo) y el Revelamiento (el Espíritu Santo). Ante el misterio de la Trinidad, luego de todos los esfuerzos intelectuales que podamos intentar, solo nos cabe el silencio y la adoración.

---

58. Veli Matti Kärkkäinen, *The Trinity. Global Perspectives,* Louisville: Westminster John Knox Press, 2007, p. 388. La obra ofrece una variedad de perspectivas actuales de la Trinidad en los ámbitos más diversos que van desde las tradiciones europeas y estadounidenses hasta las correspondientes a Latinoamérica, Asia y África.

VI
Teología de la Trinidad y Revelación en relación dialéctica

La palabra de Dios es Dios mismo en su revelación. En razón de que Dios se revela a sí mismo como el Señor y, de acuerdo a la Escritura, esto significa –para el concepto de revelación– que Dios mismo es irreprochablemente unidad pero también en incomparable distinción es revelador, revelación y revelamiento.

Karl Barth

La trinidad es una doxología.

Giorgio Agamben

En este capítulo me gustaría analizar el pensamiento de Karl Barth en relación a dos ejes de la teología cristiana: la *Trinidad* y la *Revelación*. Hablar de Karl Barth es referirnos a uno de los teólogos más influyentes del siglo XX a nivel mundial. Con él se produce un giro copernicano en la teología cristiana y su voluminosa obra es comparada con la de los Padres de la Iglesia y con el propio Santo Tomás de Aquino. En primer lugar, esbozaremos un perfil de Barth, sus orígenes, sus estudios y su cambio de mentalidad al volver al mensaje de Pablo en la carta a los Romanos, texto que recoge sus predicaciones en una iglesia reformada en Safenwil, Suiza, a donde regresó luego de sus estudios en Alemania.[1] En segundo lugar, expondremos la doctrina de la trinidad tal como la desarrolla el teólogo suizo especialmente en su sistemática *Church Dogmatics* I.1. En tercer lugar, nos

---

1. Para más datos véase Alberto F. Roldán, *Karl Barth en América Latina,* Buenos Aires: Ediciones Kairós, 2019, pp. 29-43.

abocaremos al gran tema de la revelación en su teología. Creemos que la trinidad y la revelación constituyen los ejes más importantes para interpretar la teología de Barth y ambos están en relación dialéctica. Finalizamos mostrando cómo se desarrolla la dialéctica entre trinidad y revelación y viceversa; dialéctica que no es estática sino dinámica toda vez que se relaciona con una *creatio continua* y *electio continua*. Mostramos también en qué sentido ese planteo barthiano es heredero de Calvino y de Hegel, es evaluado por Jürgen Moltmann, Wolfhart Pannenberg y Walter Kasper, enfatiza la gracia de Dios y cuyo *telos* es la gloria eterna.

1. Perfil de Karl Barth

La vida de Karl Barth es apasionante por varios motivos: su formación primera dentro de una familia de pastores reformados, sus estudios en Alemania con teólogos de la talla de Adolf von Harnack y su regreso a Suiza para reelaborar su teología al calor de las luchas y las muertes producidas en la Primera Guerra Mundial. Esto último deriva en su comentario a Romanos. Su cambio de mentalidad reflejado en su artículo: "The Strange New World within the Bible". La influencia de Karl Barth no se redujo solo al ámbito protestante, sino que también afectó el mundo católico romano. Karl Adam definió bien esa influencia cuando dijo que el comentario de Barth a la carta a los Romanos "fue una bomba de tiempo que cayó en el terreno de los teólogos". Dos grandes teólogos católicos también suizos han estudiado a Barth con profundidad. Uno es Hans Küng que escribó su tesis doctoral titulada *La justificación por la fe según Karl Barth.*[2] Por su parte Hans Urs von Balthasar le dedicó un sesudo estudio titulado: *The Theology of Karl Barth.*[3]

En América Latina, Barth fue recibido con mayor o menor interés por movimientos como Iglesia y Sociedad en América Latina (ISAL), algunos de cuyos representantes más conspicuos estudiaron con Barth, tales como Emilio Castro y Julio de Santa Ana; la teología de la liberación, cuyo exponente más directo, Gustavo Gutiérrez cita varias veces los textos barthianos y, finalmente, el ámbito evangélico representado por la Fraternidad Teológica Latinoamericana, que muestra cierta ambivalencia en el modo en que cita a Barth, con algunas excepciones, la principal de las cuales es el biblista Juan Stam que estudió con Barth en Basilea. En otros trabajos nos hemos referido a varios temas teológicos de la sistemática de Barth y hemos definido su teología como "de la crisis", "dialéctica" y "de la

---

2. Hans Küng, *La justificación por la fe seg*ún Karl Barth, trad. Francisco Salvá Miguel, Barcelona: Estela, 1967. Original de la obra: *Rechtfertigung*, publicada en Basilea.

3. Hans Urs von Balthasar, *The Theology of Karl Barth,* trad. Edward T. Oakes, San Francisco: Communio Books Ignatius, 1992. Original: *Karl Barth: Darstellung und Deuytung Seinner Theologie,* Verlag Jacob Hegner in Köln, 1951.

Palabra".[4] En este capítulo nuestro propósito es exponer otros aspectos de la teología barthiana centrando nuestro análisis en tres aspectos fundamentales de la misma: Trinidad, revelación y reconciliación.

2. Una teología trinitaria

La importancia de la trinidad en el *corpus* barthiano se demuestra en el hecho de que, luego de los prolegómenos a la teología, Barth se dedica a exponer en el primer volumen de su *Church Dogmatics* precisamente el tema del Dios trino. En el epígrafe que resume su exposición dice:

> La palabra de Dios es Dios mismo en su revelación. Porque Dios se revela a sí mismo como el Señor y, de acuerdo a la Escritura, esto significa para el concepto de revelación que Dios mismo es irreprochablemente unidad pero también en incomparable distinción es revelador, revelación y revelamiento.[5]

Como se puede apreciar, Barth relaciona a la trinidad con la revelación. Dios mismo se revela como Padre (revelador), como Hijo (revelación) y como Espíritu Santo (revelamiento). Barth encuentra la raíz de la doctrina de la trinidad en la revelación de Dios.[6] Esto significa que la declaración acerca de la trinidad presupone la declaración de la trinidad. En lo que se podría denominar una primera etapa, bíblica, de la trinidad, Barth dice que el conocimiento del Dios trino ya está de alguna manera significado en el contraste y la unidad entre Yahvé, el ángel de Yahvé, entre el Padre, el Hijo y el Espíritu. Si bien, argumenta Barth, no podemos confundir o igualar el testimonio bíblico sobre Dios con la doctrina de la trinidad "debemos ver una auténtica y bien establecida conexión entre ambos".[7]

Barth hace un recorrido histórico por las diversas fuentes y expresiones trinitarias de la Edad Media y la Reforma –cita a Lutero– que fueron fuentes en las cuales se nutrió la doctrina trinitaria. Admite que el lenguaje utilizado para la formulación de la misma ha sido bíblico-filosófico lo cual exige un nuevo lenguaje para comprender correctamente esa doctrina. Reflexiona sobre los *vestigia trinitatis*

---

4. Más datos en Alberto F. Roldán, *Karl Barth en América Latina*, pp. 121-157.

5. Karl Barth, *Church Dogmatics I.1, The Doctrine of the Word of God*, trad. G. W. Bromiley, Edinburgo: T& T Clark, 1975.

6. Walter Kasper entiende que Karl Barth "parte del concepto de revelación, porque a su juicio contiene en sí el problema de la doctrina trinitaria". Walter Kasper, *El Dios de Jesucristo*, 4ta. Edición, trad. Manuel Olasagasti, Salamanca: Sígueme, 1994, p. 341.

7. *Church Dogmatics*, Vol. I.1., p. 311.

en las culturas, pero concluye que es Dios mismo quien "crea un *vestigium* de sí mismo y de su triunidad".[8] Y, citando a Lutero en sus charlas de sobremesa, agrega:

> A la luz de este verdadero *vestigium trinitatis,* si podemos aplicar lo que Lutero dice acerca de la *Grammatica, Dialectica y Rethorica* en sus charlas de sobremesa, podemos decir que la enciclopedia teológica consiste como dijimos en el párrafo I.i, en la teología exegética, dogmática y práctica.[9]

En el párrafo 9 Barth continúa su exposición sobre "la triunidad de Dios" y en el enunciado o tesis, dice:

> El Dios que se revela a sí mismo de acuerdo a la Escritura es Uno en tres distintos modos de ser subsistiendo en sus mutuas relaciones: Padre, Hijo y Espíritu Santo. De este modo él es el Señor, es decir, el Tú que reúne al hombre y lo une a sí mismo a este Yo como el indisoluble sujeto y por lo tanto en ello se revela a sí mismo a él como su Dios.[10]

En su característico juego dialéctico[11] Barth desarrolla el capítulo yendo de la unidad en la trinidad hacia la trinidad en la unidad. En cuanto a la unidad de Dios, Barth dice claramente que los tres objetos de fe podrían ser tres dioses, pero las así llamadas "personas" en Dios en ningún sentido son tres dioses. "La esencia de Dios es el ser de Dios como ser divino. La esencia de Dios es la deidad de Dios".[12] Barth discute la palabra "persona" que se ha utilizado en la elaboración de la doctrina de la trinidad pero argumenta que el significado de esta doctrina de ninguna manera designa a tres personalidades en Dios, de lo cual deberíamos tomar cuidado. "La identidad de sustancia implica la igualdad de sustancia de las 'personas'".[13] Y solo esa "igualdad sustancial de Cristo y el Espíritu con el Padre es compatible con el monoteísmo".[14] Ya en la sección titulada "de la trinidad a la unidad", Barth es más categórico al decir que él prefiere reemplazar el clásico

---

8. *Ibid.*, p. 347. Cursivas originales.

9. *Ibid.* Cursivas originales.

10. *Ibid.*, p. 348.

11. Véase Alberto F. Roldán, "La influencia de Sören Kierkegaard en la teología de Karl Barth. Dialéctica, desesperación y fe" en *Atenas y Jerusalén en diálogo. Filosofía y teología en la mediación hermenéutica,* Lima: Ediciones Puma, 2015, pp.51-74. Inicialmente publicado en Revista *Teología y Cultura.*

12. Karl Barth, *Church Dogmatis,* I.1, p. 349.

13. *Ibid.*, p. 351. Para una discusión sobre el uso de la palabra "persona" aplicado a la trinidad y su desarrollo histórico, véase ¿?

14. *Ibid.*, p. 353.

término "persona" por modos de ser. Dice en concreto: "nosotros preferimos decir, los tres 'modos (o medios) de ser en Dios".[15] En letras pequeñas –que según José Míguez Bonino representan las secciones exegéticas o técnicas en las que más atención debiéramos tener– Barth se refiere al término "persona", en griego prosωpov (*prósopon*) significa "máscara". A la luz de ese problema, Barth recuerda que por esa razón los padres griegos prefirieron traducir la palabra *persona* por υπostasiς (*hipóstasis*). Y, a modo de conclusión dice:

> La declaración de que Dios es uno en tres modos de ser, Padre, Hijo y Espíritu Santo, significa, por lo tanto, que el único Dios, es decir, el único Señor, el único Dios personal, es el que no es justamente en un modo de ser sino –apelamos a sostener simplemente al resultado de nuestro análisis del concepto bíblico de revelación– en el modo de Padre, en el modo de Hijo, y en el modo de Espíritu Santo.[16]

Y agrega en letras pequeñas: "Modo (o medio) de ser" (*Seinsweise*) es la traducción del concepto tropoς υπαρχεως o *modus entitavus* [...]".[17] Desde esos datos, Barth afirma que se trata no de modos de subsistencia y no modos de sustancia ya que esta última es aplicable al Padre, al Hijo y al Espíritu Santo. Y agrega: "es tal vez el sentido que Hebreos 1:3 ha llamado al Hijo χαρακτηρ της υπostaseως θεου es decir, una forma de impresión. Para Barth este es el sentido que le da el propio Calvino cuando en su definición dice: *subsistentia in Dei essentia*.[18]

¿Este lenguaje de Barth para hablar de la trinidad como los tres modos del ser de Dios le asocia al modalismo? En una primera impresión parece que así fuera, sin embargo, como él mismo aclara rechaza tanto el subordinacionismo como el modalismo. Del primero dice que significa negar la revelación de Dios y conduce inevitablemente a un politeísmo. En cuanto al modalismo, dice expresamente: "El modalismo implica la negación de Dios".[19] Y, a modo de remate final, agrega: "El único que de acuerdo al testimonio de la Escritura es y habla y actúa como

---

15. *Ibid.*, p. 355.

16. *Ibid.*, p. 359.

17. *Ibid.* Caracteres griegos y latinos originales. A propósito del término griego υπαρχεως, el filósofo italiano Giorgio Agamben señala la influencia de la filosofía griega en Hebreos 1:1 comentando que Pablo (a quien atribuye la autoría de esa epístola) al afirmar que la fe es "la sustancia de las cosas esperadas ['Εστι δε πιστις ελπιζουμενων υπostasiς], donde υπostasiς es el término técnico griego, esta vez, para *ser*. [...] Es una formulación ontológica. Pienso que Pablo debió saber mucho de filosofía griega. Y esto es claramente una proposición ontológica". Giorgio Agamben, *Teología y lenguaje. Del poder de Dios al juego de los niños*, trad. Matías H. Raia, Buenos Aires: Las Cuarenta, 2012, p. 61. Caracteres griegos y cursivas originales.

18. La cita que Barth hace de Calvino corresponde a *Institución de la religión cristiana* I, 13.6.

19. *Church Dogmatics*, I.1, p. 382.

Padre, Hijo y Espíritu, en su propio develamiento, su propio ocultamiento y su propia impartición, en santidad, misericordia y amor, este y no otro es Dios".[20]

En su evaluación del planteo trinitario de Barth, Moltmann[21] sostiene que a la luz del mismo, la trinidad solo puede concebirse como un monoteísmo cristiano. Y que sus primeras ideas sobre la trinidad desarrolladas a partir de 1927 tienen como principio fundamental: "La palabra de Dios es Dios mismo revelándose. Dios se revela como Señor. Solo él es el sujeto que revela. Él es la revelación misma. Y él es el revelado".[22] En una perspectiva similar, para Pannenberg[23] Barth no desarrolla la doctrina de la trinidad desde los datos de la revelación histórica de Dios como Padre, Hijo y Espíritu sino desde un concepto formal de revelación como auto revelación. En un trabajo más reciente, Veli-Matti Kärkkäinen[24] sostiene que las críticas a Barth por la elección de "modos de ser" en lugar de "personas" no son unánimes y dejan la cuestión abierta pero, en su opinión, "la idea de que la personalidad en Barth se refiere primariamente al único sujeto divino parece ser el punto de vista más recomendable".[25]

3. Una teología de la revelación

Como hemos expuesto en el apartado anterior, Barth ubica a la trinidad dentro del corpus teológico de la revelación. Por eso afirma que la palabra de Dios es

---

20. *Ibid.*

21. Jürgen Moltmann, *Trinidad y Reino de Dios,* trad. Manuel Olasagasti, Salamanca: Sígueme, 1983, p. 156

22. *Ibid.*, p. 157.

23. Wolfhart Pannenberg, *Systematic Theology,* vol. I, trad. Geoffrey W. Bromiley, Grand Rapids: Eerdmans, 1998, p. 296. Stanley Grenz al interpretar el modo en que Pannenberg desarrolla el tema de la trinidad, sostiene que mientras Hegel deriva la distinción de las personas del concepto del único Dios, para el teólogo luterano esa doctrina debe fundamentarse en la revelación de Dios, es decir, en la economía de la salvación. "Esta doctrina, en otras palabras, no puede ser desarrollada desde una consideración del ser y los atributos de Dios. En lugar de ello, lo último solo puede ser considerado en conexión con la revelación trinitaria de Dios como Padre, Hijo y Espíritu Santo". Stanley J. Grenz, *Reason for Hope. The Systematic Theology of Wolfhartd Pannenberg,* Second Edition, Grand Rapids: Eeerdmans, 2005, p. 63.

24. Veli-Matti Kärkkäinen, *The Trinity. Global Perspectives,* Louisville: Westminster John Knox Press, 2007, p. 71.

25. *Ibid.* Desde una perspectiva pastoral de la Trinidad, en relación a los "modos de ser" que propone Barth, Paul Fiddes toma en cuenta la insistencia de Barth al referirse a Dios como "evento" o "acto". Por lo que "La propia definición de personas como 'modos de ser' falla en reflejar su propia percepción de la naturaleza dinámica del ser de Dios, aun cuando él comprende los 'modos' siempre caracterizados por relaciones. Lo mejor, por lo tanto, es hablar de 'tres movimientos de relación subsistiendo en un único evento'". Paul S Fiddes, *Participating in God. A Pastoral Doctrine of the Trinity,* Louisville: John Knox Press, 2000, p. 36.

Dios mismo en su revelación. Y la Sagrada Escritura es para él, el testigo de la revelación, con lo cual implicaría que si no hay Sagrada Escritura tampoco puede haber revelación. En su exposición agrega: "Dios se revela a sí mismo *a través de sí mismo. Él se revela a sí mismo.* [...] Dios, el Revelador, es idéntico con su acto en la revelación e idéntico con su efecto".[26] La revelación es una realidad que Dios mismo lleva a efecto, crea y otorga. A modo de conceptualización de su enfoque, dice Barth:

> Todo esto, el revelamiento de Dios atestiguado en la Escritura, no es justo el efecto del Revelador y su revelación, un efecto que es simplemente diferenciado de ellos, como verdaderamente lo es. También esto es la respuesta a la pregunta: ¿Quién se revela a sí mismo?, y a la segunda pregunta: ¿Cómo él se revela a sí mismo? De ese modo el hombre que pregunta acerca del Dios que se revela a sí mismo de acuerdo al testimonio de la Biblia debe también prestar atención al propio revelamiento como tal y a los hombres a quienes ese revelamiento se aplica.[27]

El acto de "revelamiento" es el que está testimoniado en la Sagrada Escritura y es un efecto del Dios que se revela y del efecto de la revelación. Barth argumenta que uno puede obedecer o desobedecer la revelación de Dios en la Biblia, pero lo que no puede es producirla. Esa pretensión es como la que tuvieron los sacerdotes de Baal en la montaña según el relato de 1 Reyes 18. "Ni se puede controlar la revelación, como fue el vano intento de quienes pidieron señales a Jesús".[28]

¿Qué lugar ocupa el señorío de Dios en la revelación? Barth ocupa un largo espacio donde resume su perspectiva sobre el tema. Dice que la revelación es un evento, pero al mismo tiempo, explica:

> [...] sin embargo, como tal, es siempre en todas las circunstancias y promulgación de la βασιλεία τοῦ θεοῦ, del señorío de Dios. ¿Y cómo puede la promulgación de esta basileía debe ser hecha excepto a través de lo que nosotros llamamos revelación? Ser Señor significa ser lo que Dios es en sus actos revelatorios para el hombre.[29]

En síntesis: la revelación de Dios es expresión de su señorío, del anuncio de su reino. En esa revelación Dios ejerce tanto su señorío como su libertad.

En el volumen I.2 de la *Church Dogmatics* Barth amplía sus reflexiones sobre la revelación. Para el análisis de esta sección hemos adoptado la traducción al

---

26. *Church Dogmatics*, I.1, p. 296.

27. *Ibid.*, p. 298.

28. *Ibid.*, p. 306.

29. *Ibid.*

castellano de que es acaso el único segmento de la Dogmática de Barth traducido a nuestro idioma. En el enunciado que va a exponer en el parágrafo 17 de la tercera sección del capítulo 2, escribe:

> La revelación de Dios en la efusión del Espíritu Santo, es la juzgadora y reconciliadora presencia de Dios en el mundo de las religiones humanas, esto es, en el ámbito de las tentativas que el hombre hace para justificarse así mismo, ante la imagen de Dios que él mismo construye obstinada y arbitrariamente. La Iglesia es el lugar de la verdadera religión, en la medida que vive mediante la gracia, por gracia.[30]

El énfasis está puesto aquí en la efusión del Espíritu Santo que hace real la presencia de Dios que tanto juzga como reconcilia al mundo de las religiones. Y la Iglesia es el lugar de la verdadera religión. "La revelación de Dios por el Espíritu Santo es real y posible como determinación de la existencia humana".[31] Más adelante, puntualiza tres aspectos de la revelación. En primer lugar, dice que ella es presencia de Dios y, dialécticamente, también ocultamiento de Dios en el mundo de las religiones. En segundo lugar, que la revelación se dirige al hombre e implica tanto la efusión del Espíritu como la encarnación de la Palabra. El acto revelatorio de Dios mismo se da en el particular divino que está escondido en el universal humano. Y, en tercer lugar, afirma: "La revelación puede ser considerada en su ocultamiento, nacido de su realidad humana, como un fenómeno religioso, como un elemento entre otros semejantes [...]".[32] El primer punto implica que cuando Dios se revela en el contenido divino y se oculta en el ropaje humano y, de ese modo, la unicidad de Dios queda velada en el espacio humano. El segundo punto implica que el destinatario de esa revelación es el ser humano y se concreta tanto en la efusión del Espíritu como en la encarnación del Verbo y esa presencia divina en la realidad humana es un misterio. Y el tercer aspecto es que la revelación de Dios se puede considerar como ocultamiento de él en la realidad humana, como un acontecimiento similar a otros que acaecen en la experiencia humana.

En una sección que podríamos considerar como histórica, Barth menciona cómo se fue desdibujando la primacía de la revelación a favor de la religión. Cita los

---

30. Karl Barth, *Church Dogmatics,* 1.2, p. 280. El parágrafo 17 que interpretamos aquí, está traducido al castellano bajo el título: *La revelación como abolición de la religión,* trad. Carlos Castro, Barcelona-Madrid: Fontanella-Morava, 1973 siendo uno de los pocos textos de la Dogmática de Barth vertidos a nuestro idioma. Cabe consignar que este texto ya lo hemos trabajado en *Karl Barth en América Latina,* 69-83, si bien aquí encaramos un abordaje distinto.

31. *Ibid.*, p. 281.

32. *Ibid.*

casos de la religión natural[33], el moralismo de Kant, la teología del sentimiento de absoluta dependencia propuesto por Schleiermacher, el ilusionismo de Feuerbach y la crítica bíblica de Strauss, Baur, Harnack o Boussett y el relativismo propio de la historia de las religiones. En su argumentación desarrollada en letras pequeñas, Barth analiza los aportes de teólogos de la Edad Media tales como Santo Tomás de Aquino y Pedro Abelardo, pero pone su acento en Juan Calvino que afirmó que tanto la fe como la teología deben estar basadas en la revelación. Su conclusión es que "sin revelación no puede haber conocimiento de Dios".[34] Es en ese contexto donde Barth pondera la teología de Calvino que argumentó que Adán conoció a Dios solo por revelación porque "sin revelación nosotros no podemos tener conocimiento de Dios. *Illa recta ratio est mera chimaera, celebri humani commentum*".[35] Para Barth, la verdadera catástrofe de la teología protestante moderna no es lo que a menudo se ha comentado, es decir, cuestiones que tengan que ver con la educción moderna o la filosofía, la historia y las ciencias naturales. Sino que: "La real catástrofe es que la teología ha perdido su objeto, la revelación en todo su carácter único. Y al perderlo, perdió la semilla de la fe con la cual podría mover montañas, aun la montaña de la moderna cultura humanística".[36]

La revelación, afirma más adelante, es un concepto límite que penetra y a la vez trasciende el mundo de las religiones. Y rotundamente agrega en un lenguaje típicamente calvinista: "Revelación es acción soberana de Dios en el hombre. Si no, no es revelación".[37] Y, a modo de conclusión de su argumento dice sobre la relación entre revelación y religión:

En esta historia Dios es Dios, esto es, el Señor que juzga, el que justifica, el que santifica. Dios es el Señor del hombre. Por su parte, el hombre es el hombre de Dios, o sea, el ser aceptado por la justicia y la bondad de Dios. Teniendo presente la doctrina

---

33. En *Ibid*, pp. 288-291 Barth discute el tema de la religión natural, interpretando los aportes de Buddeus y van Til. Para el primero, el conocimiento natural de Dios no se extiende a la salvación. En cuanto a van Til, la teología natural deriva en una doctrina *De praeparatio evangelica*, es decir, funciona solo con un prolegómeno a la revelación de Dios. Karl Barth, *Church Dogmatics* I.2, p. 289.

34. *Ibid*., p. 286.

35. *Ibid*. Caracteres latinos originales. Más adelante, vuelve Barth a citar a Calvino de modo elocuente, cuando dice que la superioridad de su teología se muestra en haber sido capaz de discutir en su teología el tema de la religión. *Ibid*, p. 293. Para un estudio interpretativo de la teología de Calvino por parte de Karl Barth véase su obra: *The Theology of John Calvin*, trad. Geoffrey W. Bromiley, Grand Rapids: Eerdmans, 1995.

36. *Church Dogmatics* I.2, p. 294.

37. *Ibid*., p. 295.

cristológica de la *assumptio carnis* y haciendo una aplicación *ad sensum*, creemos poder hablar de Revelación como "abolición de la religión".[38]

La religión, para Barth, es un signo de incredulidad, porque es el intento humano –fallido– de llegar a Dios por su propia cuenta y búsqueda. Por lo tanto, dice que para darnos cuenta de que la religión es verdaderamente incredulidad, es imprescindible tomar como punto de partida la revelación atestiguada en la Escritura. Y hay dos elementos en esa revelación de Dios que hacen indubitablemente claro el hecho. En primer lugar, que la revelación de Dios es el propio ofrecimiento y manifestación de Dios.

La revelación encuentra al hombre sobre la presuposición y en la confirmación de que en efecto los intentos por conocer a Dios desde su propio punto de vista son total y enteramente fútiles; no por causa de alguna necesidad en principio, sino por causa de una necesidad práctica en efecto. En la revelación Dios le dice al hombre que Él es Dios, y que como tal Él es Señor. [...] La verdad de que Dios es Dios y nuestro Señor, y la posterior verdad de que nosotros podríamos conocerle como Dios y Señor, puede solo venir a nosotros a través de su misma verdad. Este "venir a nosotros" de la verdad es revelación.[39]

Esta primera parte del argumento deriva –en letras pequeñas– a referencias bíblicas donde se habla de la revelación de Dios a los seres humanos, aún fuera de la tradición de Israel. Niega toda posibilidad de futuro a la tendencia de oposición a la verdad de Dios, citando los textos de Hechos 17:24-29, Hechos 14:15 y Romanos 1:19. Barth admite que estos textos, sobre todo el último, ha sido utilizado para elaborar una teología natural.[40] En rigor, todo el largo pasaje de Romanos 1:18 a 3:21 muestra no solo que Dios se ha manifestado, sino que también esa manifestación es expresión de su ira y ello ha acontecido en lo mejor que ha intentado

---

38. *Ibid.*, p. 297. Cursivas originales. Para un análisis fenomenológico de la encarnación del Logos, véase Alberto F. Roldán, "La encarnación del Logos según la perspectiva fenomenológica de Michel Henry: la gnosis a la archignosis", Revista *Enfoques,* Libertador San Martín: Universidad Adventista del Plata, volumen XXXI, Nro. 1, enero-junio 2019, pp. 47-68. Incluido también en esta obra.

39. *Church Dogmatics* I.2 , p. 301.

40. Es conocida la controversia entre Karl Barth y Emil Brunner respecto a la teología natural. Este último publicó en 1934 un folleto titulado *Natur und Gnade* (Naturaleza y Gracia) en el que esboza la posibilidad de que el hombre pueda conocer a Dios fuera de la revelación especial. Ello suscitó un fuerte conflicto entre ambos que Barth –en opinión de Brunner– habría matizado en el volumen de su Dogmática referido a la Iglesia. Pero como bien señala Van de Pol, el conflicto entre ambos les llevó a una ruptura definitiva y agrega: "El artículo de Brunner titulado *Der Neue Barth* (El nuevo Barth), publicado en 1951, no produjo la reconciliación esperada por su autor". W. H. Van de Pol, *El final del cristianismo convencional,* trad. Adelaida Karaan de Colágeno, Buenos Aires: Ediciones Carlos Lohlé, 1969, p. 195.

realizar el ser humano: su religión. Finalmente, toda revelación de Dios viene a nosotros en Cristo. Y agrega dos sentencias que muestran su notable creatividad teológica y argumentativa: "Porque Cristo ha nacido, ha muerto y resucitó otra vez, no hay tal cosa como un paganismo abstracto, encerrado en sí mismo, propio de un paganismo estático. [...] El testimonio de la esperanza de Israel, la revelación profética está cumplida en Cristo".[41] En otras palabras, la revelación de Dios es concreta en Cristo, en su vida, muerte y resurrección.

El segundo aspecto de la revelación es que ella es reconciliación. "La revelación de Dios, en su propio ofrecimiento y su propia manifestación, es el acto por el cual él reconcilia al hombre en gracia y por gracia".[42] Y en un párrafo que anticipa el gran tema de la reconciliación, que trataremos en la próxima sección, Barth escribe de modo contundente:

> La revelación de Dios en Jesucristo sostiene que nuestra justificación y santificación, nuestra conversión y salvación, han sido realizadas plenamente alcanzadas de una vez y para siempre para todos en Jesucristo. Y nuestra fe en Jesucristo consiste en Jesucristo en nuestro reconocer, admitir, afirmar y aceptar lo que realmente ha sido hecho por nosotros una vez por todas en Jesucristo. Él es nuestra ayuda que viene a nosotros. Solo él es la palabra de Dios que nos ha hablado. Hay un cambio de status entre él y nosotros: su justicia y santidad son nuestras, nuestro pecado es suyo; él se perdió por nosotros y gracias a él nosotros somos salvos.[43]

Estas afirmaciones tan cristocéntricas conducen a Barth a conectarlas con la reconciliación. Dice: "En este intercambio [*exchange*] (καταλλαγή), 2 Cor 5:19), la revelación se afirma o se cae".[44]

Después de una sección amplia en la que Barth critica al misticismo como búsqueda humana para alcanzar a Dios, llegamos a la parte final del tema de la revelación, en la que argumenta que la religión cristiana puede ser verdadera, no *per se*, sino bajo ciertas condiciones. A ese respecto elabora cuatro conceptos que tienen que ver con la relación entre el nombre de Jesucristo y la revelación de Dios. Antes, enfatiza fuertemente en el tema de la gracia, es decir, que "hay religión verdadera en el evento del acto de la gracia de Dios en Jesucristo. Más precisamente, en el evento del derramamiento del Espíritu Santo".[45] Para ser más claro todavía, Barth dice que la expresión "'por la gracia de Dios' significa exactamente lo mismo que

41. *Church Dogmatics* I.2, p. 306.

42. *Ibid.*, p. 307.

43. *Ibid.*, p. 308.

44. *Ibid.* Caracteres griegos originales.

45. *Ibid.*, p. 344.

'mediante el nombre de Jesucristo'".[46] Desde esos postulados, Barth luego enuncia y comenta los cuatro aspectos de la relación entre Cristo y la religión cristiana.

En primer lugar, afirma que en la relación entre el nombre de Jesucristo y la religión cristiana tenemos que ver con un acto de la creación de Dios. Es el nombre de Cristo que ha creado la religión cristiana pues no podría haber sido de otro modo. "Aparte del acto de su creación por el nombre de Jesucristo, el cual semejante a la creación es una *creatio continua*, y por lo tanto aparte del Creador, no habría esa realidad".[47] Esta afirmación de una creación que está en pleno desarrollo abreva en la teología de Calvino y más recientemente en Moltmann se hace eco de ella.[48]

En segundo lugar, la relación entre el nombre de Jesucristo y la religión tiene que ver con la elección. La religión cristiana no es algo propio como una auto generación sino que es una realidad que parte de la elección que Dios ha hecho. Es interesante que Barth se refiere, como en el punto anterior, al carácter dinámico de la elección a la que denomina *electio continua*. "Es por la elección y solo por ella lo que hace de la religión cristiana la verdadera religión".[49] La elección, dice Barth, no es algo mecánico sino que es expresión de la libre gracia de Dios. La elección es obra exclusivamente de Dios y expresión de su libre gracia. Pero Barth se plantea si no hay una responsabilidad del ser humano en la confesión que debe hacer de Jesucristo. Se pregunta y responde: "¿No es la confesión del nombre de Jesucristo una libre decisión humana y por lo tanto una elección de ese nombre? Por supuesto lo es de acuerdo a la inequívoca enseñanza de Mateo 16: 13ss. y Juan 6:67ss. También debemos recalcar Josué 24:15ss".[50] Barth sigue reflexionando sobre el papel humano en esta confesión de Jesucristo. Explica que en todo caso se trata del reconocimiento de una decisión que ya Dios ha hecho de la elección, en otras palabras: "la decisión de obedecer la decisión hecha en la libertad de Dios, lo que la Escritura describe como decisión de fe y especialmente de fe en el nombre de Jesucristo".[51] En otros términos, se trata de una elección en la que Dios tiene la prioridad y el ser humano solo decide aceptarla. El tema de la elección lo amplía Barth en otro volumen de su Dogmática, centrando la doctrina en la persona de Cristo, quien es el Elegido y, dialécticamente el Rechazado

---

46. *Ibid.*, p. 345.

47. *Ibid.*, p. 346. Cursivas latinas originales.

48. Véase Jürgen Moltmann, "La creación, sistema abierto" en *El futuro de la creación,* trad. Jesús Rey Marcos, Salamanca: Sígueme, 1979, pp. 145-162.

49. *Church Dogmatics* I.2, p. 350.

50. *Ibid.*, p. 351.

51. *Ibid.*, p 352.

para nuestra salvación.[52] En lo que Barth dice de la elección en el volumen I.2 y, tal como lo hemos expuesto, se ve que el teólogo de Basilea lucha con la eterna cuestión de la elección y la responsabilidad humana. Es lo que Donald Baillie denomina "la paradoja central" en su notable obra *Dios estaba en Cristo*.[53] Lo que se pone de manifiesto en el planteo que hace Barth de la elección libre de Dios y la fe del ser humano, es que esa elección no es mecánica como para transformar a la criatura humana en una especie de marioneta en las manos divinas.

En tercer lugar, la relación que existe entre el nombre de Jesucristo y la verdadera religión se da en la justificación por la fe, que para Barth no es otra cosa que el perdón de los pecados. En este tramo de su exposición, Barth es sumamente claro en desechar todo intento por virtud alguna en el cristianismo, como de una Iglesia pura de toda influencia pecaminosa. Se pregunta si la Iglesia está realmente constituida por los verdaderos hijos de Dios adoptados en su Hijo. Y responde:

> Si ellos no lo son, si su religión cristiana es justamente una máscara, entonces aún en su más perfecta y lógica forma, el cristianismo es incredulidad semejante a otras religiones paganas. Su falsedad e indignidad son abominación delante de Dios.[54]

Finalmente, en cuarto lugar, Barth relaciona la religión cristiana con la santificación. Lo primero que afirma Barth es que esa santificación se produce como consecuencia de la justificación, es decir, hay santificación porque ya ha operado la justificación por la fe. Recurriendo a un lenguaje filosófico, Barth dice que el ser y la forma se convierten en acontecimiento por un acto de la decisión divina. Y resume casi todo lo expuesto en una definición magnífica al decir: "La religión cristiana es el área sacramental creada por el Espíritu Santo, en la cual el Dios cuya Palabra se hizo carne continúa hablando a través del signo de su revelación".[55] Barth relaciona a la trinidad con su definición de la religión cristiana al indicar que ella es un espacio sacramental que ha sido creado por el Espíritu Santo en el cual Jesucristo —el Dios hecho carne— continúa hablando mediante el signo de su revelación.[56] No es un Dios que simplemente habló en el pasado sino que continúa

---

52. Véase *Church Dogmatics* IV.2, Edimburgo: T. T. Clark 1936 y mi análisis crítico del tema en *Reino, política y misión*, Lima: Ediciones Puma, 2011, pp. 139-152.

53. Véase Donald M. Baillie, *Dios estaba en Cristo*, trad. Roberto Ríos, Buenos Aires: La Aurora, 1960, pp. 107-111. De paso, Donald McPherson Baille fue un gran teólogo contemporáneo de Barth, nacido en 1887 y fallecido en 1954, hermano de otro gran teólogo: John Baillie, nacido en 1886 y fallecido en 1960.

54. *Church Dogmatics* I.2, p. 356.

55. *Ibid.*, p. 359.

56. Agamben pone de relieve la importancia del signo en comparación con la palabra en la obra de Aristóteles *Peri hermenéias*, indicando que mientras las letras o las palabras no son las

hablándonos mediante su revelación. En lenguaje de hoy sería equivalente a decir que la revelación de Dios es semiótica, es un signo que nos orienta para entender el mensaje divino en medio de bifurcaciones y desvíos.

La exposición de Barth sobre la revelación, más allá de su solidez y creatividad, no ha dejado de suscitar críticas. En especial, Wolfhart Pannenberg. En su teología sistemática, el teólogo luterano mientras admira el desarrollo que Barth ha hecho de la revelación en la doctrina de la Palabra de Dios poniendo el énfasis en la proclamación del testimonio de la Escritura y de Jesús como la palabra encarnada, "sin embargo, no provee la verdad de la pretensión de que en Jesús tenemos en efecto la revelación de Dios".[57] En otro libro, Pannenberg dedica más espacio a su crítica señalando, específicamente, la tendencia hacia la positividad de la revelación en el planteo barthiano. Si bien, admite Pannenberg, Barth influyó a toda una generación que la teología no es ciencia de la religión cristiana, sino que su objeto es Dios mismo en su revelación. "No obstante, Barth no justificó, de todos modos, su giro hacia la teología de la revelación, en cuanto que la perspectiva de la misma está ya presupuesto en su justificación".[58] En otras palabras, según Pannenberg, Barth no pudo evitar una especie de *petitio principii*. La teología para Barth y, tal como hemos visto, debe comenzar con Dios y su revelación al punto de que de Dios solo puede hablar Dios mismo. ¿Cuál es entonces la función de la teología y su razón de ser? En una famosa y notable definición dice Barth: "La teología, por tanto, sirve a la revelación, sirviendo a la predicación".[59] Un punto importante en la crítica que Pannenberg realiza al planteo de Barth consiste en su apelación a "la obediencia de la fe", la cual, también es un riesgo. Luego de una extensa referencia a las críticas que H. Sholz[60] hizo a Barth dice Pannenberg:

---

mismas para todos los seres humanos, los signos, como impresiones del alma son los mismos para todos. Giorgio Agamben, ¿Qué es la filosofía?, trad. Mercedes Rovituso, Buenos Aires: Adriana Hidalgo Editora, 2019, p. 74.

57. Wolfhart Pannenberg, *Systematic Theology* vol. 1, trad. Geoffrey W. Bromiley, Grand Rapids: Eerdmans, 1991, p. 195, nota 4.

58. Wolfhart Pannenberg, *Teoría de la ciencia y teología*, trad. Eloy Rodríguez Navarro, Madrid: Libros Europa, 1981, p. 274.

59. Karl Barth, *Dei Theologie und die Kirche*, 1928, p. 325, cit. por Pannenberg, *Teoría de la ciencia y teología*, p. 275.

60. Sholtz propuso criterios fundamentales o postulados mínimos para la cientificidad: el postulado de las proposiciones, el postulado de la coherencia y el postulado de la contrabilidad, a los cuales añade también el postulado de la independencia y el postulado de la concordancia. Véase Pannenberg, *Teoría de la ciencia y teología*, pp. 278-279.

[…] las declaraciones de Barth sobre la obediencia de fe como riesgo –y su polémica con, Sholz lo confirma– que la positividad de la revelación no es una alternativa al subjetivismo en teología, sino que, por el contrario, como posición teológica significa su más expresa culminación. […] En Barth es evidencia que la subjetividad irracional de un riesgo de fe, no justificable ulteriormente, es el fundamento de hecho de la objetividad, aparentemente tan sólida, de un modo de hablar de Dios y de la palabra de Dios.[61]

Al fin, concluye el teólogo luterano, el intento por defender a Dios y su revelación que encara enérgicamente Barth con la pretensión de ser la gran alternativa a lo meramente humano "ha sido la agudización más extrema del subjetivismo en teología […]".[62] En otras palabras, la intención de Barth en el sentido de recuperar a la revelación como tema central de la teología y afirmarla en su positividad intrínseca[63], queda reducida a la propia subjetividad del teólogo.

¿Qué propone entonces Pannenberg para superar esta aporía? No es aquí el espacio donde podemos profundizar su propuesta. Solo cabe indicar que el enorme esfuerzo de Pannenberg consiste en superar lo que considera un carácter reducido de la revelación como acto a algunos grupos humanos en particular y plantear, a cambio, una afirmación del carácter universal de esa revelación que se materializa en la historia. Es, en breve, el gran proyecto del teólogo luterano al postular una "revelación como historia". En una obra conjunta en la que presenta sus ideas germinales sobre el tema, Pannenberg comienza justamente analizando el concepto de revelación según Barth, reconociendo que ese ha sido

---

61. Pannenberg, *Teoría de la ciencia y teología*, p. 281.

62. *Ibid.*, p. 285.

63. Según Andrés Torres Queiruga, el teólogo que acuñó el término crítico de "positividad de la revelación" (*Offenbarungspositivismus*) dirigido a Barth fue Dietrich Bonhoeffer y se encuentra en sus famosas "Cartas de la prisión". Andrés Torres Queiruga, *La revelación de Dios en la realización del hombre*, Madrid: Ediciones Cristiandad, 1987, p. 100. La carta donde Bonhoeffer introduce la expresión es la dirigida a Eberhard Bethge y fechada en Tegel el 30 de abril de 1944. Dice a propósito de la necesidad de un cristianismo arreligioso: "Barth, el único en comenzar a pensar en esta dirección, no ha desarrollado estos pensamientos hasta sus últimas consecuencias, sino que ha desembocado en un positivismo de la revelación, que a fin de cuentas no deja de ser esencialmente una restauración". Dietrich Bonhoeffer, *Resistencia y sumisión*, trad. José J. Alemany, Salamanca: Sígueme, 1983, p. 197. Por su parte Alfredo Fierro ha radicalizado las críticas a Barth al denominar su empresa "un positivismo teológico reformado" y, aunque no llega a afirmar que la Biblia sea un oráculo que sale de los labios de Dios con puntos y comas: "La Escritura goza, a los ojos de Barth, de cierta autoconsistencia o aseidad axiomática, que solo se explica por haberla introducido en aquel circuito misterioso, extraño al hombre, en que Dios habla de Dios". Alfredo Fierro, *La imposible ortodoxia*, Salamanca: Sígueme, 1974, p. 158.

el tema central de la teología contemporánea que ha tenido, justamente en el teólogo de Basilea, a su más destacado propulsor. Según Pannenberg, tanto en cuanto a la trinidad como en relación con la revelación, Barth da evidencias de la influencia hegeliana. Recuerda que Hegel ya había designado al cristianismo como una religión revelada.[64] Pannenberg menciona al hegeliano Philipp Marheineke, que no es mediante el propio espíritu humano como tal que Dios se revela sino a través de sí mismo al ser humano, postulado del cual se hace eco Barth cuando dice que "la revelación de Dios al hombre no puede ser aprehendida por su propio poder, sino por medio del Espíritu Santo".[65] Luego de estos prolegómenos, Pannenberg procede a hacer su propuesta de la revelación en la historia. Tanto la revelación de Dios en el Antiguo Testamento como en Jesús de Nazaret muestra "la universalidad de la revelación escatológica de Dios".[66] La resurrección de Jesucristo es, para Pannenberg, una especie de *prolepsis* del consumado reino de Dios, una anticipación de su poder transformador del mundo. Torres Queiruga acaso es quien mejor ha sintetizado el concepto de revelación en la historia tal como la presenta Pannenberg, cuando dice que la revelación constituye el contexto necesario para su significado y agrega:

[…] –en clara reacción contra el "fideísmo" de la teología dialéctica– los hechos, en cuanto integrados en la historia de su tradición muestran por sí mismos su carácter revelador. […] Por eso insiste en que son significativos, no en una historia entendida positivísticamente, sino en la historia interpretada por su tradición (la *Traditionsgesschischte*).[67]

---

64. Véase G. W. F. Hegel, *Fenomenología del espíritu,* trad. Wenceslao Roses, Ricardo Guerra, México: Fondo de Cultura Económica, 1966, pp. 433-457, donde Hegel expone la religión revelada distinguiéndola de la religión natural y de la religión del arte. Para Hans von Balthasar, la influencia del Idealismo persiste en su contraste entre el Ser, en tanto condición y objetividad y el Acto, como constitutivo de la verdad de ese Ser. Hans Urs von Balthasar, *Op.* cit., p. 226. La influencia hegeliana en Barth también ha sido señalada por el teólogo gallego Andrés Torres Queiruga al señalar que el pensamiento de Barth, que no es de fácil acceso, pese a todos los esfuerzos de Barth se haya influido por el Idealismo y aparece con mayor nitidez en su Dogmática, vol. I.1". Andrés Torres Queiruga, *La revelación de Dios en la realización del hombre,* p. 104, nota 47. También el filósofo judío Jacob Taubes constata lo mismo al afirmar que: "La filosofía dialéctica de Hegel intentó combinar la interpretación especulativa 'agustiniana' de la trinidad con la interpretación histórica del dogma de la trinidad de Joaquín. La teología de Barth también está estructurada con el mismo esquema". Jacob Taubes, "Teodicea y teología: un análisis filosófico de la teología dialéctica de Karl Barth" en *Del culto a la cultura. Elementos para una crítica de la razón histórica,* trad. Silvia Villegas, Buenos Aires: Katz editores, 2007, p. 227.

65. Wolfhart Pannenberg, *Revelation and History,* trad. David Granskou, London: The Macmillan Company, 1968, p. 5.

66. *Ibid.,* p. 134.

67. Andrés Torres Queiruga, *Op. cit.,* p. 110.

4. La relación dialéctica entre Trinidad y revelación

La relación entre la trinidad y la revelación en la teología de Barth es dialéctica ya que una conduce a la otra, y viceversa. En otros términos, Dios se revela como trinidad ya que es revelador (Padre), la revelación (Jesucristo) y el "revelamiento" (Espíritu Santo). Aplicado a la salvación, la elección eterna es realizada por el Padre, la redención se concreta en el Hijo y el Espíritu Santo es derramado en la vida de los hijos de Dios. Tomando como punto de partida el sentido inverso, se puede decir para Barth la trinidad es el modo en que Dios mismo se revela y su énfasis estaría dado en la trinidad económica, es decir, Dios se revela en la historia de la salvación aunque ontológicamente, siempre ha sido Padre, Hijo y Espíritu Santo. A modo de síntesis Dios se revela y realiza la obra de reconciliación siempre como Padre, Hijo y Espíritu Santo. La reconciliación es el acto por el cual Dios reconcilia al ser humano consigo mismo, por gracia. En lo que se refiere a la elección, Barth se mantiene dentro de la tradición calvinista, ya que afirma que la elección es una acción soberana y libre de Dios. De todos modos, intenta salir de los esquemas deterministas en los cuales todo lo hace Dios sin que el ser humano tenga responsabilidad alguna. Lo que Dios en su libre gracia ofrece es salvación en Cristo, pero hay una decisión de fe que cada persona debe ejercer. También el esquema cuádruple de creación –*creatio continua*– elección –*electio continua*–, justificación y santificación son un eco de esa misma tradición calvinista.

Para Barth en la revelación es tanto la manifestación de Dios como su ocultamiento. Como bien explica Walter Kasper al comentar la exposición de Barth sobre la revelación:

> El carácter oculto de Dios no consiste en el "ser en sí" de Dios antes, sobre y "detrás de" la historia sagrada, sino su "ser" para nosotros y su "ser con nosotros en la historia. La revelación del misterio de Dios no nos lleva, pues, como en el neoplatonismo "hasta la altura nihilista del concepto de Dios puramente negativo, sin contenido, *no a una transcendencia inobjetiva, indefinida, expresable solo simbólicamente, sino al Dios de los hombres que desciende a las coordenadas de espacio y tiempo, a su "condescendencia"*.[68]

Para Kasper también percibe en la teología de Barth una superación de cierta forma de nominalismo como –dice– se puede ver en Lutero y Calvino, sino que más bien el carácter oculto de la gloria de Dios se ve en la cruz de Cristo. Y agrega: "*La teología de la ocultación de Dios es en definitiva una* theologia crucis".[69] Esto nos conduce al planteo trinitario de la teología de la cruz encarado por Jürgen Moltmann cuando afirma:

---

68. Walter Kasper, *El Dios de Jesucristo*, p. 157. Cursivas originales.

69. *Ibid*. Cursivas originales.

Gracias a la teología de la trinitaria de la cruz, la fe escapa a la alternativa de teísmo y ateísmo. Dios no es solo del más allá, sino también de aquí, es no solamente Dios, sino también hombre, no es dominio, autoridad y ley, sino el acontecimiento del amor sufriente y liberador. Y viceversa, la muerte del Hijo no es la "muerte de Dios", sino el comienzo de ese suceso divino, en el que de la muerte del Hijo y del dolor del Padre procede el Espíritu vivificante del amor.[70]

Además de la relación dialéctica entre trinidad y revelación, revelación y trinidad, Barth pone de manifiesto que esta última también es semiótica, toda vez que es un signo por el cual Dios se auto manifiesta a sí mismo a partir del cual señala el camino de la reconciliación con él mediante Jesucristo. Como todo signo es una marca, una señal a interpretar y que está en continuo desarrollo, porque, así como hay una *creatio continua* hay también una *revelatio continua*.

Finalmente, la teología de Barth sobre la trinidad termina en un punto final de la historia: la gloria. Recientemente, ha destacado esta faceta Giogio Agamben. Mostrando una enorme destreza para exponer con profundidad la trinidad y su influencia en la economía y el gobierno humano, el filósofo italiano discurre sobre la trinidad inmanente y la trinidad económica. La primera, se refiere a la trinidad de sustancia, es ontológica, porque pertenece al ser mismo de Dios en su eternidad. La segunda es la trinidad que se revela en la historia de la salvación y sobre la cual tanto Barth como Pannenberg hacen énfasis. Dice Agamben: "A la trinidad inmanente le corresponden la ontología y la teología, mientras que a la trinidad económica, la praxis y la *oikonomía*".[71] Y termina afirmando que finalmente ambas dimensiones de la trinidad se funden en un punto. En un lenguaje insuperable, dice: "La economía de la pasión y la economía de la revelación coinciden en la gloria y esta (o, más bien, la glorificación) define el conjunto de las relaciones trinitarias. La trinidad es una doxología".[72] En otros términos, la *doxa* es el *non plus ultra* de la *Heilsgeschichte*.

Conclusión

Analizando los dos primeros volúmenes de la *Church Dogmatics* se puede apreciar la importancia que la trinidad y la revelación tienen para Karl Barth hasta el punto de que constituyen el comienzo de su exposición teológica. Sorprende que el primer tema sea precisamente la trinidad, pero para el teólogo de Basilea

---

70. Jürgen Moltmann, *El Dios crucificado,* trad. Severiano Talavera Tovar, Salamanca: Sígueme, 1975, p. 358.

71. Giorgio Agamben, *El Reino y la gloria* (*Homo Sacer,* II.2), trad. Flavia Costa, Edgardo Castro, Mercedes Ruvituso, Buenos Aires: Adriana Hidalgo Editora, 2008, p, 362.

72. *Ibid.*

debe ser así, desde que Dios ontológicamente y, sobre todo en la economía de la salvación se ha revelado como tal. Creativamente, Barth relaciona a cada persona de la trinidad denominándola como revelador (el Padre), revelación (el Hijo) y revelamiento (el Espíritu Santo). Dada la ambigüedad del término "persona" aplicado a la doctrina trinitaria, Barth prefiere sustituirla por "modos de ser" de Dios, lo cual suscitó muchas críticas por su cercanía terminológica con el modalismo. Barth ha rechazado esas críticas, aunque su argumentación no ha sido fácilmente aceptada. Lo novedoso de Barth radica en la relación dialéctica –muy propia de su teología en la primera etapa de su producción– entre la trinidad y la revelación. Dios se revela trinitariamente y reconcilia trinitariamente. La trinidad se vincula con la creación, la elección, la justificación y la santificación. Estos aspectos no constituyen temáticas aisladas, sino que conforman una totalidad en el propósito y la acción reconciliadora de Dios en Cristo. En algunos segmentos de su exposición –que incluye algunas citas puntuales– Barth manifiesta su herencia calvinista, sobre todo en lo que se refiere a que la revelación es un acto que Dios realiza soberanamente en gracia. En la exposición de Barth sobre la revelación casi no hay lugar para la revelación general de Dios. Si bien la admite, su enfoque sigue adherido a la perspectiva calvinista de que esa revelación solo sirve para condenar al ser humano. En consecuencia, el planteo unívoco de la revelación de Dios en Cristo y en la Sagrada Escritura –que Bonhoeffer denominara "el positivismo de la revelación"– no deja lugar al hecho de que Dios, en todos los tiempos, se ha revelado a la humanidad en diferentes modos, tal como lo insinúa el cuarto evangelio cuando afirma: "Aquella luz verdadera, que alumbra a todo hombre, venía a este mundo" (Jn 1:9 RV 60) o cuando Pablo –tanto en Listra como en Atenas– afirma el darse a conocer de Dios a los paganos (Hechos 14:16-17 y 17:23). En cuanto a la elección, Barth toma distancia de enfoques calvinistas del siglo XVII afirmando que la elección de Dios implica la decisión de fe por parte del ser humano. Tanto la revelación como la creación no son acciones detenidas en el tiempo, sino que más bien se desarrollan a través del tiempo, por eso Barth no duda en denominar a la creación como una *creatio continua* –ya que Dios no es ocioso– y su elección también como *electio continua*. En tiempos más recientes, teólogos como Wolfhart Pannenberg, Jürgen Moltmann y Walter Kasper han interpretado el aporte de Barth a la trinidad y la revelación con algunas críticas y ponderaciones. Pannenberg detecta la influencia hegeliana en su planteo trinitario y considera que su enfoque de la revelación es demasiado exclusivo, por lo que propone una revelación en la historia, abierta a toda la humanidad. Desde que la trinidad está presente en la historia de la salvación, Moltmann expone en su obra *El Dios crucificado* el sufrimiento del Dios trino en la cruz. Finalmente, Kasper entiende que la exposición de Barth sobre la revelación no deriva ni un nihilismo ni a una trascendencia inobjetiva, sino que ella nos conduce al Dios que desciende a la realidad espacio-temporal como expresión de su firme decisión salvífica en Jesucristo. La revelación trinitaria que se patentiza en la reconciliación del mundo en Jesucristo termina en la *doxa* que, siguiente el notable aporte de Agamben, representa el *telos,* el *non plus ultra,* porque después de la *Heilsgeschichte* solo queda la *doxa* eterna y, por eso, como magníficamente definió Agamben, la trinidad es doxología.

VII
Hacia una teología de la realidad

¿Cómo hablar de Dios sin religión, esto es, sin las premisas condicionadas de la metafísica, de la interioridad, etc.? *¿Cómo hablar… "mundanamente" de "Dios"?*
Dietrich Bonhoeffer

La teología de Bonhoeffer es una teología de la realidad.

Andrés Dumas

Introducción

Dietrich Bonhoffer, teólogo y pastor luterano, víctima del nazismo, puede considerarme como el iniciador de una teología de la realidad. En el presente trabajo se intentará demostrar cómo su pensamiento, sobre todo gestado en la cárcel donde fue recluido por la Gestapo, esboza la necesidad de replantear el discurso sobre Dios en un mundo secularizado, teniendo como ejes centrales del mismo la realidad histórica de Jesucristo, el carácter mundano de la Iglesia. En tal sentido, su pensamiento debe ser considerado como el punto de partida de las posteriores teologías de la secularización desarrolladas especialmente por Johannes Baptist Metz y Jürgen Moltmann que postulan que la secularización lejos de ser un fenómeno ajeno al mensaje cristiano es precisamente el destino del mismo. En la estructuración de su teología de la realidad, Bonhoeffer se inspira en las filosofías de Hegel y Kant pero muestra la imposibilidad de aplicarlas a la Iglesia como realidad histórico-social-mundana con todas las implicaciones que tal carácter implica. En el presente trabajo comenzamos con una breve semblanza de Bonhoeffer, indicando el desafío que formula por un cristianismo arreligioso;

en segundo lugar, abordamos el tema de Jesucristo como realidad concreta en el mundo; en tercer lugar, exponemos lo que Bonhoeffer piensa de la Iglesia como realidad mundana a partir de la encarnación y su toma de distancia de los postulados de Kant y Hegel. Finalizamos con una breve conclusión al tema.

1. Breve semblanza de Dietrich Bonhoeffer

Nació en Breslau, Alemania, el 4 de febrero de 1906 en el seno de una familia de la burguesía y vinculada a la iglesia luterana. Su padre era médico psiquiatra. Su familia nunca pensó en la vocación religiosa de Dietrich, por lo que su opción de estudiar teología sorprendió a todos. Estudió teología en Tübingen, Berlín y fue pastor en Barcelona. Realizó muchos viajes visitando Estados Unidos, Cuba y México. Pero lo que más interesa saber a los fines del presente trabajo, es su decidida oposición a Hitler y el nacionalsocialismo. Cuando Hitler llegó al poder, fue una de las pocas voces que alertaban sobre el peligro que eso conllevaba. En 1933 dicta un curso sobre cristología y un seminario sobre la filosofía de la religión en Hegel y en abril de ese año ofrece una conferencia sobre la Iglesia y la cuestión judía, colaborando en la redacción de las Tesis de Barmen, texto en el que se pronuncia la Iglesia confesante en oposición a Hitler tomando distancia de la Iglesia de los cristianos alemanes, que hicieron un acuerdo con el Führer. El 5 de abril de 1943 fue detenido por la Gestapo y recluido en la cárcel de Tegel. Es allí donde en una carta dirigida a su amigo Eberhard Bethge donde pergeña la necesidad de un cristianismo arreligioso, de cómo hablar de Dios en un mundo no religioso.

Sobre las influencias filosóficas en el pensamiento de Bonhoeffer se pueden detectar dos: la de Hegel, para su eclesiología y la de Kant para "la mayoría de edad" del ser humano que exige un nuevo modo de hablar de Dios. Según Andrés Dumas, Bonhoeffer se inscribe dentro de una "ontología de lo real" por lo que "hallará en Hegel el modelo formal de su cristología, para su eclesiología y para su ética [...]".[1] En cuanto a Kant, su influencia puede observarse en su recepción de que el ser humano ha llegado a la mayoría de edad propia de la Ilustración y que, por lo tanto, exige un nuevo lenguaje religioso, un nuevo modo de hablar de Dios. La idea seminal está enunciada en su carta fechada en Tegel el 30 de abril de 1944 donde escribe Bonhoeffer a su amigo Eberhard Bethge: "Nos encaminamos hacia una época totalmente arreligiosa. Simplemente, los hombres, tal como son, ya no pueden seguir siendo religiosos".[2] Y agrega lo que representa el núcleo de una teología de la realidad:

---

1. Andrés Dumas, *Una teología de la realidad. Dietrich Bonhoeffer,* trad. Jesús Cordero, Bilbao: Descleé de Brouwer, 1971, p. 38.

2. Dietrich Bohoeffer, *Resistencia y sumisión,* trad. José J. Alemany, Salamanca: Sígueme, 1983, p. 197.

¿Cómo hablar de Dios sin religión, esto es, sin las premisas temporalmente condicionadas de la metafísica, de la interioridad, etc.? ¿Cómo hablar (pero acaso ya ni siquiera se puede "hablar" de ello como hasta ahora) "mundanamente" de "Dios"? ¿Cómo somos cristianos "arreligiosos mundanos"? ¿Cómo somos εκ-klesia [*eclesia*], "los que son llamados", sin considerarnos unos privilegiados en el plan religiosos sino más bien como perteneciendo plenamente al mundo?[3]

Eberhard Bethge, receptor de la carta, aclara en su biografía de Bonhoeffer que cuando él habla de que el mundo ha llegado a la mayoría de edad o "mundo adulto": "Con esas expresiones Bonhoeffer trata de evitar el malentendido de que se piensa en una evolución de tipo moral en el sentido de "ser mejor". Se trata simplemente de un llegar a la mayoría de edad, tras la cual ya no cabe el retorno".[4] Y agrega que al utilizar la expresión "mayoría de edad" el teólogo luterano "piensa en la fórmula de Kant: "La Aufklärung es la salida del hombre de su minoría de edad culpable. La minoría de edad es la incapacidad para utilizar la razón prescindiendo de las orientaciones de otra persona".[5] Esa búsqueda de un cristianismo arreligioso y de un nuevo modo de hablar de Dios en la mayoría de edad del ser humano se vincula con dos aspectos de la teología: la cristología y la eclesiología, en otras palabras: Jesucristo como realidad concreta en el mundo y la mundanidad de la Iglesia a partir de la encarnación.

2. Jesucristo: realidad concreta en el mundo

Es en su texto *Ética*, donde Bonhoeffer desarrolla el tema de Jesucristo como realidad concreta y síntesis entre Dios y el mundo. Procurando desligarse de la influencia metafísica y platónica de Dios, escribe Bonhoeffer:

Que la realidad de Dios no es a su vez una idea, la fe cristiana obtiene este conocimiento del hecho de que esta realidad de Dios da testimonio de sí misma y se revela en medio del mundo real. *En Jesucristo, la realidad de Dios ha entrado en la realidad del mundo.* El lugar donde recibe respuesta la cuestión acerca de la realidad de Dios así como la que se refiere a la realidad del mundo, está indicado exclusivamente en el nombre: Jesucristo. En este nombre está incluido Dios y el mundo. En él tiene su consistencia (Col 1:16). [...] En Cristo se nos ofrece la posibilidad de llegar a partici-

---

3. *Ibid.*, p. 198.

4. Eberhard Bethge, *Dietrich Bonhoeffer. Teólogo-Cristiano-Hombre actual,* trad. Ambrosio Berasain, Bilbao: Desclée de Brouwer, 1970, p. 1168.

5. *Ibid.* La cita corresponde a I. Kant, *Was ist Aufklärung?* (¿Qué es la Ilustración?), 1784. Introducción. Versión en castellano: Immanuel Kant, ¿Qué es la Ilustración?, trad. Eduardo García Belsunce y Sandra Girón, Buenos Aires: Prometeo Libros, 2010.

par simultáneamente en la realidad de Dios y en la realidad del mundo; la una no se da sin la otra. La realidad de Dios no se abre si no es instalándome totalmente en la realidad del mundo, pero a la vez me encuentro con la realidad del mundo llevada y reconciliada en la realidad de Dios.[6]

Hay dos realidades que convergen en el hecho de Jesucristo: la realidad de Dios, que ya no es motor inmóvil o idea o metafísica, sino un Dios encarnado y el mundo como espacio en el cual Dios se inserta en el Logos hecho carne. En él Dios ha entrado en la realidad del mundo, Dios se hace mundo, se seculariza. Esto puede tener conexión con ideas hegelianas. En efecto, Hegel afirma que "La Encarnación constituye un momento esencial de la religión y tiene que estar presente en la determinación de su objeto".[7] Dice Hans Küng al comentar la idea del filósofo alemán que entiende la encarnación como evolución del Espíritu absoluto:

El Dios revelado es el que se ha hecho hombre visiblemente: el Espíritu "es sabido como conciencia de sí mismo y está inmediatamente manifiesto a esta, pues se identifica con ella: la naturaleza divina es lo mismo que la humana y esa unidad es la que se contempla".[8]

El concepto de encarnación resulta también sumamente fértil para algunas expresiones de la posmodernidad. En particular, Gianni Vattimo considera que "la encarnación de Jesús (la *kênōsis,* el rebajarse de Dios) es, en sí misma, ante todo, un hecho arquetípico de secularización".[9]

Hemos visto que, para Bonheffer, una teología de la realidad debe partir de la realidad de Dios que se inserta en la realidad del mundo a partir de la encarnación de Jesucristo: el Logos hecho carne, según la escandalosa expresión del cuarto Evangelio (Juan 1:14).[10] En otros términos, en Jesucristo confluyen la realidad de

---

6. Dietrich Bonhoeffer, *Ética,* trad. Lluís Duch, Madrid: Trotta, 2000, p. 47.

7. G. W. F. Hegel, *El concepto de religión,* trad. Arsenio Ginzo, México: Fondo de Cultura Económica, 1981, p. 272.

8. Hans Küng, *La encarnación de Dios. Introducción al pensamiento de Hegel como prolegómenos para una cristología futura,* trad. Rufino Gimeno, Barcelona: Herder, 1974, p. 288. Para una reflexión sobre las implicaciones de la encarnación véase Alberto F. Roldán, "El carácter ambivalente de los conceptos de carne y carnalidad en la teología cristiana", *Enfoques,* Año XXII, Nro. 1, Otoño de 2010, pp. 53-69.

9. Gianni Vattimo, *Después de la cristiandad. Por un cristianismo no religioso,* trad. Carmen Revilla, Buenos Aires: Paidós, 2003, p. 85. Cursivas originales.

10. Para un abordaje fenomenológico de la encarnación véase, Michel Henry, *Encarnación. Una filosofía de la carne,* trad. Javier Teira, Gorka Fernández y Roberto Ranz, Salamanca: Sígueme, 2000 y Alberto F. Roldán, "La encarnación del Logos según la feno-

Dios y la realidad del mundo, espacio en que ese Dios actúa mediante Jesucristo. Veamos ahora, en qué sentido una teología de la realidad debe contemplar la realidad de la Iglesia.

3. La mundanidad de la Iglesia: más allá de Kant y de Hegel

Hay dos textos fundamentales para indagar en qué sentido para Bonhoeffer la Iglesia debe optar por la mundanidad: su tesis *Sociología de la Iglesia* y *Creer y vivir*. La primera obra, es la tesis doctoral de Bonhoeffer que realiza bajo la supervisión de Reinhold Seeberg cuando tenía 21 años de edad. Dentro de las eclesiologías sistemáticas importantes de los teólogos del siglo XX es la primera que aborda la Iglesia como fenómeno histórico-empírico-social. Para Bonhoeffer la relación de Cristo con la Iglesia es tan inextricable que afirma rotundamente: "la Iglesia es Cristo existente como asamblea".[11]

Al referirse a la forma empírica de la Iglesia, una vez más se percibe la influencia hegeliana y, particularmente lo que denomina "El espíritu objetivo de la comunidad y el Espíritu Santo", dice:

> *La Iglesia de Jesucristo actualizada por medio del Espíritu Santo es Iglesia, realmente presente.* La comunidad de los santos a que nos referimos está "en medio de nosotros". En esta frase surge el problema de la Iglesia empírica en la doble pregunta por la "historia y la comunidad de los santos" y por la *communio peccatorum* dentro de la *sanctorum communio.*[12]

Para Bonhoeffer, hay dos modos de ver la Iglesia: como una figura sociológica-empírica, en otras palabras, la Iglesia como pecado sin más o, siguiendo a Kant, la Iglesia como un "irreal-ideal del futuro o de lo inalcanzable".[13] Tomando distancia de Kant, argumenta que para el filósofo de Königsberg, aunque se refiere al "mal radical"[14], el concepto de Lutero expresado en *iustus peccator*, es extraño a su pensamiento. En cuanto a Hegel, si bien se percibe también su influencia del filósofo, Bonhoeffer también señala su limitación ya que la teoría de Hegel no es operativa

menología de Michel Henry: de la gnosis a la archignosis", *Enfoques,* Universidad Adventista del Plata, enero-junio 1919, Vol. XXXI, Nro. 1, pp. 47-68. Reproducido en este libro.

11. Dietrich Bonhoeffer, *Sociología de la Iglesia. Sanctorum Communio,* 2ª. Edición, trad. A. Sáenz y N. Fernández Marcos, Salamanca: Sígueme, 1980, p. 160.

12. *Ibid.,* pp. 157-158. Cursivas originales.

13. *Ibid.,* p. 160.

14. Para un análisis del concepto de "mal radical" en Kant, véase Alberto F. Roldán, "El concepto kantiano del Reino de Dios en *La religión dentro de los límites de la mera razón",* en *Atenas y Jerusalén. Filosofía y teología en la mediación hermenéutica,* Lima: Ediciones Puma, 2015, pp. 41-50.

porque, argumenta: "El espíritu absoluto no penetra sencillamente en los espíritus subjetivos reuniéndolos en el objetivo; más bien: la Iglesia cristiana es Iglesia de la palabra, es decir, de la fe".[15] Y es precisamente en la palabra donde Bonhoeffer encuentra el mayor escollo para la concreción del monismo idealista del espíritu. El teólogo luterano toma distancia de todo idealismo ya que la Iglesia debe luchar siempre con los dos obstáculos que atentan contra ella: la imperfección humana y el pecado. Por lo tanto, ella debe ser considerada no como la concreción final del Espíritu –ya que no siempre actúa bajo sus impulsos– sino una comunidad *viatorum,* una realidad empírica en la historia con todas sus falencias y debilidades.

En *Creer y vivir,* donde Bonhoeffer ofrece los conceptos acaso más claros y rotundos acerca de la mundanidad de la Iglesia como realidad empírica en el mundo. Dice:

> La mundanidad de la iglesia resulta de la encarnación de Cristo. La iglesia, como Cristo, se ha hecho mundo. Tomar a la iglesia concreta solo como iglesia aparente es renegar de la verdadera humanidad de Jesús y, por tanto, es herético.[16]

Aclara luego qué significa "mundanidad". Dice: "Mundanidad significa renuncia al ideal de la pureza. Lo cual no tiene nada que ver con la secularización. La iglesia, como mundana que es, no ha sido nunca pura, desde su origen".[17]

En síntesis: para Bonhoeffer la mundanidad de la Iglesia consiste en la encarnación concreta de Cristo ya que la Iglesia es Cristo mismo tomando forma en la comunidad. Esa mundanidad se patentiza en dos hechos: su imperfección humana y su pecaminosidad. Si bien sus ideas se nutren de las filosofías de Kant y de Hegel, no se trata de una adopción acrítica de sus ideas ya que, en cuanto a Kant, cuestiona su irreal-idealismo que, si bien toma en cuenta el "mal radical" no adopta el concepto de *simul iustus et peccator* y, en cuanto a Hegel, no considera que el Espíritu absoluto se concretice en una Iglesia que todavía sigue siendo imperfecta y pecadora.

Conclusión

Según lo expuesto, y tal como lo afirma Andrés Dumas: "La teología de Bonhoeffer es una teología de la realidad".[18] Ese modelo de teología es estructurado a partir

15. *Sociología de la Iglesia,* pp. 160-161.

16. Dietrich Bonhoeffer, *Creer y vivir,* trad. Miguel A. Carrasco, Ana M. Agud y C. Vigil, Salamanca: Sígueme, 1974, p. 81.

17. *Ibid.*

18. Andrés Dumas, *Op. cit.,* p. 43.

de dos ejes principales: la realidad de Cristo en el mundo y la realidad de la Iglesia en su carácter empírico e histórico. La unidad entre ambos es tan inextricable que, a fin de cuentas, la Iglesia es Cristo tomando forma en la comunidad llamada Iglesia con todas sus limitaciones y debilidades. El rastreo de fuentes en Bonhoeffer muestra su inspiración en Kant y en Hegel. De Kant hereda sobre todo la idea de que el mundo ha llegado a una mayoría de edad y exige un nuevo lenguaje para hablar de Dios secular o mundanamente; de Hegel adopta la terminología del Espíritu absoluto, pero cuestiona la posibilidad de que el mismo pueda penetrar en los espíritus subjetivos reuniéndolos en ese objetivo ya que la *sanctorum comunio* sigue viviendo como *pecatorum communio*. En el final de su vida y, desde la cárcel de Tegel, Bonhoeffer insinúa la necesidad de hablar "mundanamente" de Dios, prescindiendo de las clásicas fórmulas metafísicas y trascendentes ya que su encarnación implica que Dios se hace mundo en Cristo y su Iglesia es fundamentalmente Cristo mismo viviendo en una comunidad en el mundo. Ese *insight* se constituirá a su vez en el punto de partida de las posteriores teologías del mundo (o teologías políticas) representadas especialmente por Johann Baptist Metz[19] y Jürgen Moltmann.[20] La teología de la realidad, para Bonhoeffer, se concreta en la encarnación de Cristo y en la mundanidad de la Iglesia.

---

19. Véanse especialmente Johann Baptist Metz, *Dios y tiempo. Nueva teología política,* trad. Daniel Romero Álvarez, Madrid: Trotta, 2002 y *Teología del mundo,* Salamanca: Sígueme, 1991.

20. Ver especialmente Jürgen Moltmann, *El Dios crucificado,* trad. Severiano Talavero Tovar, Salamanca: Sígueme, 1973.

VIII

El Reino de Dios y el fin de la historia

...aun cuando consideremos la historia como el ara ante la cual han sido sacrificadas la dicha de los pueblos, la sabiduría de los Estados y la virtud de los individuos, siempre surge al pensamiento necesariamente la pregunta: *¿a quién, a qué fin último* ha sido ofrecido este enorme sacrificio?[1]

Georg W. Friedrich Hegel

1. Georg W. Friedrich Hegel, *Lecciones sobre la filosofía de la historia universal*, Madrid: Alianza Editorial, 1997, p. 80. Cursivas originales. El propio Hegel culmina su *Filosofía de la historia,* reconociendo que es un largo proceso un efectivo "devenir del espíritu, sobre el espectáculo cambiante de las historias, constituyendo una verdadera teodicea, vale decir, la justificación de Dios en la historia. Únicamente esta visión puede reconciliar el espíritu con la historia del mundo y su efectiva realidad. Pues todo lo que ha sucedido y todo lo que sucede cada día, es en el fondo expresión y obra de la voluntad divina". Hegel, *Filosofía de la historia,* trad. Emanuel Suda: Buenos Aires: Editorial Claridad, 2008, p. 391. Hegel ha fascinado tanto a filósofos como a teólogos. El propio Tillich cita profusamente a Hegel en su teología sistemática, ponderando al filósofo de Jena por su imponente sistema, su dialéctica y su célebre afirmación: "La filosofía es 'servicio a Dios', es una reflexión que al mismo tiempo es vida y gozo en la 'verdad absoluta' (Hegel)". Paul Tillich, *Teología sistemática,* Volumen I, trad. Damián Sánchez Bustamante Páez, Barcelona: Ediciones Ariel, 1972, p. 101. Torres Queiruga cita también los casos de Pannenberg y de Barth. Este último, aunque era crítico de Hegel, preguntaba incisivamente: "¿Es un milagro que Hegel haya hecho ante todo escuela entre los teólogos? Aquí parece florecer una primavera teológica como nunca había florecido todavía". Karl Barth, *Der Gott der Geschichete. Der trinitarische Gott un die Wahrheit der Geschichte,* en *Grunfragen systematischer Theologie II, Gotinga,* 1980, p. 336, cit. por Andrés Torres Queiruga, *La revelación de Dios en la realización del hombre,* p. 97. De todos modos, como aclara bien el especialista argentino Rubén Dri, en Hegel "ya no hay una filosofía como *ancilla theologiae* o una *theologia ancilla philosophiae.* Ambos son momentos de la totalidad". Rubén Dri, La *fenomenología del espíritu* de Hegel. Perspectiva latinoamericana, Racionalidad, sujeto y poder, tomo 6, Buenos Aires: Biblos, 2002, p. 200. Cursivas originales. Para un análisis de la perspectiva hegeliana de la historia, véase Karl Löwith, *Historia del mundo y salvación. Los presupuestos teológicos de la filosofía de la historia,* trad. Norberto Espinosa: Katz editores, 2007, pp. 71-79.

Las victorias fragmentarias del Reino de Dios en la historia apuntan a su verdadero carácter de un lado no fragmentario del Reino de Dios "por encima" de la historia. Pero aún "por encima" de la historia, el Reino de Dios está relacionado con la historia; es el "fin" de la historia.[2]

Paul Tillich

1. El fin de la historia

El fin de la historia ha sido tema desarrollado desde la óptica cristiana por Georg W. Friedrich Hegel, quien entendía que ella era el escenario de una teodicea. Más recientemente, desde una perspectiva diferente, el filósofo americano de origen nipón, Francis Fukuyama, también se refirió al "fin de la historia" tomando en consideración la crisis del llamado "socialismo real" con la desaparición de la URSS y la caída del muro de Berlín, al modo de metáforas visuales. En el ámbito teológico, la historia ha sido analizada en relación al Reino de Dios, particularmente, desde la teología latinoamericana. En efecto, teólogos como José Míguez Bonino, Emilio Castro y Jon Sobrino, entre otros, han reflexionado sobre la vinculación entre Reino e historia.[3] Pero no es muy frecuente encontrar trabajos profundos sobre el "fin de la historia". En el presente capítulo, nos referimos al planteo que desarrolla Paul Tillich sobre el fin de la historia y el Reino de Dios. Tillich fue un destacado teólogo y filósofo luterano alemán, vinculado a la Escuela de Frankfurt, donde desarrolló una genuina amistad con pensadores de ese espacio, tales como Theodor Adorno[4] y Max Horkheimer. Tillich fue el director de la tesis de habilitación de Adorno que abordó la filosofía de Sören Kierkegaard. Por su parte Horkheimer admite en varios de sus textos la influencia que el pensador luterano ejerció en su modo de reinterpretar los símbolos religiosos.[5]

---

2. Paul Tillich, *Systematic Theology,* vol. III, *Life and the Spirit History and the Kingdom of God,* Chicago: The University of Chicago Press, 1963, p. 394. En un trabajo anterior ya nos hemos referido a la escatología de Tillich tomando como base los volúmenes I y II de su teología sistemática. Véase Alberto F. Roldán, *Escatología. Una visión integral desde América Latina,* Buenos Aires: Kairós, 2002, pp. 34-36. Aquí, tomando en consideración el volumen III, encaramos de modo más específico el modo en que el teólogo luterano expone lo que entiende por "fin de la historia" en relación al Reino de Dios.

3. Para un análisis de esas perspectivas véase Alberto F. Roldán, *Reino, política y misión,* Lima: Puma, 2011, pp. 49-73 y Alberto F. Roldán y David A. Roldán, *José Míguez Bonino: una teología encarnada,* Buenos Aires: Sagepe, 2013.

4. Esa tesis de habilitación fue terminada por Theodor Adorno en 1931. Versión en castellano: *Kierkegaard: la construcción de lo estético,* Caracas: Monte Ávila editores, 1969.

5. Véase Max Horkeimer, "Última huella de teología. En memoria de Paul Tillich" y "Recordando a Paul Tillich" en *Anhelo de justicia. Teoría crítica y religión,* Juan José Sánchez (editor),

Paul Johannes Tillich nació en Brandeburgo el 20 de agosto de 1886. Murió en Chicago el 22 de octubre de 1965.[6] Las preguntas que orientan nuestra reflexión son las siguientes: ¿Qué significa el fin de la historia para el teólogo luterano? ¿Qué significa "fin" en su planteo? ¿Cómo se vincula el Reino de Dios con la historia y con su final? ¿Cómo reinterpreta Tillich el Reino de Dios en vinculación con la historia? Finalmente, ¿en qué sentido el fin de la historia implica la conquista de las ambigüedades de la vida?

Procederemos del modo siguiente: En la primera parte, definiremos lo que Tillich entiende por "significado de la historia", "el Reino de Dios" y el *fin* de la historia". En la segunda, exponemos lo que Tillich entiende por escatología, las catástrofes y la elevación de lo temporal a lo eterno. En la tercera sección, mostramos lo que Tillich entiende por "fin de la historia" en tanto juicio último y la conquista de las ambigüedades de la vida. Finalizamos con un resumen de los contenidos y una breve evaluación de los mismos señalando la importancia del planteo de Tillich, sus posibles fuentes de las que abrevó para desarrollar su pensamiento y la importancia actual del tema para la praxis cristiana hoy.

2. Conceptos de "historia", "Reino de Dios" y "fin"

Tillich reflexiona sobre las relaciones entre historia y Reino de Dios. Afirma que toda leyenda, crónica o informe de eventos del pasado contiene "historia interpretada".[7] No se trata de algo así como "una historia pura" sino que es resultado o consecuencia de la vinculación sujeto-objeto que tiene el carácter de la historia. Implica selección de hechos, teorías, grupos, fenómenos filosóficos, políticos y sociales desde los cuales se intenta encontrar el significado de la existencia en general. El problema puede ser planteado en las siguientes preguntas: "¿Cuál es el significado de la historia para el sentido de la existencia en general? ¿En qué sentido la historia influye en nuestro último interés? [...] ¿Cómo es posible responder a

---

Madrid: Trotta, 2000, pp. 89-96 y 147-152. Para un análisis de las vinculaciones entre filosofía y teología en Tillich véase Alberto F. Roldán, "Las relaciones entre la filosofía y la teología en Paul Tillich y Wolfhart Pannenberg" en *Atenas y Jerusalén en diálogo: filosofía y teología en la mediación hermenéutica*, Lima: Puma, 2015.

6. Para un resumen de la vida y trayectoria de Tillich véase Alfonso Garrido Sanz, *La Iglesia en el pensamiento de Paul Tillich*, Salamanca: Sígueme, 1979, pp. 15-51.

7. Paul Tillich, *Systematic Theology, vol. III*, p. 348. Según Enio R. Muller, el interés de Tillich por la historia se evidencia en que su primer libro publicado en su primera etapa de radicación en Estados Unidos fue justamente una serie de ensayos traducidos y reelaborados para introducir su pensamiento a sus nuevos lectores que tenía como título: *La interpretación de la historia*. Enio Ronald Mueller, "O sistema teológico" en Enio R. Mueller, Robert W. Beims (Orgs.), *Fronteiras e interfaces. O pensamento de Paul Tillich em perspectiva interdisciplinar*, São Leopoldo: Sinodal, 2005, p. 93.

la cuestión del significado de la historia?[8] Sugiere, entonces, que solo un pleno involucramiento en la acción histórica puede ser la base para una interpretación de ella. En otras palabras, la praxis histórica es la clave para comprender la historia. Reconoce que cada grupo histórico ha reflejado su propio punto de vista sobre la clave para entender la historia. Así fue con Aristóteles, que en su *Política* ve el contraste entre los griegos y los bárbaros como la clave para la interpretación de la historia. En la perspectiva del judaísmo, la perspectiva profética marca el establecimiento del reinado de Jahvé sobre las naciones como la clave interpretativa de la historia.[9] Para Tillich, es el cristianismo el que luego va a ofrecer la mejor respuesta a esta cuestión. Explica: "En la conciencia vocacional cristiana, la historia está afirmada en modo tal que los problemas implicados en la ambigüedad de la vida bajo la dimensión de la historia, son respondidos mediante el símbolo 'Reino de Dios'".[10] ¿Qué es el Reino de Dios? Tillich define que "'Reino' incluye la vida en todos sus ámbitos, o que cada cosa que participa en el esfuerzo hacia el objetivo interior de la historia; el cumplimiento o su última sublimación".[11] Para Tillich, el Reino de Dios abarca todas las realidades creadas y es, a su vez, la clave que interpreta el significado último de la historia que marcha hacia su culminación.

Luego de analizar lo que Tillich entiende por "historia" y por "Reino de Dios", pasemos ahora al sentido de su uso de "fin". Tillich reconoce que la palabra *end* en inglés[12] significa tanto "final" como "objetivo" o "meta". En su opinión, se trata de una herramienta excelente para expresar los dos lados del Reino de Dios, tanto lo

---

8. Tillich, *Op. cit.*, p. 349.

9. Karl Löwith compara las perspectivas de los griegos, los judíos y los cristianos sobre la historia y sostiene que los primeros se preguntaban por el *logos* del *kosmos*, nunca por el "Señor de la historia" mientras tanto para los judíos como para los cristianos, la historia era concebida como "historia de la salvación". Karl Löwith, *Op. cit.*, p. 17.

10. Tillich, *Op. cit.*, pp. 349-350. El Reino de Dios, pese a su importancia en las Sagradas Escrituras fue un tema desplazado por el interés en la Iglesia. Afortunadamente, desde fines del siglo XIX y todo el siglo XX, el tema fue recuperado en las consideraciones de la teología, sobre todo protestante, tanto a nivel mundial como latinoamericano. Véanse: Wolfhart Pannenberg, *Teología y reino de Dios*, trad. Antonio Caparrós, Salamanca: Sígueme, 1974; Jürgen Moltmann, *Trinidad y Reino de Dios*, Salamanca: Sígueme, 1983; C. René Padilla (editor), *El Reino de Dios y América Latina*, El Paso: Casa Bautista de Publicaciones, 1975; Alberto F. Roldán, *Reino, política y misión*, Lima: Ediciones Puma, 2011; David A. Roldán, *La dimensión política del Reino*, Buenos Aires: Ediciones Teología y Cultura, 2014.

11. Tillich, *Op. cit.*, p. 450.

12. *Ibid.*, p. 394. Tillich se refiere a la palabra inglesa *end*, porque precisamente esta obra fue escrita en inglés y, como dice en el prefacio, agradece expresamente a Mrs. Elizabeth Boone, que le ayudó para mejorar su estilo de inglés, evitando los germanismos. Para Hegel, la razón en su relación con el universo plantea la pregunta "acerca de cuál es el *fin final del mundo*". Georg W. Friedrich Hegel, 3ra. Edición, *Filosofía de la historia*, trad. Emanuel Suda, Buenos Aires: Claridad, 2008, p. 21.

trascendente como lo internamente histórico. Tanto el desarrollo del cosmos como la historia humana en la tierra y la tierra misma, pertenecen a un fin venidero.

Pero "fin" también significa meta, la cual en latín *finis* y en el griego *telos* designan como el proceso temporal hacia el cual el proceso apunta como su meta. El primer significado de "fin" tiene significado teológico solo porque desmitologiza el simbolismo dramático-trascendente que concierne al fin del tiempo histórico, como dado, por ejemplo, en la literatura apocalíptica y en algunas ideas bíblicas. Pero el fin de la posibilidad biológica o física de la historia no es el fin de la historia en el segundo sentido de la palabra.[13]

Teniendo en cuenta estas precisiones, para Tillich el fin de la historia no es un momento dentro de un desarrollo histórico del universo sino que "trasciende todos los momentos del proceso temporal; es el fin del tiempo mismo, es la eternidad".[14]

Hablar del fin de la historia es otro modo de referirse a la escatología. En este sentido, Tillich se inserta plenamente en la tradición judeocristiana de un concepto lineal de la historia y no cíclico como los griegos. La escatología refiere a la "doctrina de lo último", de "las últimas cosas" que en griego es: *ta eschata*. Tillich menciona toda la amplia imaginería que se ha desarrollado en la historia de modo poético y dramático y que se inspiraron, de alguna manera, en la literatura apocalíptica referida al último juicio, los cielos y el infierno. Pero se pregunta: ¿Cuál es el significado teológico de toda esta imaginería? Y responde:

El problema teológico de la escatología no está constituido por las muchas cosas que sucederán sino por la única "cosa" que no es una cosa sino que es la simbólica expresión de la relación de lo temporal a lo eterno. Más específicamente, simboliza la "transición" de lo temporal a lo eterno, y esta es una metáfora similar a la transición de lo eterno a lo temporal en la doctrina de la creación, de la esencia a la existencia en la doctrina de la caída, y de la existencia a la esencia en la doctrina de la salvación.[15]

Se observa el esfuerzo de Tillich por enfatizar el punto final de la historia: el *escatón*. Entiende que ese punto es una expresión simbólica pero, a su vez, implica la relación o el paso de lo temporal a lo eterno pero, dialécticamente, también es el punto de transición de lo eterno a lo temporal (doctrina de la creación), también de la esencia a la existencia (doctrina de la caída) y, finalmente, de la existencia a

---

13. *Ibid.* Cursivas originales. Traducción propia del original inglés como en todo el resto del artículo.

14. *Ibid.*

15. *Ibid.*, p. 395.

la esencia (doctrina de la salvación). El siguiente esquema grafica las vinculaciones que Tillich hace desde el *escatón:*

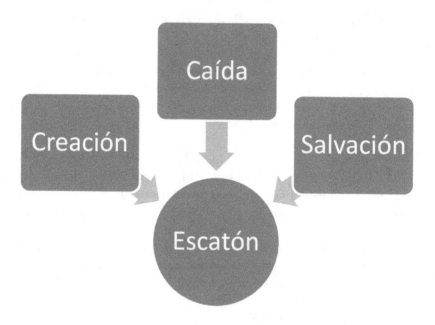

Luego, Tillich reflexiona sobre el *escatón* en su relación con el tiempo. Puede estar lejos o cerca en cuanto a tiempo y espacio pero el *escatón* implica que en cada momento encaramos lo eterno, aunque en un modo particular de tiempo.[16]

Luego de definir los términos clave: "historia", "Reino de Dios" y "fin" como *escatón,* Tillich desarrolla las siguientes nociones de "fin de la historia": a. como elevación de lo temporal a lo eterno; b. como exposición de lo negativo del "último juicio", c. como conquista final de las ambigüedades de la vida. Desarrollamos ahora estos tres significados.

16. Resulta interesante el énfasis que también le da al *eskatón* Micea Eliade. Aunque distingue entre la visión cíclica y la visión lineal de la historia de la perspectiva griega y del judeocristianismo, respectivamente, no obstante reconoce que subsisten huellas de la antigua doctrina de la regeneración periódica de la historia. "En otros términos, la historia puede ser abolida y por lo consiguiente renovada, en número considerable de veces antes de la realización del *eskaton* final". Mircea Eliade, *El mito del eterno retorno,* trad. Ricardo Anaya, Barcelona: Planeta-Agostini, 1984, p. 119. El autor ilustra su afirmación con el año litúrgico cristiano que evoca la natividad, pasión, muerte y resurrección de Jesús como si fuera una regeneración personal y cósmica que se reactualiza en esos acontecimientos.

3. Tres significados del "fin de la historia"

3.1. Fin de la historia como elevación de lo temporal a lo eterno

Tillich formula una pregunta: "¿Cuál es el contenido de la vida que es llamado eterno o cuál es el contenido del Reino que es gobernado por Dios en su cumplimiento trascendente?".[17] Sostiene que hay tres posibles respuestas: Una, es el rechazo de tal planteo porque no es la forma adecuada para acercarse al misterio de Dios y su gloria. Tillich entiende que la teología debería sobrepasar o superar esa restricción. Una segunda respuesta que procede de la imaginación popular y del sobrenaturalismo teológico. Desde ese ámbito se percibe al Reino como una reduplicación de la vida experimentada dentro de la historia. Todo lo negativo de la vida, en términos de finitud, mal, extrañamiento, son removidos. Para Tillich, se trata de proyecciones de materiales ambiguos de la vida temporal pero no tienen relación directa con la historia.

> La historia es evaluada meramente como un importante elemento de la vida terrena del hombre; es una textura finita dentro de la cual el individuo debe tomar decisiones, relevantes para su propia salvación pero irrelevante para el Reino de Dios que está por encima de la historia. En esta declaración la historia es primariamente humana. Pero desde que hay una dimensión histórica de todos los ámbitos de la vida, todos están incluidos en la declaración, aunque en diferentes grados. La vida universal se mueve hacia un fin y es elevada en la vida eterna, su último y presente fin.[18]

Dentro de ese marco, las iglesias son "instituciones de salvación" pero solo en términos individuales, pero no realizaciones en términos del Nuevo Ser. La tercera forma de respuesta a la pregunta corresponde a la interpretación que Tillich denomina "interpretación dinámico-creativa" o "paradójica" que ve al Reino de Dios de la relación de lo temporal hacia lo eterno. Este enfoque se puede expresar en forma dialéctica. Dice Tillich:

> Lo positivo llega a ser manifiesto como positivo no ambiguamente y lo negativo llega a ser manifiesto como negativo no ambiguamente en la elevación de la historia a lo eterno. La Vida Eterna, entonces, incluye el contenido positivo de la historia, liberada de sus distorsiones negativas y cumplido en sus potencialidades.[19]

---

17. *Systematic Theology,* vol. III, p. 396.
18. *Ibid.,* p. 397.
19. *Ibid.,* pp. 397-398.

Admitiendo el recurso a un lenguaje plenamente simbólico, Tillich dice que cada momento del tiempo contribuye al Reino de Dios. Aun la más pequeña partícula "es significativa para la vida eterna. Y desde que la vida eterna es participación en la vida divina, cada suceso finito es significativo para Dios".[20]

3.2. Fin de la historia como exposición de lo negativo como negativo o el "juicio final"

Una de las condiciones de existencia se patentiza en la ambigüedad de la mixtura entre lo positivo y lo negativo. La elevación de lo positivo de la existencia en vida eterna implica la superación de esa mixtura. Tillich señala que la historia de las religiones está llena de símbolos de esa idea, sea en la perspectiva judía, cristiana o islámica. Siempre aparece la idea de una especie de juicio final. En todos los casos el juicio no está restringido a los individuos sino que se refiere al universo. Apelando al verbo griego *krinein* que significa "separar", Tillich dice que el juicio universal "es un acto de separar lo bueno de lo malo, lo verdadero de lo falso, la aceptación de unos y el rechazo de otros".[21] Pero lo que rechaza Tillich es que ese último juicio significa aniquilación ya que, explica: "desde que no hay nada meramente negativo (lo negativo vive de lo positivo que lo distorsiona), nada que tenga ser puede resultar en último término aniquilado".[22] Tillich se pregunta qué sucede con las cosas que no son humanas en la transición del tiempo a la eternidad. Para responder esa pregunta, piensa que hay que poner en juego todo el sistema de conceptos de la filosofía tales como: ser, no ser, esencia, existencia, finitud, etc., y, por otro lado, símbolos religiosos tales como creación, caída, demoníaco, salvación, ágape, Reino de Dios y así por el estilo. Apela a dos conceptos: el de "eterna memoria" que es retención viviente de la cosa recordada y lo que Schelling denominaba "esencialización" que puede significar dos cosas: a. retorno al estado de mera esencialidad o potencialidad y b. lo nuevo que ha sido actualizado en el tiempo y en el espacio, "produciendo lo más nuevo, el 'Nuevo Ser', no fragmentariamente como en vida temporal, sino plenamente como una contribución al Reino de Dios en su cumplimiento".[23] Aunque Tillich admite que su pensamiento es metafórico, tiene sin embargo la fuerza de dar "un peso infinito a cada decisión y creación en tiempo y espacio y confirma la seriedad de lo que se significa en el símbolo del 'juicio final'".[24]

20. *Ibid.*, p. 398.

21. *Ibid.*, p. 398.

22. *Ibid.*, p. 399.

23. *Ibid.*, p. 401.

24. *Ibid.*

3.3. Fin de la historia como conquista de las ambigüedades de la vida

Tal como expuso en el acápite anterior, Tillich insiste en que la exclusión de lo negativo en el juicio final implica que las ambigüedades de la vida son conquistadas "no solo fragmentariamente como en las victorias del Reino de Dios al interior de la historia, sino totalmente".[25] Partiendo de que la Vida Eterna es una realidad idéntica al Reino de Dios se formula tres preguntas. La primera es: ¿Qué se quiere significar por la no ambigüedad de la propia integración como una característica de la Vida Eterna? Responde que los dos polos de la estructura del ser son individualización y participación. "En la Vida Eterna los dos polos están en perfecto equilibrio. Ellos están unidos de modo que trascienden su contraste polar: la divina centralidad [...]".[26] La segunda pregunta es: ¿Cuál es el significado de la propia creatividad no ambigua como característica de la Vida Eterna? Responde que esto hace referencia a otro par de elementos: dinámica y forma. En la Vida Eterna estos dos polos también están en equilibrio de modo que "la creatividad divina, que incluye la creatividad finita sin hacer de ellos una herramienta técnica en sí misma. El sí mismo en la propia creatividad está preservado en la plenitud del Reino de Dios".[27] Finalmente, la tercera pregunta es: ¿Cuál es el significado de la no ambigüedad de la propia trascendencia como característica de la Vida Eterna? Responde que aquí se trata de otro par de polos opuestos: libertad y destino. Ambos polos son trascendidos en la libertad divina. Es el poder de esa libertad que hace posible que cada ser finito vaya más allá de sí mismo hacia el cumplimiento de su destino en la unidad de los dos polos: libertad y destino.

Esta visión tillichiana podría graficarse del siguiente modo:

---

25. *Ibid*. Según Mueller, el análisis que Tillich hace de las ambigüedades de la historia le conduce a la pregunta por el sentido de la misma y en su revisión, distingue interpretaciones no históricas: la trágica, la mística y la mecanicista y, por otro lado, respuestas positivas pero inadecuadas como son el progresismo –tanto evolucionista como utópico– y el tipo trascendental de la historia. Enio Ronald Mueller, *Op. cit.*, p. 93.

26. Tillich, *Op. cit.*, p. 401.

27. *Ibid.*, p. 402.

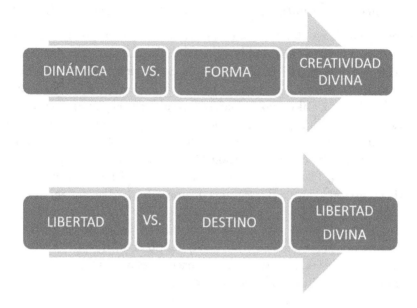

En otras palabras: los opuestos se reconcilian en Dios como Aquel en quien todo se centra, es artífice de toda creatividad y ejerce la libertad absoluta.

A partir de ese planteo, Tillich dice que es importante tratar separadamente "esas tres funciones del espíritu en su relación a la Vida Eterna".[28] Esta Vida Eterna significa el fin de la moralidad, la cultura y la religión. ¿En qué sentido la Vida Eterna es el fin de la moralidad? Explica que la Vida Eterna también se podría denominar "vida de amor universal y perfecto". Y esto es así: "Porque el amor hace lo que la ley demanda antes de que sea demandado. [...] La Vida Eterna es el fin de la moralidad porque lo que la moralidad demanda es cumplido en él".[29]

La Vida Eterna es también el fin de la cultura. La cultura es "la propia creatividad de la vida bajo la dimensión del espíritu, y está dividida en *theoría*, en la cual la realidad es recibida, y *praxis*, en la cual la realidad es formada".[30] Para Tillich, la creatividad espiritual llega a ser "creatividad del Espíritu" ya que: "La creatividad del espíritu humano en la Vida Eterna es revelación del Espíritu divino, como lo es fragmentariamente ya en la Comunidad Espiritual. La creatividad del hombre y la propia manifestación divina son una en la plenitud del Reino de Dios".[31] Esta equiparación entre "creatividad espiritual" y "creatividad del Espíritu" parece

28. *Ibid.*

29. *Ibid.*

30. *Ibid.*, pp. 402-403. Cursivas originales.

31. *Ibid.*, p. 403.

muy osada, pero como veremos en las conclusiones, no está lejos de la perspectiva bíblica. Su rechazo acaso se debe a las teologías eclesiocéntricas que reducen todo el propósito de Dios a la Iglesia sin tomar en cuenta la creación como el escenario principal y abarcador de la acción divina.

Finalmente, el fin de la historia implica también el fin de la religión. Tillich apela a las imágenes del Apocalipsis, donde la Nueva Jerusalén carece de templo ya que Dios mismo mora en ella. "La religión es la consecuencia del extrañamiento del hombre del fundamento de su ser y su intento de retorno a él".[32] Ese retorno se realiza en la Vida Eterna donde Dios es todo en todo. Por eso, la Vida Eterna es el fin de la religión y en ella, la brecha entre lo secular y lo religioso es finalmente superada.

Hasta aquí, la exposición comentada de las tres características del "fin de la historia" en el planteo de Paul Tillich. Ahora, pasamos a una sección acaso especulativa, donde nos preguntamos cuáles fueron las posibles fuentes donde se nutrió Tillich para elaborar esta escatología cuyo centro y meta es el Reino de Dios.

4. Posibles fuentes donde abreva Tillich para su visión del Reino y el fin de la historia.

Toda la exposición de Tillich sobre la historia parece reflejar la perspectiva hegeliana. Así lo admite, aunque no lo suscriba, John D. Caputo cuando afirma:

> La teoría que Tillich expone en todo su discurso acerca del carácter simbólico de nuestro lenguaje sobre Dios –como la de Gadamer y Vattimo– se sitúa en un punto de vista hegeliano de la historia como transcripción, transmisión y traducción de un espíritu más poderoso y sagrado.[33]

Este rasgo hegeliano en el planteo de Tillich es real, a pesar de que el teólogo luterano, al referirse a la relación entre filosofía y destino, considere críticamente el enfoque de Hegel que expone los procesos de pensamiento como idénticos a la autoconsciencia divina, lo cual juzga como "el orgullo que anuncia la caída como se puede comprobar más notablemente en el colapso del sistema absoluto

---

32. *Ibid.*

33. John D. Caputo, "Hermenéutica espectral" en Gianni Vattimo-John D. Caputo, *Después de la muerte de Dios. Conversaciones sobre religión, política y cultura,* trad. Antonio José Antón, Buenos Aires: Paidós, 2010, p. 132. Aunque la filosofía de corte posmoderno elaborada por John Caputo resulte interesante –vinculada a la deconstrucción propuesta por Jacques Derrida– su tendencia hacia lo "espectral": "lo que ocurre en el evento", tiende a un desplazamiento de la importancia de la historia como escenario de la acción de Dios.

de Hegel".[34] En una crítica más elaborada, Karl Löwith afirma que "Hegel no fue consciente de la profunda ambigüedad de su grandioso proyecto de convertir la teología en filosofía y de realizar el reino de Dios en la historia del mundo".[35] Löwith argumenta que un siglo después de Hegel, mostrarían con facilidad los límites de su visión de la historia con algunas de sus raras aplicaciones como fueron la monarquía prusiana y el protestantismo liberal. Toda su visión del mundo era realizada desde un Occidente cristiano, espacio donde la vieja Europa, América y Rusia quedaban fuera de su consideración, además de no haber previsto los efectos de la ciencia y la técnica en la unificación del mundo histórico. De una manera todavía más enérgica, Reinhold Niebuhr al evaluar el planteo hegeliano de la historia, indica que él construyó el drama de la historia desde una perspectiva que ofrece una unidad irreal fundamentándose más en una necesidad natural antes que en la libertad, por "lo cual falsificó detalles históricos para establecer la idea de unidad histórica que arribó a un clímax absurdo en la civilización europea de hoy en día".[36] Esta última nota crítica debe entenderse a la luz del momento histórico en que fue realizada: el fin de la Segunda Guerra Mundial. En efecto, el propio autor indica en el prefacio de la obra, su contenido fue primeramente ofrecido en las *Lyman Beecher Lectures on Preaching at the Yale Divinity School* en 1945. Hasta qué punto Tillich se identifica con la visión hegeliana de la historia constituye un tema que evade a los límites del presente trabajo, pero lo que pareciera quedar demostrado es que esa visión refleja la influencia de Hegel sobre ese final de la historia en la cual la providencia divina juega el rol decisivo.

Desde la teología bíblica, la insistencia de Tillich en identificar el Reino de Dios con la nueva vida es perfectamente legítima. Como dicen Mateos y Barreto al comentar el famoso pasaje de Juan 3 que relata el diálogo entre Jesús y Nicodemo: "la vida viene 'de arriba', de un nuevo nacimiento. Tal es la condición para

---

34. Paul Tillich, "Filosofía y destino", capítulo 1 de *La era protestante,* trad. Matilde Herne, supervisión de Marshall T. Meyer, Buenos Aires: Paidós, 1965, pp. 40, 41. También Jacob Taubes advierte los vínculos y semejanzas entre la filosofía de Hegel y la teología de Tillich. El filósofo judío entiende que ambos pensadores utilizan la dialéctica en sus planteos. Tillich interpreta la reflexión teológica como una comprensión progresiva que implica la reunificación de las contradicciones. Explica: "porque es al mismo tiempo un método de la oposición (*dia*-léctica) y un método de la reconciliación (dia-*lectica*). La dialéctica de la mediación (Hegel, Tillich) considera el desarrollo de la teología solo como un camino de progresiva iluminación e ilustración". Jacob Taubes, *Del culto a la cultura. Elementos para una crítica de la razón histórica,* trad. Silvia Villegas, Buenos Aires: Katz editores, 2007, p. 257. Cursivas originales.

35. Karl Löwith, *Op. cit.,* p. 78.

36. Reinhold Niebuhr, *Faith and History. A comparison of Christian and Modern views of History,* Nueva York: Charles Scribner's Sons, 1949, p. 108. Para una evaluación de la perspectiva de Reinhold Niebuhr en esa obra, véase Víctor Massuh, *Sentido y fin de la historia en el pensamiento religioso actual,* tercera edición, Buenos Aires: Eudeba, 1977, pp. 69-97.

percibir el reinado de Dios; quien no haya nacido de nuevo, recibiendo una vida diferente que tiene su origen en lo alto, no puede figurarse siquiera lo que es".[37] En síntesis: de un modo implícito, Tillich vincula al Reino de Dios como sinónimo de Vida Eterna, a partir del cuarto evangelio que, mientras cita muy pocas veces el Reino de Dios, insiste en el concepto de Vida Eterna como sinónimo del mismo.

5. Importancia del tema para la praxis cristiana en el mundo

A la luz de la exposición sobre la teología de Tillich en relación al Reino de Dios y el fin de la historia es posible extraer cinco aspectos que son relevantes para la praxis cristiana en el presente del mundo.

5.1 Debemos destacar la notable habilidad de Tillich por relacionar historia, Reino de Dios y *escatón*. No son términos o conceptos aislados, sino que están plenamente vinculados entre sí, mostrando la centralidad del Reino de Dios como el eje a partir del cual se entiende el fin de la historia como "último momento", concepción que es heredera del judaísmo y, por ende, del cristianismo.

5.2 En segundo lugar, Tillich reconoce que no hay "historia pura" sino que todo está mediado por la interpretación. Es, en suma: historia interpretada donde lo objetivo se relaciona con lo subjetivo. En historia, siempre hay una selección de hechos que son sometidos a interpretaciones. Quizás de un modo más extremo, decía Nietzsche que "no hay hecho, sino interpretaciones". Tillich no llega a esa osada afirmación, hoy redimensionada en las hermenéuticas posmodernas de Gianni Vattimo y John D. Caputo, pero de todos modos Tillich destaca el carácter insoslayable de la interpretación de la historia. No son hechos puros, sino interpretados.

5.3 El realismo de Tillich se percibe con nitidez cuando admite las "ambigüedades de la historia". Es de destacar a teólogos latinoamericanos que expresan la misma perspectiva de Tillich sobre la historia al admitir su carácter contradictorio y ambiguo. Como hemos analizado en otro texto, tanto José Míguez Bonino como Emilio Castro coinciden con esa perspectiva, al reconocer el carácter polémico de la acción de Dios y los aspectos contradictorios de la historia humana y única en la que Él actúa.[38] Esta visión realista de la historia, contrasta con muchas de las expresiones del *evangelicalismo* y del fundamentalismo, campos religiosos donde no hay distinción de planos. Se confunde la plenitud del Reino como una realidad tangible hoy. En términos de Kant, diríamos que no distinguen entre lo *fenoménico* y lo *noumenal*. Esa tendencia, se percibe con suficiente nitidez en expresiones tales como: "La Iglesia está reinando", "vamos hacia la conquista",

---

37. Juan Mateos-Juan Barreto, *El Evangelio de Juan. Análisis lingüístico y comentario exegético*, 2da. Edición, Madrid: Cristiandad, 1982, p. 187.

38. Véase Alberto F. Roldán, *Reino, política y misión*, Lima: Ediciones Puma, 2011, pp. 58-73.

"somos cabeza y no cola" que, además de estar atravesadas por ideas imperialistas antes que democráticas, desconocen las otras mediaciones del Reino en la historia. En otras palabras, tales discursos no admiten el carácter ambiguo, paradójico y conflictivo de la historia, sino que se traslada el "más allá" al plano del "más acá" o sea: el "aquí y ahora" sin mediaciones y sin el reconocimiento de que ese aquí y ahora es fragmentario y ambiguo. Por tal razón, no resulta fácil reconocer la acción de Dios en la historia como para que podamos afirmar: "aquí está actuando Dios" o "allí está actuando el diablo", etiquetas que sí son fáciles de colocar cuando se asume una posición de infalibilidad o acaso de maniqueísmo formal o informal.

5.4 Para Tillich, el símbolo del Reino de Dios es la clave teológica que nos permite vislumbrar el fin de la historia, lo que da sentido a la historia y la conquista que la Vida Eterna hace de las ambigüedades de la vida en todas sus manifestaciones. Es, en términos filosóficos acaso equivalentes: la conquista de todos los grados del ser, la totalidad que absorbe lo fragmentario y transitorio. Con su visión de amplios alcances, Tillich realiza una doble lectura del fin de la historia: por un lado, es teológica, ya que parte de la afirmación del señorío de Dios en ella y, pone el acento en el *escatón* como el momento final a donde converge la historia. Ese *escatón* es el foco que ilumina las doctrinas de la creación, la caída y la salvación. Por otro lado, su visión es filosófica, ya que afirma que el fin de la historia implica la relación de lo finito con lo Infinito, los entes con el Ser y la afirmación del Nuevo Ser tal como se ha manifestado en la historia en Jesús como el Cristo.

5.5 La teología de Paul Tillich respecto al Reino de Dios y el fin de la historia es una teología que integra todas las dimensiones del ser, entendido como la totalidad de lo real. Ese Reino es, para Tillich, un símbolo que, al decir de Paul Ricoeur "hace pensar" y unifica los sucesos de la historia pequeños o grandes en un punto final que es el *escatón*. Su perspectiva permite unificar todo en el gran acontecimiento final de la historia que permite superar sus contradicciones y ambigüedades. En este sentido, la visión de Tillich es realista y utópica. Esto último, en el sentido de impulsar a la acción por un mundo mejor dentro de las coordenadas espacio/tiempo. Porque, si tomamos como cierto que cada suceso es significativo en la perspectiva del Reino, entonces tal perspectiva es motivadora para la acción de los cristianos en la historia, pese a todas las contradicciones y ambigüedades propias de lo temporal y de lo humano. La teología de Tillich sobre el Reino y el fin de la historia nos permite afirmar que ningún gesto de amor se pierde en el vacío sino que, por el contrario, adquiere dimensión escatológica a la luz del Reino de justicia y paz que ha irrumpido en Jesús de Nazaret.

IX
Adoración y escatología

El culto cristiano es lo más importante, urgente y grandioso que puede darse sobre la tierra.

Karl Barth

La adoración es la celebración dramática de Dios en su dignidad suprema, de manera que su "dignidad" se convierta en la norma e inspiración del vivir humano.
Ralph Martin

La fiesta mesiánica sitúa a la comunidad reunida en el amplio horizonte de la historia trinitaria de Dios con el mundo.

Jürgen Moltmann

La escatología es uno de los campos de la teología sistemática que provocan mayor interés. Todo ser humano vive pensando en el futuro y cómo se resolverá el drama de la historia. ¿Tiene la historia un final determinado o todo es el azar? Hay muchos tratados, artículos y ensayos sobre la escatología, pero pocas veces se la considera en su relación con la adoración. Es necesario comenzar por definir ambos conceptos y, luego, relacionarlos. La adoración hoy se ha recuperado en muchas iglesias y se la ha desarrollado tanto que ahora hay, "ministros de adoración" como un servicio distinguible de otros, destacado y, con rasgos de profesión. Pero ¿qué es adoración y cómo se vincula con la escatología? ¿Qué nos dice la Biblia al respecto, tanto en la perspectiva del Antiguo Testamento como en la del Nuevo? ¿Cuál es la perspectiva de Jürgen Moltmann sobre la escatología en su relación con la adoración? Intentaremos responder estas cuestiones.

1. Adoración y escatología: hacia una definición de ambos conceptos

Tanto el término hebreo *saha* como el griego *proskyneo* denotan la idea de postración en actitud de reverencia ante la divinidad. Hay un sentido amplio y un sentido estrecho de la adoración. En un sentido amplio, la adoración incluye no solo el culto a Dios sino también el propio servicio a Dios. Todos los gestos y momentos del culto y cada ministerio que los cristianos y cristianas realizan, pueden considerarse como manifestaciones o expresiones de la adoración a Dios. Pero en un sentido estrecho, la adoración es veneración a Dios y ella se grafica en el postrarse ante el Señor en contemplación y respetuoso homenaje.

Hay tres términos que se vinculan entre sí pero que no son sinónimos: Liturgia, culto y adoración. Miguel Ángel Darino propone: "que liturgia es aquello con lo cual contamos para ofrecer a Dios un culto aceptable, genuinamente auténtico y que expresa nuestro sometimiento, dependencia y servicio a Él".[1] Ronald Ward aclara que la liturgia va más allá de meros breviarios o formularios, ya que "quiere decir aquello que se dice en el culto público... de la misma manera que ritual significa aquello que se hace en el culto público".[2] La adoración, como decíamos, significa el homenaje y la reverencia que se le rinde a Dios. Por lo tanto, y a modo de síntesis: "Liturgia, culto y adoración son tres términos importantes en relación a la práctica religiosa que, de ser bien comprendidos, enriquecerán nuestra experiencia espiritual".[3]

En muchas iglesias protestantes y, sobre todo evangélicas, ha habido un descuido del tema de la adoración y la liturgia. Tanto es así que, como constata Ralph Martin:

> Falta [d]el establecimiento de una teología sistemática de la adoración. La teología cristiana ha estado ocupada y dando fruto en su obra de la confesión de la fe por la cual vive la iglesia; pero, lo extraño es que hay poca información de logros en cuanto a la "teología de la adoración".[4]

Este descuido por la cuestión de la adoración y la liturgia es todavía más agudo en las iglesias de tradición "neotestamentaria", cuyas teologías no logran vincular adecuadamente el Antiguo con el Nuevo Testamento. Es a esa cuestión a la que apunta la siguiente observación de Orlando Costas cuando decía:

---

1. Miguel Ángel Darino, *La adoración. Análisis y orientación,* Cupertino, USA: DIME, 1992, p. 35.

2. Ronald A. Ward, *Diccionario de la Teología Práctica. Culto,* Grand Rapids: TELL, 1977, p. 3.

3. Darino, *Op. cit.,* p. 42.

4. Ralph P. Martin, *La teología de la adoración,* Miami: Vida, 1982, p. 8.

[...] se hace claramente evidente que, para los autores del Nuevo Testamento, el hecho de que la muerte y resurrección de Cristo abrogó la vieja alianza, no significa esto la abrogación de las celebraciones litúrgicas, o sea, la necesidad de tener un sistema de adoración religiosa. Es que el culto es tan parte del nuevo Israel como lo fue del viejo.[5]

¿Qué es la escatología? Como parte de la teología sistemática, la escatología es aquella sección que se ocupa de "las cosas finales", es decir, los eventos futuros como la parusía de Jesucristo, el juicio final y la consumación del reino de Dios en cielos nuevos y tierra nueva. Pero la escatología es, también y sobre todo, el modo en que se ha construido todo el mensaje del Evangelio. Podemos afirmar que el Nuevo Testamento como un todo está enmarcado en un contexto escatológico. Un texto clave lo prueba: "en estos días finales [Dios] nos ha hablado por medio de su Hijo" (Hb 1:2 *NVI*). Como el futuro es una dimensión del tiempo que solo podemos postular desde lo teórico, ya que el futuro no nos pertenece, entonces los aspectos futuros de la escatología se tornan en terreno fértil para la especulación. Es así como –en los años 1970– se forjaron en Estados Unidos libros de supuesta teología bíblica pero que no eran sino "escatologías de terror". El clásico título de aquellas producciones era *La agonía del gran planeta tierra*, que postulaba que Jesucristo retornaría al mundo en 1988, sumando a 1948 –fecha en que Israel recobra su territorio– 40, decía su autor, porque esa cantidad es la de una generación de acuerdo a la Biblia. Por supuesto, ese vaticinio corrió la misma suerte que otras predicciones. Además, en esas escatologías sensacionalistas, la URSS jugaba un rol importante en el tablero divino, ya que era el gran peligro rojo que viene del Este. Hoy por hoy, el anticristo ya no habla ruso... más bien algún dialecto árabe. En general, las escatologías populares son sensacionalistas y representan una especie de "ciencia ficción". Tanto es así, que aquellos autores norteamericanos que en la Guerra Fría postulaban que la URSS era el anticristo del Apocalipsis, ante el manifiesto fracaso de sus predicciones, optaron por entrar, decididamente, en lo ficcional. Es así como se publican textos tales como: *Dejados atrás, Comando Tribulación, Nicolás* y otros *best sellers*.

Entendemos que más allá de las especulaciones y sensacionalismos, la escatología cristiana muestra que Dios es Señor de la historia y ella tiene un *telos*, es decir, un propósito final. La historia, en la concepción judeocristiana no es una especie de "eterno retorno" sino que tiene un final marcado por Dios. Por eso podemos afirmar que la historia tiene sentido a la luz de la escatología. La pregunta es, ¿de qué modo el Dios de la historia de Israel y de la Iglesia como el nuevo Israel de Dios y su intervención escatológica pueden transformarse o funcionar como

---

5. Orlando Costas, *El culto en su perspectiva teológica*, San José, Costa Rica, Seminario Bíblico Latinoamericano, 1971, p. 3 citado por Darino, *Op. cit.*, p. 37.

fundamentos e incentivos para la adoración de Dios? Para responder esta inquietud, recurriremos a dos pasajes, uno del Antiguo Testamento y otro del Nuevo.

2. Acción de Dios en la historia e intervención escatológica en Isaías 25[6]

La existencia del pueblo de Dios se caracteriza por la alabanza. Tal fue, incuestionablemente, el *leitmotiv* de la liberación de Israel; Faraón debía permitir la salida del pueblo para celebrar fiesta a Yahvé (Éx 5:1). Algo similar debe suceder con su pueblo hoy, la Iglesia, tal como se desprende del poema paulino de Efesios 1: hemos sido bendecidos por Dios "para alabanza de su gloria". El capítulo 25 de Isaías forma parte de un bloque constituido por los capítulos 24 al 27. Dice al respecto Derek Kidner:

> Estos cuatro capítulos denominados con cierta vaguedad "El Apocalipsis de Isaías", hablan de la caída de los enemigos tanto sobrenaturales como terrenales (24:21 s.; 27:1), y de la misma muerte (25:8); contienen (26:19) una de las dos claras promesas del A. T. de la resurrección de los cuerpos.[7]

Notamos que, pese a que Kidner es un tanto remiso para referirse a este bloque de Isaías como "un Apocalipsis", admite que tiene elementos que pueden abonar tal hipótesis, sobre todo la referencia que en estos capítulos se hace de la derrota definitiva de los enemigos del pueblo de Dios, la resurrección y la glorificación. Nos centraremos, exclusivamente en el capítulo 25 para ver cómo la acción de Dios en la historia y su intervención escatológica se convierten en motivos de adoración y alabanza.

El capítulo comienza con la alabanza al Señor fundamentando la misma en las acciones de Dios en la historia:

SEÑOR, tú eres mi Dios; te exaltaré y alabaré tu nombre porque has hecho maravillas. Desde tiempos antiguos tus planes son fieles y seguros. Has convertido la ciudad en un montón de escombros, la ciudad fortificada en una ruina. Ya no es ciudad la ciudadela de extranjeros, nunca más volverá a ser reconstruida. Por eso te glorifica un pueblo poderoso; te teme la ciudad de las naciones crueles. Porque tú has sido, en su angustia, un baluarte para el desvalido, un refugio para el necesitado, un resguardo contra la tormenta, una sombra contra el calor. En cambio, el aliento de los crueles es como una tormenta contra

---

6. Inserto aquí, con sensibles modificaciones, un ensayo mío titulado "La acción de Dios en la historia y su intervención escatológica: fundamentos para la alabanza", *Boletín teológico*, Año 20, Nro. 29, marzo de 1988, pp. 41-47.

7. D. Guthrie, *et. al*, *Nuevo comentario bíblico*, El Paso: CBP, 1981, p. 454.

un muro, como el calor en el desierto. Tú aplacas el tumulto de los extranjeros, como se aplaca el calor bajo la sombra de una nube, y ahogas la alaraca (sic) de los tiranos (vv. 1-5).

El profeta exalta y alaba el nombre de Dios y lo hace en virtud de los hechos maravillosos que Él ha realizado. Y, también, por sus planes fieles y seguros desde tiempos antiguos. Es una mirada al pasado, a la historia como escenario de sus acciones redentoras. Y luego, el profeta alaba al Señor por haber derrotado a los enemigos de su pueblo, ya que la "ciudad" ya no es tal, sino una simple "ciudadela". "Por eso te glorifica un pueblo poderoso". En realidad, Isaías habla de "la ciudad" pero sin identificación específica. De allí que pueda interpretarse como un símbolo de todas las fuerzas opuestas al pueblo de Dios, que son derrotadas definitivamente por el Eterno. El pueblo de Dios glorifica al Señor porque ha sido constituido por el propio Dios, en un pueblo poderoso. Y luego, el autor repasa, a modo de *video tape* las acciones redentoras de Dios. El Señor ha estado presente con su pueblo en su angustia, ha sido baluarte para el desvalido, un refugio para el necesitado, un resguardo contra la tormenta, una sombra contra el calor. Se trata de pleonasmos y de símiles, que tienen como finalidad acentuar la acción salvadora del Dios de Israel.

La acción de Dios en la historia como motivo de inspiración de la alabanza puede ser sintetizada en dos reflexiones: primera, la historia es la manifestación concreta y objetivo del carácter de Dios. Es el escenario donde él dramatiza su poder, misericordia, amor, justicia, sabiduría. En la historia, sus perfecciones se objetivan. Como lo conceptúa von Allmen al referirse al culto cristiano:

El culto resume y confirma, siempre de nuevo, la historia de la salvación que encontró su punto culminante en la intervención de Jesús encarnado, y en este resumen y confirmación repetidos, Cristo continúa su obra salvífica por medio del Espíritu Santo.[8]

En segundo lugar, hay una sola historia en la cual Dios interviene. No hay dualismos en la concepción de Isaías y de los profetas. Dios es Señor de la historia y lleva a cabo en ella sus propósitos. Claro que en esa historia una, hay lo que podríamos llamar "tu pequeña gran historia personal". Esto significa que, así como Israel reflexionó sobre la acción liberadora de Yahvé en la historia de todo el pueblo, cada integrante del mismo debía reflexionar también sobre su propia historia personal. Para confirmar esta idea, baste citar los salmos davídicos, en los cuales el poeta alaba a Dios por sus intervenciones en su propia experiencia personal. Así hoy, cada liberado y cada liberada por Dios debería indagar y meditar en su propia historia de salvación: iluminación, arrepentimiento, fe, salvación, perdón, orientación, etc., de modo que cada aspecto de la labor salvadora de Dios en su vida se constituya en tema de alabanza.

Pero la alabanza del profeta no radica solo en que Dios actuó en la historia. Lo que la segunda parte del capítulo enfatiza, es que Dios también actuará en el tiempo final, en la escatología. Para Isaías, lo importante radica en lo que Dios iba a hacer

---

8. J. J. Von Allmen, *El culto cristiano*, Salamanca: Sígueme, 1968, p. 32.

en el futuro, sin importar demasiado cuándo sucedería, porque al fin y al cabo, el futuro es de Dios, no del hombre. En este Apocalipsis isaino, hay tres afirmaciones básicas que es preciso analizar y que, de alguna manera, se anticipan a conceptos propios del Apocalipsis joánico:

a. El Señor prepara un banquete para todas las naciones. Dice el texto:

Sobre este monte, el SEÑOR Todopoderoso preparará para todos los pueblos un banquete de manjares especiales, un banquete de vinos añejos, de manjares especiales y de selectos vinos añejos (v. 6). Se trata de imágenes de fiesta y alegría de Dios que se regocija con todas las naciones y celebra con ellas un banquete de comidas deliciosas y vinos reservados y añejados en cubas de roble, como los buenos vinos franceses, italianos... y argentinos.

El Señor destruirá la muerte y el dolor.

b. *Devorará la muerte para siempre; el SEÑOR omnipotente enjugará las lágrimas de todo rostro, y quitará de toda la tierra el oprobio de su pueblo. El SEÑOR mismo lo ha dicho.*

El profeta anticipa que el Señor "devorará la muerte para siempre" y que Él "enjugará las lágrimas de todo rostro". El lenguaje casi calcado por Juan en Apocalipsis 21:4. La estupenda promesa atenúa nuestro dolor ante la muerte de familiares, de amigos y de hermanos y hermanas en la fe. Esa promesa es portadora de esperanza, la misma que anida en el corazón del teólogo-poeta Pedro Casaldáliga que expresa:

Ronda la muerte rondera,
La muerte rondera ronda.
Lo dijo Cristo
Antes que Lorca.

¡Que me rondarás, morena,
vestida de miedo y sombra!
¡Que te rondaré, morena,
vestido de espera y gloria!

(Frente a la Vida,
¿qué es tu victoria?
¡Él, con su muerte,
Fue tu derrota!).[9]

Esta promesa de victoria final sobre la muerte sirve para algo más: da significado a nuestra lucha por extender el reino de Dios, que no es otra cosa que luchar por la

9. Cit. por Juan B. Libanio y M. Clara L. Bingemer, *Escatología cristiana*, Buenos Aires: Paulinas, 1985, p. 159.

paz y la justicia que vienen de Dios. Porque si la muerte tuviera la última palabra del drama humano, entonces no deberíamos seguir predicando el reino. Esa lucha por la vida en todas sus manifestaciones adquiere sentido a partir de la esperanza de la victoria de Dios sobre todos los poderes de la muerte.

c. El Señor nos otorgará la alegría sin fin. Dice el profeta:

En aquel día se dirá:
"¡Sí, este es nuestro Dios:
en él confiamos, y él nos salvó!
¡Este es el SEÑOR, en él hemos
confiado;
regocijémonos y alegrémonos
en su salvación.

Se trata de una alegría de Yahvé con su pueblo reunido, motivada por la salvación entregada como legado a los suyos. Una alegría perfecta en su esencia, eterna en su duración pero indescriptible en términos humanos. Las expresiones de Isaías una vez más nos proyectan al Apocalipsis, donde Juan oye la voz potente desde el cielo que dice: *¡Aquí, entre los seres humanos, está la morada de Dios! Él acampará en medio de ellos, y ellos serán su pueblo; Dios mismo estará con ellos y será su Dios. Él les enjugará toda lágrima de los ojos. Ya no habrá muerte, ni llanto, ni lamento ni dolor, porque las primeras cosas han dejado de existir.* (Ap 21:3-4).

En síntesis: a partir del "Apocalipsis de Isaías" el profeta muestra que el Dios de Israel es el Todopoderoso que ha elegido como taller de trabajo, la historia de los seres humanos. En ella Él despliega su carácter y su acción salvadora, manifiesta la finalidad y el sentido de la historia. Pero el profeta también anticipa la intervención soberana de Dios en la escatología, preparando un banquete con todas las naciones, destruyendo la muerte y el dolor y produciendo una alegría sin fin. Tanto la acción de Dios en la historia como su intervención escatológica se constituyen en motivaciones para la alabanza. Esta es la conexión que podemos encontrar entre la escatología y la adoración en la cual, la alabanza, ocupa un lugar central.

3. La adoración en Apocalipsis 4 y 5

Ahora pasamos al Nuevo Testamento y, particularmente, la narrativa de Apocalipsis 4 y 5. Ugo Vanni sostiene que "con este capítulo comienza la segunda parte del Apocalipsis: su tema fundamental es la relación que la Iglesia, purificada por la palabra de Cristo, debe tener con las fuerzas exteriores".[10] Por su parte Juan Stam define estos dos capítulos como un modelo de culto celestial. Y dice en signos de admiración: "¡El Apocalipsis se lee 'en clave de adoración y culto', o el

---

10. Ugo Vanni, *Apocalipsis. Introducción y comentario*, Buenos Aires: Paulinas, 1979, p. 47.

Apocalipsis se lee mal! Todo este libro es profundamente litúrgico y debe leerse doxológicamente".[11]

Tomando en consideración estos capítulos 4 y 5 de Apocalipsis como un bloque, podemos observar, desde el punto de vista del culto, los siguientes hechos:

a) El escenario del culto: el trono celestial (4:4, 5, 6). Comenta Ricardo Foulkes:

> ¡Qué difícil resulta describir cómo es **el cielo**! Nuestro lenguaje es tan pobre, tan limitado, que aun un poeta con los recursos imaginativos de Juan se halla perplejo ante la tarea. Entre otras cosas, afirma que el cielo es: a) el lugar en que se ubica el trono de Dios y en que sus cortesanos le sirven, b) una sinagoga en la que se desenrolla y se lee el rollo de la Palabra de Dios, c) un templo sobre cuyo altar se ofrece el incienso de la oración, y d) una corte legal de la cual el abogado de cargo es expulsado en desgracia. [...] El escenario de estas visiones, entonces, es parte de nuestro universo, pero se accede a él por la apertura de los ojos espirituales, más que por un viaje literal hacia arriba.[12]

Todo el culto se desenvuelve alrededor de ese trono celestial. Ese trono tiene un centro y en el mismo, están los cuatro seres vivientes. A propósito, veamos ahora:

b) Los actores en este culto: Juan que percibe el culto invitado por una voz del cielo, 24 ancianos, cuatro seres vivientes semejantes a animales, un ángel poderoso, muchos ángeles alrededor del trono, criaturas celestiales, terrenales y subterrenales (5:14), y toda la creación (5:13).

c) El centro de la adoración: el Dios trino y uno: El Espíritu que vino sobre Juan (4:2); los "siete espíritus de Dios" que es una metáfora de plenitud del Espíritu y no, literalmente, de siete espíritus divinos; El Señor Dios todopoderoso (4:8), referencia en este caso, creo, a Dios Padre, al igual que "Señor y Dios nuestro" (4:11); Jesucristo como el Cordero que fue sacrificado para nuestra salvación (5:6, 12). Finalmente, todo se centra en el "Santo, santo, santo" de 4:8 que de alguna manera nos induce al pensamiento trinitario. Toda verdadera adoración es unidireccional, en el sentido de dirigirse, exclusiva y plenamente al Dios Creador del universo, al Dios redentor, al Dios todopoderoso, al Dios uno y trino.

d) Elementos del culto celestial: hay voces, hay sonido como de trompeta, hay aspectos como de piedra de jaspe y cornalina, hay un arco iris semejante a una esmeralda. Esto, pienso, nos insinúa la importancia de la preparación para el culto a Dios. Si bien hay cierto espacio para lo espontáneo, y debemos estar abiertos a la inspiración

---

11. Juan Stam, *Apocalipsis y profecía*, Buenos Aires: Kairós, 1998, p. 100.
12. Ricardo Foulkes, *El Apocalipsis de Juan,* Buenos Aires: Nueva Creación, 1989, p. 56.

del Espíritu cuando adoramos en asamblea, no es menos cierto que es necesario preparar el culto al Señor. Aquí está presente la simbología y todos los elementos visuales y audibles que nos ayuden en la adoración a nuestro Dios.

e) Contenidos teológicos de los cantos celestiales: Hay cinco cánticos: dos están en el capítulo 4 y dos restantes en el capítulo 5.

El cántico de los cuatro seres vivientes:

Santo, santo, santo
es el Señor Dios todopoderoso,
el que era y que es y que ha de venir.

Destaca la santidad de Dios, del mismo modo que el cántico que oyó Isaías (Is 6), pero también su señorío como Dios todopoderoso y como Dios eterno. Los ancianos repetían este cántico día y noche, sin cesar.

El cántico de los veinticuatro ancianos:

Digno eres, Señor y Dios nuestro,
de recibir la gloria, la honra y el poder,
porque tú creaste todas las cosas;
y por tu voluntad existen
y fueron creadas.

Aquí, se pone de relieve la dignidad de Dios de recibir toda la gloria, honra y poder, por su carácter de creador de todas las cosas. Todas las cosas existentes han sido creadas por Dios por su propia voluntad soberana.

El cántico de los cuatro seres vivientes y los veinticuatro ancianos:

Digno eres de recibir el rollo
escrito
y de romper sus sellos,
porque fuiste sacrificado,
y con tu sangre compraste
para Dios
gente de toda raza, lengua,
pueblo y nación.
De ellos hiciste un reino;
los hiciste sacerdotes al servicio
de nuestro Dios,
y reinarán sobre la tierra.

Juan Stam comenta el desarrollo *in crescendo* de esta adoración celestial:

El culto, que comenzó en pequeño con las cuatro voces de los vivientes y aumentó a 24 voces en 4:10-11, ahora crece en varias dimensiones. Primero, al unirse los vivientes y los ancianos, el coro llega a ser de 28 voces; después no solo "dicen" su alabanza (4:8, 10s.) sino "cantan un cántico nuevo" de salvación; luego, no solo cantan, sino cantan con acompañamiento instrumental (24 arpas, o quizá 28); y por último está la fragancia de incienso, en resplandecientes copas de oro, que embellece el ambiente cúltico visual y olfativamente. Se ve lindo y huele rico: en conjunto es una situación litúrgica incomparable.[13]

Algunas implicaciones del planteo

La adoración a Dios como Señor Todopoderoso, creador y redentor es la meta de la historia. Hacia esa finalidad escatológica Dios está actuando hoy en su mundo.

El centro de toda verdadera adoración es exclusivamente Dios y no el ser humano. Todos los cánticos que aparecen en la narrativa apocalíptica, tienen su centro de atención en Dios y no en los adoradores. Hay que tener cuidado cuando en la adoración el centro se corre hacia el ser humano en lugar de tenerlo en Dios.

Eso no significa que el adorador o adoradora no participe y no tenga importancia. Los que adoramos, lo hacemos en espíritu y en verdad, como nos enseñó Jesús, y en el acto de adoración somos transformados. Esa transformación, creo, ocurre como consecuencia y no como fin. Lo vemos en 5:4-5: "Y lloraba yo mucho, porque no se había encontrado a nadie que fuera digno de abrir el rollo ni de examinar su contenido. Uno de los ancianos me dijo; ¡Deja de llorar, que ya el León de la tribu de Judá, la Raíz de David, ha vencido! Él sí puede abrir el rollo y sus siete sellos'". Es imposible adorar a Dios en espíritu y verdad y no ser transformados. Por eso el catecismo de Westminster dice que el fin principal del ser humano es glorificar a Dios y gozarse en él para siempre. La meta: glorificar, la consecuencia, gozarse en él.

1. La adoración apocalíptica resume todo lo que Dios es y todo lo que Él ha hecho y hace en la historia. Primero, en la adoración debemos ocuparnos de lo que Dios es: santo, santo, santo, Señor Dios todopoderoso, creador, digno. Luego, lo que Él ha hecho: nos redimió con la sangre del Cordero.

2. La adoración escatológica es anticipo de la reconciliación del universo con Dios en Jesucristo. Por eso esta sección del Apocalipsis termina con la referencia a toda la creación. No solo participan todos los pueblos, razas, lenguas y naciones del mundo, sino que, al final, es toda la creación que adora a Dios y le rinde culto. Es la recapitulación de todas las cosas en Cristo, meta de la historia de la salvación según Pablo en Efesios 1:10.

13. *Op. cit.*, p. 104.

3. La adoración es plenamente democrática. Esta referencia puede incomodar un poco, pero intento aclararla: frente al trono de Dios ya no es posible hacer distinciones y menos establecer jerarquías de razas, lenguas, pueblos y naciones. Todos y todas, unidos y unidas por la sangre del Cordero, adoramos a Dios en igualdad de condiciones.

4. La adoración, en la perspectiva apocalíptica y escatológica implica la participación de todas nuestras dimensiones como personas: lo audible, lo visual, lo gesticular. Implica hablar, narrar, tocar instrumentos, llorar, postrarse, alegrarse. Esto lo destaca Barreda Toscano cuando dice: "El ser humano es visto como un todo por lo que su adoración debe de ser desde su humanidad total. Las implicancias corporales, sociales, afectivas, político-económicas, son tenidas en cuenta por Dios y precisan serlo por el mismo sujeto que adora".[14]

Hemos sido creados por Dios y escogidos en Cristo "para la alabanza de su gloria", como dice Pablo en su gran himno trinitario de Efesios 1. Por eso la creación tiene como finalidad escatológica, la adoración a Dios. Como dice el maestro Calvino: "De entre los varios y excelentes dones con los cuales Dios adornó la raza humana, es un privilegio singular que Él se digne consagrar para sí mismo las bocas y las lenguas de los hombres, con la finalidad de que su voz resuene a través de ellos".[15] Veamos ahora la relación entre adoración y escatología según el planteo del teólogo reformado Jürgen Moltmann.

4. Adoración y escatología según Jürgen Moltmann

Todo discurso y toda acción que se realizan en la Iglesia pueden y deben ser interpretados teológicamente. Siempre es oportuno recordar el famoso adagio de San Anselmo: "creo para comprender, porque si no creyera, tampoco comprendería". La fe es experiencia luego viene la teología como acto segundo. ¿Cómo es posible abordar el binomio adoración/escatología desde la teología? Hemos escogido un teólogo reformado: Jürgen Moltmann, y ello por dos razones: En primer lugar, porque es un teólogo reformado actual que ha puesto el tema de la esperanza y, por ende, la escatología, no al final de sus tratados o ensayos teológicos, sino en el comienzo. La teología, insiste, debe empezar con la escatología. Y, en segundo lugar, porque Moltmann, en varias de sus obras trata no solo el tema escatológico sino también del culto y la adoración a Dios. Nos parece, entonces, que es útil

---

14. Juan José Barreda Toscano, "Hacia una teología bíblica de la celebración litúrgica" en *Unidos en adoración*, Buenos Aires: Kairós, 2004, p. 149.

15. *Institución de la religión cristiana,* 4.1.5.

recurrir a este teólogo reformado para ver cómo vincula a la escatología con la adoración y, posteriormente, extraer algunas implicaciones para nuestro presente.

4.1. La escatología: el punto inicial de la teología

Lejos de ser un mero apéndice de la teología, la escatología:

> …significa doctrina acerca de la esperanza cristiana, la cual abarca tanto lo esperado como el mismo esperar vivificado por ello. En su integridad, y no solo en un apéndice, el cristianismo es escatología; es esperanza, mirada y orientación hacia delante, y es también, por ello mismo, apertura y transformación.[16]

Al relacionar el esperar con el pensar, Moltmann cita precisamente el principio epistemológico de San Anselmo: *fides querens intellectum* o sea: creo para comprender, la fe como inteligencia de la fe. Y entonces la relaciona con el tema de la escatología para decir:

> Este principio vale también para la escatología, y pudiera ocurrir que, para la teología cristiana de hoy, tuviese una importancia decisiva el prolongar aquel principio del modo siguiente: *spes quaerens intellectum – spero ut itelligam.* Si es la esperanza, la que mantiene, sostiene e impulsa hacia delante a la fe, si es la esperanza la que introduce al creyente en la vida del amor, entonces será también ella la que moviliza e impulsa el pensar de la fe, el conocimiento y la reflexión de esta sobre el ser humano.[17]

La escatología entendida como esperanza, se relaciona en forma directa con otro concepto fundamental de la teología bíblica: la promesa. "La promesa es la que da vida a la fe, y por ello esta es esencialmente esperanza, seguridad y confianza en el Dios que no mentirá, sino que será fiel a su palabra de promesa".[18]

4.2. Seis aspectos del aporte de Moltmann a la escatología[19]

¿Qué propone, entonces, Moltmann? En primer lugar, propone redefinir lo que es escatología. Señala que "en realidad, escatología significa doctrina acerca de la

---

16. Jürgen Moltmann, *Teología de la esperanza*, Salamanca: Sígueme, 1969, p. 20. En adelante *TE*.

17. *Ibid.*, p. 41.

18. *Ibid.*, p. 53.

19. En esta sección transcribo algunos conceptos de mi libro *Escatología. Una visión integral desde América Latina*, Buenos Aires: Kairós, 2002, pp. 40-45. Más recientemente, he analizado la hermenéutica escatológica de Moltmann en Alberto F. Roldán, *Escatologías en debate*, Oregón: Publicaciones Kerigma, 2020.

esperanza cristiana, la cual abarca tanto lo esperado como el mismo esperar vivificado por ello".[20] Moltmann niega la posibilidad de hablar de escatología donde el elemento de esperanza esté ausente. La esperanza cristiana surge del "Dios de la esperanza" y constituye el núcleo mismo de la escatología cristiana.

En segundo lugar, para Moltmann la escatología no es posible ni en el sentido griego ni en el sentido de la ciencia moderna. La escatología surge como un saber de esperanza. La fe y la esperanza son vivificadas por la promesa. La fe misma es esperanza, la cual es definida como "seguridad y confianza en el Dios que no mentirá, sino que será fiel a su palabra de promesa".[21]

En tercer lugar, para Moltmann existen diferencias sustanciales entre la escatología profética y la escatología apocalíptica. Fundamentalmente, la escatología profética es más optimista en el sentido de creer y proclamar que Dios intervendrá en la historia presente para cambiar el estado de cosas del pueblo de Israel y de las naciones. La apocalíptica es más pesimista, aunque admite la intervención de Dios al fin de la historia. O sea que es más futurista comparada con la escatología.

En cuarto término, lo central de la escatología de Moltmann radica en el futuro de Jesucristo. El autor afirma que la tendencia escatológica de la revelación de Cristo se manifiesta en que la palabra de revelación es tanto *evangelion* (evangelio) como *epangelia* (promesa). De manera que el concepto de "promesa" se puede traducir como "futuro de Jesucristo" y es un elemento esencial y constitutivo de la auténtica cristología.[22] Moltmann critica los acercamientos a la cristología deficientes: por un lado, aquel que interpretó a Jesús desde el pensamiento griego, y por otro, aquel que se registra a partir de la Edad Moderna, que procura entender a Jesús a partir del ser humano en la historia. Como alternativa, Moltmann propone dos hechos de gran importancia teológica, los cuales deberían tomarse en serio para elaborar una cristología adecuada: a) quien resucitó a Jesús fue Yahvé, el Dios de Abraham, Isaac y Jacob, el Dios de la promesa; y b) Jesús era judío, por lo cual la cruz y la resurrección deben entenderse en el contexto del conflicto entre ley y promesa. Las tres realidades con las que se vincula ese "futuro de Jesucristo" son la justicia de Dios, la vida y el Reino de Dios. La promesa del Reino se concretará cuando todas las cosas consigan el derecho, la vida, la paz, la libertad y la verdad. Especificando mejor lo que entiende por "futuro de Jesucristo", Moltmann dice:

20. *TE, p.* 53.

21. *Ibid.*, p. 53.

22. Para conocer mejor las relaciones entre escatología y cristología en Moltmann, ver su libro *El camino de Jesucristo: cristología en dimensiones mesiánicas*, Sígueme, Salamanca, 1993, especialmente el capítulo VII.

Cuando nosotros hablamos del 'futuro de Jesucristo', nos referimos a lo que otros denominan 'parusía de Cristo' o 'retorno de Cristo'. La parusía no significa propiamente el retorno de alguien que se ha ido, sino la 'llegada *inminente*'.[23]

En quinto lugar, podríamos denominar la escatología de Moltmann como "escatología de misión", especialmente misión abierta al futuro. En este sentido, Moltmann puntualiza su acercamiento hermenéutico a la Biblia: "Las Escrituras están abiertas al futuro, de igual manera que todas las promesas están abiertas al futuro".[24] Ese futuro que la Biblia insinúa es percibido como presente por la misión que interviene en la historia y su posible modificación, porque "misión", para Moltmann, no es algo que debe entenderse como algo universal, transhistórico, que se mueve en el fondo de la historia. Por el contrario, se trata de la misión concreta, presente, "la misión histórica que empuja hacia adelante".[25] Se trata, en suma, de una misión histórica que no sea mera teoría, sino una *praxis*, y como tal, deseosa de cambios, de transformaciones.

En sexto y último lugar, a partir de su más reciente obra *The coming of God*, podemos decir que la escatología de Moltmann es divina y cósmica. En ese libro, donde el autor ofrece una sistematización más sólida sobre el tema, además de hacer una evaluación pormenorizada de las varias escatologías de las últimas décadas, analiza el renacimiento del pensamiento mesiánico en el judaísmo.[26] Moltmann define el carácter divino de su escatología cuando afirma:

La venida de Dios significa la venida de un ser que no muere más y un tiempo que no desaparece. Lo que viene es vida eterna y tiempo eterno. En la escatología que viene, Dios y tiempo son unidos de tal manera que el ser de Dios en el mundo tiene que ser pensado escatológicamente y el futuro del tiempo debe ser comprendido teológicamente.[27]

Moltmann nos invita a repensar la escatología desde una perspectiva cósmica, porque de otro modo estaríamos expresando una doctrina gnóstica de redención, donde la redención *del* mundo se transforma en redención *desde* el mundo, y la redención del cuerpo, en liberación del alma de la prisión del cuerpo. Por el contrario, "hombres y mujeres no son aspirantes a un *status* angelical, cuyo hogar

---

23. Moltmann, *Teología de la esperanza*, p. 295.

24. *Ibid.*, p. 367.

25. *Ibid.*, p. 368.

26. Particularmente se refiere a Ernst Bloch, Franz Rosenzweig y Walter Benjamin, entre otros. Ver J. Moltmann, *The Coming of God*, pp. 29-43.

27. *Ibid.*, p. 23.

está en el cielo y que sienten que en esta tierra están en exilio. Ellos son criaturas de carne y sangre. Su futuro escatológico es un futuro humano y terreno: 'la resurrección de los muertos y la vida del mundo venidero'".[28]

A modo de evaluación final sintetizamos cinco aspectos de la escatología de Moltmann. En primer lugar, la misma representa un aporte significativo al tema porque subraya el elemento de "esperanza" como clave hermenéutica. En esto Moltmann revela la influencia de Ernst Bloch y su *principio esperanza*, con el cual entró en fecundo diálogo.[29] En segundo lugar, Moltmann realiza una crítica adecuada a las escatologías que se gestaron en el siglo XX, a las que considera insuficientes. En tercer lugar, Moltmann propone reubicar la escatología en un primer momento del quehacer teológico, sacándola del marasmo en el que se encontraba a modo de apéndice de las teologías sistemáticas. En cuarto lugar, la escatología de Moltmann pretende insertarse en la realidad histórica no para teorizar sobre ella sino para transformarla con la praxis que surge del Dios de la promesa. Esta evaluación armoniza con la de Jon Sobrino, quien destaca la escatología de Moltmann porque en ella "la esperanza se relaciona con el futuro no solo 'expectantemente', sino 'práxicamente', actuando contra la miseria del presente; es, pues, esperanza práxica. Y esa praxis se dirige a la transformación no solo de la persona-individuo, sino de la sociedad como tal...".[30] En quinto y último lugar, la escatología de Molmann pugna por ser una de alcances cósmicos, superando la doctrina gnóstica de la redención, que tanta influencia ejerciera a través de los siglos en el pensamiento cristiano. En este sentido, nos parece una escatología abarcadora, ya que incluye no solo la salvación "del alma" sino la de toda la persona, la glorificación del pueblo de Dios y la reconciliación de toda la creación en Jesucristo.

4.3. El culto perspectiva escatológica y eclesial

Al referirse a "la comunidad en éxodo", Moltmann intenta enfatizar la realidad de la Iglesia como pueblo peregrino de Dios. En Hebreos 13:13 se nos invita a

---

28. *Ibid.*, p. 259.

29. Para una interpretación del pensamiento filosófico marxista de Bloch, ver Pierre Furter, *Dialéctica de la esperanza*, La Aurora, Buenos Aires, 1979, traducción del portugués, realizada por un equipo bajo la supervisión del autor.

30. Jon Sobrino, *Jesucristo liberador*, San Salvador: UCA, 1991, p. 204. Andrés Torres Queiruga entiende la obra de Moltmann como una respuesta adecuada al desafío de Marx, "rescatando la escatología de su prisión puramente simbólica y sembrándola en la operatividad de la historia, como un compromiso con el pobre, el oprimido y aun el muerto". *Repensar la cristología. Sondeos para un nuevo paradigma*, Verbo Divino, Estella, 1996, p. 168). Para una visión crítica de la propuesta de Moltmann, ver Rubem Alves, *Religión: ¿opio o instrumento de liberación?*, Tierra Nueva, Montevideo, 1970, pp. 82-101.

salir fuera del campamento, llevando el oprobio, en una referencia que acaso evoque a Israel como el pueblo que tenía que salir al desierto para rendir culto al Dios liberador. Critica la subjetividad propia del romanticismo que coloca a la religión en el ámbito puramente subjetivo ("la religión es cosa privada") y que se torna individualista e intimista. De ese modo la fe no es relevante socialmente. La religión cristiana debiera ser culto de la proximidad, pero no de una proximidad individual sino comunitaria. Moltmann señala los reduccionismos del culto "de la subjetividad", "de la projimidad" y "de la institución" y apunta a ser comunidad en el horizonte de expectación del reino de Dios.

> Para que Cristo resucitado pueda llamar, enviar, justificar y santificar, reúne y envía a unos hombres a su futuro escatológico para el mundo. [...] Esta orientación escatológica se muestra en todo aquello de lo que vive y para lo que vive la comunidad.[31]

Y entre las cosas para las cuales vive la Iglesia es para la adoración. En su gran obra *La Iglesia: fuerza del Espíritu*[32] Moltmann dedica un espacio significativo al tema del culto. En primer lugar, el culto es la fiesta mesiánica, la fiesta de la comunidad reunida para proclamar el evangelio, anticipando la comunión final y perfecta en el reino de Dios.

> La fiesta mesiánica renueva el recuerdo de Cristo y despierta la esperanza de su reino. De este modo, sitúa la vida cristiana en el campo de tensión creado por este recuerdo y esta esperanza. La comunidad congregada ve en esta historia de Cristo la *historia trinitaria de Dios*, la apertura al mundo de su amor y la consumación de todas las cosas en su alegría. [...] La fiesta mesiánica sitúa a la comunidad reunida (con todos sus dolores y alegría cotidianos) en el amplio horizonte de la vida trinitaria de Dios con el mundo.[33]

La fiesta mesiánica se realiza en libertad, pero no es una fuga del mundo, no es un éxtasis que nos traslada más allá del mundo. Por el contrario, ella nos conduce a una transformación del mundo, con todos sus sufrimientos, luchas y limitaciones. Apelando al salmo 127, Moltmann reflexiona sobre la fiesta de Yahvé "en tierra extraña". La fiesta de Israel en el destierro estaba mezclada con los gemidos propios

---

31. *TE*, p. 420.

32. Siempre debemos aclarar que la traducción española del título de la obra es deficiente. En realidad, al hacer una aposición entre Iglesia y Fuerza del Espíritu, el significado pareciera ser que la Iglesia es, efectivamente, la fuerte del Espíritu. El título original de la obra de Moltmann apunta a que la Iglesia "es" o "existe" *en el poder* del Espíritu. Por ejemplo, en inglés, el libro se titula: *The Church in the power of the Spirit*.

33. *La Iglesia, fuerza del Espíritu*, trad. Emilio Saura, Salamanca: Sígueme, 1978, pp. 310-311.

de esa situación de oprobio. Lo mismo acontece con nosotros como Iglesia: "Pues es la fiesta del reino de Dios bajo la cruz de Cristo y en el lugar de su seguimiento en el mundo".[34]

Pero la fiesta también es ritual. Como sabemos, el rito actualiza el drama y la historia de la salvación. Moltmann admite: "Una verdadera reforma de la iglesia ha de comenzar por modificar el ritual. Pero los rituales son tan difíciles de cambiar que, precisamente, a causa de ellos, se ha producido más de una división de la iglesia".[35] Hay cuatro objetivos del ritual:

a) Todo ritual crea una continuidad histórica. Esto significa que sin ritual no puede haber tradición.

b) Todo ritual hace referencia a otra cosa. El ritual se convierte en símbolo que nos remite más allá de sí mismo. Como decía magníficamente Ricoeur: "el símbolo da que pensar". Como símbolo, el ritual nos invita tanto al recuerdo del pasado como a la esperanza escatológica.

c) Todo ritual se sitúa en un contexto social que crea otros contextos sociales. El ritual tiene la particularidad de socializar, de crear vínculos, de integrar al grupo. De ese modo, la comunidad adquiere seguridad y solidez.

d) El ritual desempeña funciones reguladoras u ordenadoras. El ritual es ordenador en el sentido que crea un orden en el tiempo y al grupo, forjando modelos estables de comportamiento y fomentando el sentido de cuerpo. Moltmann también nos invita a no olvidar "el carácter lúdico de los rituales, especialmente de los *rituales religiosos*; este carácter lúdico es gratuito, espontáneo y entusiástico".[36] Es en este contexto que el autor habla del ritual como fiesta y que incluye; oración, canto, alabanza, adoración, sacrificio y aun danza. "Esta orientación convierte al ritual, que hasta ahora era algo simplemente útil o necesario, en algo espontáneo, lúdico, demostrativo y festivo".[37] Una de las mejores y más creativas definiciones de la celebración cristiana es la que elaboró el teólogo español Juan Mateos cuando, en su incisivo y provocador libro titulado *Cristianos en fiesta*, dice: "La celebración es el lugar de la manifestación de muchos carismas del Espíritu, y hay que facilitar su despliegue".[38]

Finalmente, la fiesta cristiana tiene un mensaje para la civilización moderna del trabajo. En las culturas anteriores al cristianismo y directamente fuera

---

34. *Ibid.*, p. 312.

35. *Ibid.*, p. 313.

36. *Ibid.*, p. 315.

37. *Ibid.*

38. Juan Mateos, *Cristianos en fiesta,* 2da. Edición, Madrid: Cristiandad, 1975, p. 320.

de su influencia, el culto es la fiesta de los dioses y en ella, el mundo retorna a sus orígenes y renovando el tiempo y la vida. El avance de la civilización moderna y la sociedad de consumo, no favorecen la solidificación del culto como fiesta. Los modernos *shoppings* que son, como lo ha mostrado la escritora argentina Beatriz Sarlo: "templos del consumo", no permiten la pausa ni la "suspensión del tiempo". Solo algunos ratos de ocio, fiestas y días de asueto, pueden funcionar como "válvulas de escape" a una vida rutinaria y sin pausas. Las compensaciones para una vida dedicada al trabajo son ofrecimientos de "falsas satisfacciones que intentan borrar las frustraciones que lleva consigo el trabajo cotidiano. Esto es lo que podría llamarse 'filosofía de la coca-cola'".[39] Pese a toda la influencia de la sociedad industrial y del consumo, Moltmann es optimista al observar que:

> El culto cristiano dominical no ha dejado de ser practicado en esta sociedad de hombres ajetreados, a pesar de que no es un "modo de ocupar el tiempo libre" ni una diversión. Por eso se busca ante todo en él una expansión interior, espiritual y una exoneración religiosa de las responsabilidades que hay que soportar el resto de la semana.[40]

Sobre el final de sus reflexiones acerca del culto, Moltmann vuelve a insistir en la cuestión festiva del culto y en lo espontáneo y creador. En cuanto ritual, el culto es una celebración. "Así, pues, la fiesta ensancha los horizontes de la celebración tradicional y da margen a las aportaciones espontáneas y creadoras. [...] De esa manera, el culto fomentará eficazmente el carácter festivo de la vida cotidiana".[41] Originalmente, el culto cristiano se realizaba el primer día de la semana porque estaba vinculado a la resurrección de Cristo, era la fiesta con el Resucitado. "En cuanto fiesta del Resucitado, el culto cristiano es siempre un hacer-presente al Crucificado. Por eso se expresan en él, juntamente con la alegría por la libertad manifiesta, el dolor por las faltas y omisiones de la vida".[42]

4.4 Implicaciones del planteo de Moltmann

La teología de Moltmann en cuanto a la escatología y la adoración nos conduce a las siguientes implicaciones para la vida de las iglesias reformadas y presbiterianas en América Latina.

---

39. *La Iglesia, fuerza del Espíritu.*, p. 317.
40. *Ibid.*, p. 318.
41. *Ibid.*, p. 324.
42. *Ibid.*, p. 325.

En primer lugar, nuestras iglesias deben tener la osadía de criticar con respeto, pero con profundidad bíblica y teológica, aquellos sistemas teológicos que han tomado a la escatología como un fértil campo para la especulación y el terror. Esas teologías "ciencia ficción" que especulan con la identificación del Anticristo y la bestia apocalíptica y que, no por casualidad, siempre pertenecen al mundo que marcha en oposición a las grandes potencias occidentales. Es preciso hacer una deconstrucción que muestre las contradicciones en que han entrado esas escatologías del terror que, en lugar de construirse a partir de sólidas investigaciones bíblicas y teológicas, se tornan en instrumentos de ideologización y de escapismo de las realidades de nuestro mundo y nuestra sociedad.

En segundo lugar, hay que reivindicar una escatología de la esperanza en el triunfo final de Dios, que coloque a la escatología no en el último lugar de las consideraciones dogmáticas sino en el comienzo mismo de ellas. En lugar de girar tanto en torno al Anticristo y ciertas naciones del mundo que, según algunos, encarnan los poderes del mal, es importante que destaquemos que el propósito escatológico de Dios es de esperanza y de renovación de todas cosas en Cristo.

Precisamente, en tercer lugar, debemos construir una escatología que muestre que el propósito final de Dios no se agota en la "salvación de almas", ni siquiera de "personas" y ni aun en la creación de su Iglesia, sino que ese propósito es cósmico, en el sentido de que apunta a la reunión de todas las cosas en Cristo en la dispensación del cumplimiento de los tiempos.

En cuarto lugar, la perspectiva escatológica del culto cristiano nos desafía a construir comunidades en éxodo, lo cual no significa la huida del mundo y sus realidades, sino más bien implica la salida fuera del campamento de una religiosidad individualista, intimista y antimundo, y el seguimiento de Jesús para rendirle culto en el desierto de nuestro peregrinaje hacia la Jerusalén celestial.

En quinto lugar, las propuestas cúlticas de Moltmann nos invitan a revisar nuestros modelos litúrgicos y nuestro talante reformado que, muchas veces atado a otras culturas ha sido poco creativo y con poca disposición a la innovación y a lo festivo. Debemos analizar si nuestro culto reformado latinoamericano crea espacio para la espontaneidad y la fiesta del pueblo de Dios. Nos conduce a indagar si nuestro culto es una manifestación de los carismas del Espíritu y si facilitamos su despliegue multicolor, tomando aquí la expresión de Pablo y Pedro: "sabiduría multiforme" y "gracia multiforme" (*poikilas* y *polipoikilas*, de Ef 3:10 y 1 P 4:10, respectivamente).

Por último, el aporte de Moltmann a la vinculación entre escatología y culto nos insta a revisar nuestra adoración y ver hasta dónde ella es una alternativa a dos realidades cuestionables: una, la sociedad de consumo que no deja espacio libre para la adoración a Dios sino que rinde culto todo el tiempo al dios *mamón* y a la "prosperidad" erigida hoy en una nueva diosa del panteón posmoderno;

segunda, el culto evangélico que, en muchos casos, se ha tornado en antropo-céntrico en lugar de teocéntrico y trinitario. Solo cuando nuestro culto a Dios se sitúa en el horizonte de la historia trinitaria de Dios con el mundo se torna en fiesta mesiánica, anticipación de la reunión de todos los pueblos con el Padre, el Hijo y el Espíritu en el reino consumado.

X

De la tragedia a la esperanza

Solo la Iglesia de Esaú necesita de continuo los vallados que separan a Israel de Edom, a los judíos de los gentiles, a los creyentes de los que no tienen fe. Si la Iglesia de Jacob despunta en el instante eterno en Cristo, entonces caen los vallados, entonces el pagano Esaú se pone al servicio de Dios, comienza a participar de la promesa divina y, con él, el ejército de los que están fuera.

Karl Barth

¡No se trata de parentesco de la sangre sino de parentesco de la promesa! Todo depende de esto: la filiación, las promesas, la gloria, la ley, el templo, la *haggadá*, las promesas y el mesías, que se ha mostrado en Jesucristo. ¿Qué está en juego? Para Pablo, están en juego *el fundamento y la legitimación de un nuevo pueblo de Dios.*

Jacob Taubes

La carta de San Pablo a los Romanos ha jugado un papel decisivo en la historia del cristianismo. Solo debemos recordar que con su lectura (Romanos 13) se convirtió a la fe de Cristo el teólogo africano San Agustín; en el siglo XVI Martín Lutero redescubre el principio de "el justo por la fe vivirá" dando inicio a la Reforma Protestante; dos siglos después, Juan Wesley se convierte al oír en una iglesia de la calle Aldersgate en Londres la lectura del prólogo del comentario de Lutero y en 1919 Karl Barth produce una revolución copernicana en la teología con su comentario a la *Carta a los Romanos*, lo cual fue, en la gráfica descripción de Karl Adam: "una bomba que cayó en el campo de juego de los teólogos".[1] En el

1. Karl Barth escribió ese comentario en pleno desarrollo de la Primera Guerra Mundial. Terminó de escribirlo en 1918 y recién fue publicado en 1919. La obra no solo repercutió en el

presente capítulo[2] nos proponemos recorrer ese comentario referido exclusivamente a los capítulos 9 al 11 que constituyen un bloque en el desarrollo de la exposición paulina del "justo por la fe", en este caso, consagrado a las relaciones entre Israel y las naciones y su futuro según la prospectiva paulina en ese pasaje. Todo surge de una situación misionera por parte del apóstol Pablo que veía cómo los gentiles abrazaban la fe de Jesús como Mesías mientras Israel se mostraba reacio a ese mensaje. El método aplicado a esta exposición es recorrer el comentario de Barth bajo tres acápites: 1. La tragedia expresada en binomios opuestos; 2. La culpa del pueblo de Dios superada por la fe; 3. La esperanza en la salvación escatológica del "pan Israel". A lo largo de la exposición de cada capítulo se pondrá en evidencia el permanente recurso a la dialéctica por parte de Karl Barth. De la exposición se derivan implicaciones tanto para la Iglesia cristiana –en su diversidad de denominaciones y confesiones– como para la realidad sociopolítica en perspectiva global. Este último aspecto se desarrolla no solo a partir de la exposición de Barth sino también de los modernos acercamientos políticos a la teología paulina, en los cuales se destaca el aporte del filósofo judío Jacob Taubes. El trabajo finaliza con una conclusión donde se ponderan los aspectos más sobresalientes del comentario barthiano a Romanos y algunas críticas a su uso indiferenciado de "Israel" y la "Iglesia".

1. La tragedia expresada en binomios opuestos

Optamos por referirnos a la Iglesia como "pueblo de Dios" por dos razones: la primera, porque es esa la noción que se destaca en este bloque de la carta a los Romanos. En efecto, Pablo toma esa designación que en el Antiguo Testamento se refería a Israel y la aplica ahora al nuevo pueblo de Dios: la Iglesia. Véase especialmente Romanos 9:24-29 donde el apóstol aplica la profecía de Oseas a la Iglesia como el "no pueblo" que ahora es reconocido por Dios como su pueblo

---

ámbito teológico sino que también impactó en la filosofía. Por caso, el propio Martín Heidegger fue influido decisivamente por este comentario. Dice George Steiner: "El comentario a la *Epístola a los romanos* de Karl Barth aparece en 1918; la obra influye radicalmente en el estilo de exposición textual de Heidegger, de interpretación palabra por palabra, y atrae su atención sobre la teología radical, psicologizante, de Kierkegaard". George Steiner, *Heidegger,* 4ta. Edición, trad. Jorge Aguilar Mora, México: FCE, 2013, p. 133. Cursivas originales.

2. Con el presente trabajo continuamos nuestro análisis del comentario de Karl Barth a la carta a los Romanos. Véanse los siguientes artículos: Alberto F. Roldán, "La dialéctica de la justicia en el comentario de Karl Barth a la carta a los Romanos", *Enfoques,* Año XXI, Nros. 1-2, Libertador San Martín: Universidad Adventista del Plata, 2009, pp. 21-35 y Alberto F. Roldán, "El comentario de Karl Barth a la Carta a los Romanos como modelo preliminar de hermenéutica de texto", en *Hermenéutica y signos de los tiempos,* Buenos Aires: Teología y Cultura Ediciones, 2016, pp. 157-178.

(Καλέσω τὸν οὐ λαόν μου λαόν μου).[3] Y la segunda razón es que "pueblo de Dios" implica una realidad histórica en la cual y mediante la cual Dios actúa. Como se ha anticipado en la introducción, Barth expone este capítulo en un enfoque característicamente dialéctico. Las oposiciones en binomios contrastantes ponen de relieve ese acercamiento dialéctico en el comentario de Barth.[4] Destacamos cinco de ellos:

-Diferencia cualitativa entre Dios y el hombre.
-Sí y No.
-Evangelio vs. Iglesia.
-Reino vs. Iglesia.
-Iglesia de Jacob vs. Iglesia de Esaú.

1.1. La diferencia cualitativa entre Dios y el hombre

Dice Barth:

> Dios, la frontera pura y el principio puro de todo lo que somos, tenemos y hacemos, contrapuesto con una diferencia cualitativa infinita al hombre y a todo lo humano, nunca jamás idéntico a lo que nosotros llamamos Dios, a lo que vivimos, sospechamos y adoramos como Dios.[5]

Referirse a la "diferencia cualitativa infinita" entre Dios y lo humano evoca, de manera inequívoca, al concepto de Kierkegaard que instaba a recordar siempre que Dios está en los cielos y nosotros en la tierra. Para Barth, Dios es "frontera pura" y "principio puro" pero no necesariamente el "acto puro" aristotélico. Su diferencia cualitativa es infinita de modo que nunca puede coincidir plenamente lo que pensamos de él, vivimos, sospechamos y adoramos, con lo que él es en esencia. En síntesis: Dios inescrutable, el misterio en su más pura expresión.

---

3. Para un análisis exegético y teológico del pasaje, véase Alberto F. Roldán, *La unidad del pueblo de Dios según pasajes seleccionados de las epístolas paulinas*, Buenos Aires, 1984 (tesis de licenciatura en teología). Caracteres griegos en negritas en el texto del Nuevo Testamento.

4. Sobre el carácter dialéctico de la teología de Barth, el filósofo judío Jacob Taubes no duda en ponderar esa teología a la que considera un nuevo capítulo a la historia del método dialéctico y agrega: "Según Karl Barth, la teología solo es posible 'en forma de diálogo, en un discurso de pregunta y respuesta'. Solo en este encuentro entre pregunta y respuesta se realiza el carácter tético-antitético de la teología. La teología es 'pensamiento dialéctico'. Si se considera seriamente el carácter dialéctico de la teología, ella debe entonces seguir siendo discurso abierto y no debe cerrarse en un sistema autorreferencial". Jacob Taubes, *Del culto a la cultura. Elementos para una crítica de la razón histórica,* trad. Silvia Villegas, Buenos Aires: Katz Editores, 2007, p. 225.

5. Karl Barth, *Carta a los Romanos,* trad. Abelardo Martínez de la Pera, Madrid: Biblioteca de Autores Cristianos, 1998, p. 400. Esta es la versión que utilizamos en el presente trabajo. Solo se harán menciones de otras versiones cuando se juzgue necesario.

1.2. Sí y No

Son muchas las referencias que Barth hace en torno al binomio Sí y No. Dice que si bien no sabemos a ciencia cierta si estamos adorando al verdadero Dios, él pronuncia un Sí y un No en términos de pararse ante él o ir adelante. Explica: "el ¡Stop!, incondicional, frente a toda intranquilidad humana y el ¡Adelante!, incondicional, frente a toda tranquilidad humana, el Sí en nuestro No y el No en nuestro Sí [...]".[6] En su comentario al capítulo 3 Barth ya había afirmado: "La vida viene siempre y solo de la muerte, el principio solo del final, el Sí solo del No".[7] Dialécticamente, partimos del No, de la dramática situación humana, de la antítesis a la vida, es decir, de la muerte. Y es por ello que ese No puede transformarse en el Sí de Dios. Casi de modo similar Hegel aplicaba la dialéctica a la cruz de Cristo al plantear, según interpreta Arsenio Ginzo citando al propio Hegel: "A la negación sigue la negación de la negación y a la muerte la muerte de la muerte, y por ello Dios 'resurge de nuevo a la vida' y, en definitiva, también, según Hegel, 'la resurrección pertenece, asimismo, esencialmente a la fe'".[8] El esquema es:

Muerte (negación) - > Cruz (negación de la negación) > Resurrección (afirmación)

O, como más adelante escribe Barth citando a Nietzsche: "Solo donde hay tumbas puede haber resurrecciones".[9] Acaso el lugar donde Barth es todavía más elocuente en su reflexión sobre el No y el Sí de Dios y el tránsito de una realidad hacia la otra, es cuando comenta la famosa expresión paulina: "Donde abundó el pecado sobreabundó la gracia" (Rm 5:20b). Dice:

Se necesita, pues, la eliminación hasta el último dato, la catástrofe de la posibilidad religiosa del hombre, para que se produzca el tránsito del No de Dios al Sí de Dios, para que la gracia pueda ser gracia. Pero al producirse esta eliminación y catástrofe, al conocer la insignificancia del último intento de convertir en objeto de un método positivo o negativo —tras la disolución de todos los restantes cortocircuitos— aquel

---

6. *Ibid.*

7. *Ibid.*, p. 161.

8. Arsenio Ginzo, Estudio introductorio a G. W. F. Hegel, *El concepto de religión,* (Orig. *Vorlesungen* über *die Philosophie der Religion. Halbband I: Bagriff der Religion,* Hamburgo, 1966), trad. Arsenio Ginzo, México: FCE, 1981, p. 24. La cita del texto de Hegel corresponde a *Vorlesungen über die Philosophie der Religion* II, p. 167. Esa aplicación de los tres momentos aparece dentro de la reflexión que Hegel hace de la "muerte de Dios". Al respecto, véase la profunda interpretación de Alexander Kojève, *La concepción de la antropología y el ateísmo en Hegel,* trad. Juan José Sebreli, Buenos Aires: Leviatán, 2007.

9. *Carta a los Romanos,* p. 489.

giro, cambio y movimiento de Adán a Cristo, al entregarse a sí mismo el Siervo de Dios entregado, entonces *se produce* aquel tránsito.[10]

1.3. Evangelio vs. Iglesia

¿Puede el Evangelio estar en oposición con la Iglesia? La respuesta de Barth es rotunda: "Sí, sin duda. Al *Evangelio* se contrapone la *Iglesia* como encarnación de la última posibilidad humana más acá de la posibilidad imposible de Dios".[11] Esta afirmación es quizás el germen de lo que más adelante, en la *Church Dogmatics,* desarrollará Barth cuando se refiere a "la revelación de Dios como abolición de la religión",[12] entendida esta última como intento meramente humano para llegar a Dios. Luego agrega en tono irónico:

La Iglesia es el lugar donde de Dios se sabe y se tiene todo y, por tanto, no se sabe ni se tiene, en lugar donde se desplaza de algún modo a Dios desde el desconocido principio y final al centro conocido, donde uno no tiene que recordar en todo instante el morir para hacerse prudente, sino que *tiene* de modo sumamente directo fe, amor y esperanza, *es* de modo directísimo hijo de Dios, *aguarda* de modo directo el reino de Dios y *se afana por él,* como si todo esto fueran *cosas* que uno puede ser, tener, esperar y tratar de conseguir.[13]

El tono irónico se refleja en que la Iglesia dice saber y tener todo sobre Dios y en realidad no sabe ni tiene ya que desplaza a Dios y pretende alcanzar de modo directo las virtudes cardinales de la fe, el amor y la esperanza. Y termina su crítica de modo rotundo: "El Evangelio elimina a la Iglesia, como esta anula al Evangelio".[14] Luego, mostrando el poder de la metáfora, dice Barth:

Si lo imperecedero no resulta visible en la metáfora de lo perecedero, entonces hemos servido a la Iglesia y no hemos proclamado el Evangelio. Y ¿quién, salvo Dios, podría protegernos contra esta probabilidad altísima? Metáfora de la inviolable unidad de la verdad es la fatal sistemática sonsonetera en la que tiene que hacer acto de presencia

---

10. *Ibid.,* p. 242. Cursivas originales.

11. *Ibid.,* p. 401. Cursivas originales.

12. Véase Karl Barth, *Church Dogmatics,* I.2, The Doctrine of the Word of God, Editores: G. W. Bromiley, T. F. Torrance, trad. G. T. Thomson y Harold Knight, Edinburgo: T & T Clark, 1956, pp. 280-361. Hay traducción al castellano de esa sección: Karl Barth, *La revelación como abolición de la religión,* trad. Carlos Castro, Barcelona-Madrid: Fontanella-Marova, 1973.

13. *Carta a los Romanos,* p. 401. Cursivas originales.

14. *Ibid.,* p. 302.

el hablar de Dios cuando tal discurso quiere ser radicalmente no irreverente. Metáfora de la eternamente fundante personalidad de Dios es el hecho escandaloso de que nadie puede hablar en serio de Dios sin comunicarse y predicarse a sí mismo, en gran medida, al mismo tiempo. Metáfora de que el espíritu es el portento absoluto es la paradoja, este último, desesperado, instrumento humano de habla. Metáfora de la impetuosa pretensión directa que nos formula la idea de la eternidad es la unilateralidad y exclusividad penosa, casi insoportable que solo puede evitar aquel que habla de algo distinto.[15]

1.4. Reino de Dios vs. Iglesia

Así como se contraponen la Iglesia y el Evangelio, también Barth establece una oposición entre Reino de Dios e Iglesia. El Reino es una dimensión más abarcadora que la Iglesia. Es el absoluto eterno frente al carácter temporario de la Iglesia. Barth afirma categóricamente que "el reino de Dios juzga a la iglesia, plenamente consciente del antagonismo infinito entre Evangelio e Iglesia [...]".[16] Al comentar el capítulo 10 vuelve a contrastar el Reino con la religión. Dice: "La religión no es el Reino de Dios, aunque se tratara de la religión del reino de Dios de los epígonos de Blumhardt, sino obra del hombre".[17] Siguiendo la lógica barthiana, debiéramos entender aquí a la Iglesia como ese intento humano por la propia justicia. Porque, agrega: "Tal vez la Iglesia no sepa que no existe tal 'ley de la *justicia*', que ella corre tras un fantasma".[18] Interpretamos así porque precisamente el comentario de Barth se refiere a la búsqueda por parte de Israel de la justicia propia, carente de fe. Se trata de una quimera que buscan todas las iglesias, sean pequeñas o grandes y que debe distinguirse de "aquella 'ley de la *fe*' que descarta todo intento de vanagloriarse (Rm 3:27)".[19] De esto deducimos que la Iglesia no es el Reino de Dios pero se pone en sintonía con él cuando predica y vive la ley de la fe.

1.5 Iglesia de Jacob vs. Iglesia de Esaú

El quinto binomio en oposición es el de Iglesia de Jacob e Iglesia de Esaú. La reflexión de Barth se inicia al comentar Rm 9:6: "No todos los descendientes de Israel son Israel". En otro trabajo ya citado hemos comentado la importancia de esta declaración paulina:

15. *Ibid.*, pp. 402-403.

16. *Ibid.*, p. 403.

17. *Ibid.*, p. 437. La referencia de Barth sería Johann Christoph Blumhardt (1805-1880), teólogo luterano alemán que postuló el concepto de *Christus Victor* como clave para entender la teología del Reino de Dios.

18. *Carta a los Romanos*, p. 437. Cursivas originales.

19. *Ibid.* Cursivas originales.

Como ha destacado Peter Richardson: "Es imposible hacer demasiado énfasis en que para todo Romanos 9-11 rige esta afirmación de 6b: "no todos los descendientes de Israel pertenecen a Israel". Esta fundamental declaración de 9.6b: *ou gar panteş oi ex' 'Israhl, outoi 'Israhl* se traduce literalmente: "porque no todos los de Israel son Israel". Es obvio que Pablo está haciendo dos usos del nombre "Israel". El primero, es un sentido étnico, racial, nacional. El segundo, un sentido espiritual o soteriológico. Este planteamiento de la cuestión, justifica que pueda hablarse de dos tipos de Israel. Como dice Nygren: "es preciso distinguir el 'Israel según la carne' del 'Israel según el espíritu'".[20]

Llamativamente, Barth no se refiere al Israel histórico, sino que aplica la expresión paulina a la Iglesia. Dice:

> *No todos los descendientes de Israel son Israel, ni por ser descendientes de Abraham son todos hijos.* Si decimos "Iglesia" nos referimos con ello a la totalidad muy diversificada y escalonada de aquellos que, tocados por el hálito de la revelación, invocan en serio a Dios, perseveran en él, observan sus preceptos. Todos ellos son "descendientes de Israel". Si ellos escuchan y dicen la palabra de Dios de modo que ella es de verdad –se produce el milagro– la palabra de Dios que se oye y se dice ahí, en el instante histórico de ellos se esconde el instante eterno de la revelación, si ellos son de modo existencial lo que dicen ser, entonces ellos son –de nuevo; se produce el milagro– de modo invisible la Iglesia de Jacob, tienen la promesa de Abraham (4:16), son hijos de Dios (8:16).[21]

La Iglesia de Jacob es la realidad diversificada que ha sido tocada por la revelación de Dios que invoca auténticamente a Dios y persevera en él. Todo consiste en oír y luego decir la palabra de Dios para que se produzca el milagro de esa revelación. Es, en breve: la Iglesia invisible de Jacob en la que se hace real y concreta la promesa de Dios al patriarca Abraham. Detrás de toda esta descripción está como trasfondo la teología paulina de Romanos y de Gálatas donde el apóstol demuestra que los verdaderos hijos de Abraham son aquellos que abrazan la fe en la promesa de Dios concretizada en el Mesías. Luego, Barth reflexiona a partir de que la descendencia de Abraham es Isaac para referirse a la dualidad de la predestinación. A partir de que los que descienden de Israel son representantes de los que levantan las manos hacia Dios, explicando:

---

20. Alberto F. Roldán, *La unidad del pueblo de Dios según pasajes seleccionados de los escritos paulinos*, pp. 43-44.

21. *Carta a los Romanos*, p. 412. Cursivas originales.

Existe para ellos la doble predestinación eterna, basada solo en Dios, de poder ser elegidos *o* rechazados como "descendientes de Israel", de poder ser de la casa o foráneos en cuanto hijos de la carne, de poder ser con la palabra de Dios en los oídos y en los labios Iglesia de Jacob *o* Iglesia de Esaú.[22]

La mención de la "doble predestinación" conduce a Barth a referirse más específicamente a esta doctrina. Tomando distancia de la interpretación protestante –y diríamos con referencia más directa a la tradición reformada o calvinista– Barth dice que esa concepción ha sido mitologizada en el sentido de referirse a la "elección y la reprobación a la unidad psicológica del individuo, a cantidades de 'elegidos' y 'reprobados'".[23] Esta dualidad en Dios no está en equilibrio sino en una dinámica que implica el triunfo de la gracia. Explica:

Sabemos lo que significa tal dualidad en Dios: no equilibrio, sino eterna superación de lo segundo por lo primero: del juicio por la gracia, del odio por el amor, de la muerte por la vida. Pero esta victoria permanece oculta *para nosotros* en cada instante del tiempo. *Nosotros* no podemos rehuir la dualidad. Para *nosotros* el Jacob *visible* significa Esaú, y solo el Esaú *invisible* puede significar para *nosotros* Jacob.[24]

En Dios, siempre la gracia, el amor y la vida superan al juicio, el odio y la muerte, respectivamente. Nosotros no podemos eludir la dualidad, de modo que potencialmente podemos ser Jacob o Esaú. Porque, como luego va a acentuar Barth, fe es la que define estar de un lado o de otro. "La elección de ella está *exclusivamente* en la fe, la verdad de la palabra de Dios escuchada y proclamada por ella [...]".[25] Barth finaliza planteando la necesidad de vallados para la Iglesia de Esaú en contraste con la Iglesia de Jacob:

Solo la Iglesia de Esaú necesita de continuo los vallados que separan a Israel de Edom, a los judíos de los gentiles, a los creyentes de los que no tienen fe. Si la Iglesia de Ja-

---

22. *Ibid.*, p. 413. Cursivas originales.

23. *Ibid.*, p. 417.

24. *Ibid.* Cursivas originales.

25. *Ibid.*, p. 418. Cursivas originales. Para un análisis de la perspectiva barthiana de la predestinación en comparación con la teología de Juan Calvino véase Alberto F. Roldán "El círculo hermenéutico en las teologías de Juan Calvino y Karl Barth" en *Reino, política y misión*, Lima: Ediciones Puma, 2011, pp. 125-156. Para una interpretación erudita de la teología de Barth en general y de la predestinación en particular, véase Hans Urs von Balthasar, *The Theology of Karl Barth. Exposition and Interpretation,* trad. Edward T. Oakes, San Francisco: Ignatius Press, 1992. Para un análisis general de la vida y obra de Karl Barth, véase David L Mueller, *Karl Barth. Makers of the Modern Theological Mind*, Peabody, Massachusetts, Hendrickson Publishers, 1972.

cob despunta en el instante eterno en Cristo, entonces caen los vallados, entonces el pagano Esaú se pone al servicio de Dios, comienza a participar de la promesa divina y, con él, el ejército de los que están fuera.[26]

Este párrafo ofrece implicaciones muy importantes tanto para la vida de las iglesias como para la sociedad y la política mundiales. Sobre eso reflexionamos al final del presente trabajo. Pasamos ahora a la exposición que Barth hace al capítulo 10 de Romanos.

2. La culpa superada por la fe

Así como el acento en el capítulo 9 estaba en la soberanía de Dios expresada en la elección de su pueblo, ahora el énfasis recae en la fe. Pablo comienza el capítulo 10 exponiendo la situación de los israelitas: "muestran celo por Dios, pero su celo no se basa en el conocimiento".[27] El problema radica en no haber conocido la justicia que proviene de Dios y querer sustituirla por la suya propia. Israel no comprendió que la justicia de Dios no se basa en las obras sino en la fe. La justicia que es de Dios depende "solo de la propia fidelidad de Dios; se trata de la nueva *creación* de Dios, no de una secuencia de causa y efecto; en una palabra: se trata de la verdad de Dios en Jesucristo".[28] Solo la fe en Cristo puede superar la culpa, el pecado y la falta que dominan la condición humana. Tan decisiva es la fe, que Barth se ocupa de reflexionar ampliamente sobre su importancia. Dice:

> En cualquier caso, el hombre no consigue una religión adecuada a la revelación, congruente con la justicia de Dios, una "*ley* de la justicia", a no ser en el milagro del momento absoluto. Porque la fe o es milagro o no es fe. La palabra de Dios escuchada por oídos *de hombre*, proclamada por labios *de hombre*, es la palabra de Dios solo si se produce el milagro. De lo contrario, es una palabra de hombre como otra cualquiera. La Iglesia es Iglesia de *Jacob* solo si acaece el milagro. De lo contrario, ella es Iglesia de Esaú, y solo eso. Él es el evento *divino*, imprevisible en todo instante, y nuevo entre los hombres.[29]

26. *Carta a los Romanos*, p. 430.

27. Romanos 10:2 *Nueva Versión Internacional* (*NVI*). En el presente trabajo siempre se citarán los textos bíblicos de esta versión salvo cuando se indique lo contrario o se transcriban los textos directamente del comentario de Barth.

28. *Carta a los Romanos*, pp. 435-436. Cursivas originales.

29. *Ibid.*, p. 438. Cursivas originales.

La fe, para Barth, es milagro y acontecimiento. No es algo que pueda producir el hombre por sí mismo. Es algo que acaece en un momento así como la Iglesia también es evento o acontecimiento antes que organización.

Dos afirmaciones paulinas de Romanos 10 merecen ser citadas del comentario de Barth. Una, es "el fin de la ley es Cristo" (v. 4). "*Cristo* es el fin del que toda religión humana da testimonio (3:21). Y *Cristo* es el fin de todas las necesidades, deseos y afanes humanos a cuya promoción y satisfacción dedica, supuestamente, la Iglesia con atención amorosa".[30]La segunda afirmación es: "si confiesas con tu boca que Jesús es el Señor, y crees en tu corazón que Dios lo levantó de entre los muertos, serás salvo" (10:9 *NVI*). Comenta Barth:

> Por consiguiente, *Jesús el Señor*, la *resurrección* y la *fe* son la condición. No es otra que la fijada ya por Moisés. No es otra que el sometimiento a la justicia de Dios (10:3), cuya obligatoriedad nosotros conocemos, pero rechazamos de continuo. No es otra palabra la que Israel encuentra en su corazón y en sus labios, infinitamente dispuesta, infinitamente cercana si Israel sabe lo que significa llamarse Israel, si la Iglesia se toma en serio a sí misma (10:6-8).[31]

Las tres realidades: el Señor, la resurrección y la fe son interpretadas por Barth del siguiente modo: el Señor es la exigencia imperativa de carácter absoluto, la resurrección es "la extrañeza por antonomasia, 'la fe' la libre iniciativa del momento absoluto de la justicia de Dios".[32] El señorío de Jesucristo es absoluto, afirmación que Barth expondrá más ampliamente en la Confesión de Barmen[33], la fe resurrección es extraña porque rompe, porque es la irrupción de lo eterno en el campo de lo temporal y la fe es libre iniciativa que se conecta con la justicia de Dios que siempre, tal como expone Pablo a lo largo de la carta, siempre es por la fe, no por las obras. También el teólogo suizo interpreta la confesión a la que insta San Pablo. Dice:

---

30. *Ibid.*, p. 446. Cursivas originales.

31. *Ibid.*, p. 452. Cursivas originales.

32. *Ibid.*, p. 453.

33. Así rezan las tesis 1, 2 y 3 de la Confesión de Barmen: "1. Jesucristo, según el testimonio de la Sagrada Escritura, es la única Palabra de Dios. Debemos de escucharla a ella sola, a ella sola debemos confianza y obediencia, en la vida y en la muerte. [...] 2: "El hecho de que toda la vida del cristiano pertenece a su Señor y rechaza la dicotomía espiritual, la falsa separación entre lo sagrado y lo profano. 3. La libertad de la Iglesia –a las órdenes de su único Señor– en relación con todas las instancias y doctrinas de este mundo". Iglesia Confesante, *Tesis de Barmen*, Wuppertal, 31 de mayo de 1934, cit. por Georges Casalis, *Retrato de Karl Barth*, trad. Franklin Albricias, Buenos Aires: La Aurora, 1966, p. 39.

Sí, pues al subrayar la existencialidad *de Jesús*, de la *boca* que le confiesa y del *corazón* que cree en él, decimos, por un lado y de modo inexorable, "ley", religión, historia y psique. Pero subrayamos la existencialidad de Jesús como *el Señor*, como el *Resucitado*, y como el *objeto de la fe*.[34]

Barth admite la importancia de la confesión en la cual entran en juego la ley, la religión, la historia y la psique pero lo más importante es Jesús el Señor como resucitado y como objeto de esa fe con lo cual, de modo implícito, deja de lado el fideísmo.

Finalmente, Barth vuelve al tema de la integración del pueblo de Dios a partir de la rotunda afirmación paulina: "No hay diferencia entre judíos y gentiles, pues el mismo Señor es Señor de todos y bendice abundantemente a cuantos lo invocan, porque 'todo el que invoque el nombre del Señor será salvo'".[35] Esta última parte del texto es una cita de Joel que Pablo transcribe: pa- gar o- an epikalésηtai tó onoma kuríou sωθηsetai que, mientras en la profecía hay que invocar a Yahvé, Pablo aplica esa invocación al Mesías, con lo cual, implícitamente, el Mesías es Dios. El comentario de Karl Barth a este texto merece ser citado *in extenso* por las implicaciones que tiene para la Iglesia:

Porque, guste o disguste a la Iglesia, este "todo", este "no hay diferencia" designa la ilimitada libertad de Dios, que da también sentido a la muerte de cruz de Cristo, decisiva para esos conceptos. Es preciso invocar a *este Señor*, que "es Señor de todos, rico para todos los que le invocan", sin distinción entre judío y griego y que, al justificar al *judío*, se justifica a *sí mismo* y, justificándose *a sí mismo* y sin estar comprometido solo con el judío, puede justificar también al *griego*; que así es *Dios* respecto de todos los hombres. Así, Dios se revela en Jesús como el Señor.[36]

La ilimitada libertad de Dios se expresa en su gracia sobreabundante que no excluye sino que incluye a todos, judíos y gentiles a reconocer a Cristo como Señor. Dios que no hace acepción de personas. Dios que justifica siempre y solo por la fe a todos los que invocan al Mesías. Es tal la apertura de Barth hacia la recepción de los "paganos" que amplía su horizonte escatológico para afirmar: "Los paganos creyentes, de los que decimos que invocan a Dios, son una magnitud escatológica, una magnitud no compuesta por un número de individuos, sino que abarca en potencia la totalidad de los individuos psicológicos, abstrayendo de su pertenencia

---

34. *Carta a los Romanos,* p. 453. Cursivas originales.

35. Romanos 10:12-13. *NVI.*

36. *Carta a los Romanos,* p. 455. Cursivas originales.

a la Iglesia".[37] Tan osada afirmación no es muy lejana a los "cristianos anónimos" al que se refería el teólogo católico Karl Rahner.

3. La esperanza en la salvación escatológica del "pan-Israel"[38]

De la tragedia y la culpa, Karl Barth llega al desenlace del drama humano: la salvación universal del Israel total. El teólogo reformado comienza su comentario al capítulo 10 con la pregunta de San Pablo: "¿Acaso rechazó Dios a su pueblo?" (11:1). La respuesta inmediata del apóstol es rotunda: "¡De ninguna manera!". Él mismo se presenta como un ejemplo paradigmático de alguien que, siendo rebelde a Dios es alcanzado por Él. Dice Barth:

> "*También yo soy* israelita, del linaje de Abraham, de la tribu de Benjamín"; también yo soy el gran inquisidor, el traidor, el rebelde y desobediente, el que, so pretexto de servir a Dios y al hombre, quiere salvar a toda costa al hombre ante Dios, el habilísimo que (10:18-19) ha oído y comprendido de qué se trata, pero que, sin embargo, utiliza todo lo oído y comprendido para ocultarse a sí y a otros que se trata de dar gloria a *Dios*.[39]

Por esa razón, tanto para Pablo como para la Iglesia, la única esperanza de superación de la tragedia y de la culpa descrita en los capítulos anteriores es la esperanza en Dios. "Justo por su especial miseria y culpa, justo porque humanamente hablando la Iglesia *no tiene* esperanza alguna, por eso tiene ella *la* esperanza, la esperanza en Dios".[40] ¿Cuál es el objeto verdadero de esa esperanza? Responde Barth:

> El objeto de la esperanza de la Iglesia puede ser solo el hecho de que Dios se justifica "ahora" *a sí mismo*, el hecho de que demuestra "ahora" *su propia* unidad. Pero esto constituye el objeto de la esperanza de la Iglesia porque es cierto que *Dios* se revela "ahora" en Cristo como aquel que es nuestra menesterosidad y con el que estamos en deuda.[41]

La referencia a la unidad de Dios es una especie de *leit motiv* en la epístola a los Romanos. Pablo lo afirma varias veces, subrayando que siendo uno y el único Señor justificará por la fe tanto a judíos como a gentiles (3:29, 30; 10:12). Por

---

37. *Ibid.*, pp. 455, 456.

38. Tomamos esta expresión de Jacob Taubes, *La teología política de Pablo*, trad. Miguel García-Baró, Madrid: Trotta, 2007, p. 39.

39. *Carta a los Romanos*, p. 464. Cursivas originales.

40. *Ibid.*, p. 465. Cursivas originales.

41. *Ibid.*, p. 470. Cursivas originales.

otro lado, en esa justificación Dios también se justifica a sí mismo demostrando su unidad y la única esperanza de la Iglesia que solo se da como milagro. Explica:

> La Iglesia debe entender su esperanza sabiendo que, si *Dios* no obra el *milagro* (el milagro de Dios es precisamente lo que se notifica en los elegidos), *no* hay esperanza. La única verdad visible es que, si la Iglesia persiste en predicar una verdad *visible*, en *cada* puerta de iglesia, en *cada* sermón manuscrito y en la primera página de *cada* libro habría que escribir: "Los demás se endurecieron". "Los demás" no indica una cantidad; como tampoco la significan los "elegidos". *Todos* son "los demás" si no se conoce a Dios por medio de Dios.[42]

Una vez más, Barth reinterpreta el tema de "los elegidos" no en sentido cuantitativo sino cualitativo y dinámico. Porque Dios está siempre dispuesto a realizar el milagro de la fe y la conversión en quienes crean en el Mesías. Por eso, luego agrega: "Hay reprobación solo como sombra de la luz de la *elección*. El No de Dios es solo la otra cara del *Sí* de Dios, vuelta inevitablemente a este hombre en este mundo".[43]

Sigue luego una amplia descripción del olivo que Dios cultiva. Una metáfora ampliada –o quizás una alegoría– que ha suscitado las más diversas interpretaciones. Como hemos dicho en un trabajo anterior ya citado[44] el olivo se ha interpretado como Cristo o Israel o la Iglesia. Optamos por relacionarlo con la idea de "pueblo de Dios" integrado tanto por judíos como por gentiles. Lo importante es que Dios cultiva un solo olivo, un nuevo pueblo de Dios que se injerta –procediendo de la gentilidad– en el olivo histórico que es Israel. Barth interpreta la imagen:

> La rama del olivo silvestre injertada en lugar de aquellas en el olivo noble quiere dar entender la elección de los que están fuera. Lo uno es tan monstruoso como lo otro. Pero se trata precisamente de eso: Dios no se deja encontrar por los que le buscan, se deja encontrar por los que no lo buscan (10:20), solo porque él es *Dios*, porque quiere mostrarse a ambos como *Dios. Él* es la raíz santa del árbol. Desgajada de ese árbol, ni siquiera la púa noble puede crecer. En cambio, hasta el esqueje salvaje, injertado en ese árbol, tiene vida y alimento.[45]

Pablo explica el actual endurecimiento de Israel es solo "en parte" (merou–) expresión que se puede interpretar como cantidad ("una parte de Israel") o en términos temporales (solo por un tiempo). Barth opta por esta segunda alternativa al comentar que "este 'endurecimiento' no es más que un destino temporal del

---

42. *Ibid.*, p. 472. Cursivas originales.

43. *Ibid.*, p. 474. Cursivas originales.

44. *La unidad del pueblo de Dios*, p. 56.

45. *Carta a los Romanos*, p. 481. Cursivas originales.

hombre. La eternidad como valor fronterizo del tiempo pone punto final a ese destino".[46] Y entonces viene el desenlace del drama humano que de la tragedia y la culpa se resuelve en la salvación. Dice Barth:"*Y cuando esto suceda, todo Israel será salvado'*. La salvación de los perdidos, la justificación de los injustificables, la resurrección de los muertos tiene que venir de donde vino su catástrofe. La Iglesia es la encarnación del *hombre* que recibe la revelación de Dios".[47] Ese es el "pan Israel", la totalidad del Israel de Dios que, para San Pablo, abarca a todo el pueblo de Dios que confiesa a Jesús como el Mesías. Se trata de un desarrollo tan magnífico de la historia de la salvación en el cual Pablo responde la pregunta inquietante: "¿Acaso Dios rechazó a su pueblo?", cuestionamiento que surge del hecho de que mientras los gentiles abrazan el Evangelio que él predica, Israel se muestra reacio como pueblo rebelde y contradictor (10:21), no podría culminar sino mediante una doxología. Al comentarla, Barth dice que si todo es de Dios, por Dios y para Dios, esto implica que no hay un conocimiento de Él fuera de su revelación.

¿Conocimiento directo de este Dios? ¡No! ¿Cooperación en sus decisiones? ¡No! Posibilidad de captarlo, de vincularlo, de obligarle, de establecer una relación recíproca con él? ¡No! ¡*Nada* de "teología federal"! Él es Dios, él mismo, él solo. *Eso* es el Sí de la Carta a los Romanos.[48]

Barth destaca que la expresión laudatoria: *Porque de él, por él y para él son todas las cosas. ¡A él la gloria por los siglos! Amén*, es casi un calco de Marco Aurelio y sus soliloquios y hasta se ha encontrado en un himno a Selene.[49] Pero Pablo la expresa con mayor sonoridad. Barth pregunta y retóricamente:

> ¿Por qué el préstamo que Pablo toma aquí parece mucho más original que el original incluso en el plano de las cosas históricas? En cualquier caso, ¿qué punto final más significativo podría poner Pablo a *este* capítulo que el de decir en tono audible, amenazador y esperanzador *eso* que también saben los otros?[50]

Para Giorgio Agamben, la economía y el gobierno tienen su meta final en la gloria. En su enjundioso trabajo interpretativo de cómo las doctrinas de la *oikonomía*,

---

46. *Ibid.*, p. 488.

47. *Ibid.* Cursivas originales.

48. *Ibid.*, p. 497. La "teología federal" que Barth rechaza enérgicamente, es otro modo de mencionar a la "teología del pacto". El adjetivo "federal" procede del latín *foedus*, que significa "pacto". Esa teología está vinculada a la obra de Juan Cocceius (1603-1669).

49. Bultmann remite esta doxología a fórmulas helenísticas, especialmente estoicas. Véase Rudof Bultmann, *Teología del Nuevo Testamento*, trad. Víctor A. Martínez de Lapera, Salamanca: Sígueme, 1981, p. 118.

50. *Carta a los Romanos*, p. 497. Cursivas originales.

la providencia y la trinidad influyen en la genealogía del gobierno humano, dice el filósofo italiano: "La economía de la pasión y la economía de la revelación coinciden en la gloria y esta (o, más bien, la glorificación) define el conjunto de las relaciones trinitarias. La Trinidad es una doxología".[51]

4. Implicaciones eclesiales y sociopolíticas

La exposición de Karl Barth a Romanos 9 a 11 nos permite extraer implicaciones tanto para la Iglesia como para la sociedad y la política.

Para la Iglesia cristiana –en cualquiera de sus confesiones– la exposición de Barth es una invitación al autoexamen permanente para preguntarse en qué medida es "Iglesia de Jacob" o "Iglesia de Esaú". Tales designaciones no son estáticas sino dinámicas y, a su vez, nunca se dan en estado puro sino que ambas coexisten y se traslapan. Otra de las implicaciones tiene que ver con la apertura de la Iglesia y la superación de los vallados. Solo la "iglesia de Esaú" es la que erige vallados por lo que, le cabe a la Iglesia de Jacob derribarlos para que el pagano Esaú se ponga al servicio de Dios. Una tercera implicación es la apertura de la Iglesia a la fe y el milagro. La Iglesia de Jacob debe ser la Iglesia del milagro y del desierto, fruto de la confesión de Cristo como Señor, la resurrección y la fe. De lo contrario, es una Iglesia opuesta al Reino de Dios y al Evangelio de Jesucristo. La Iglesia verdadera debe ser inclusiva al punto de no poner límites al accionar salvífico de Dios que ha querido tener misericordia de todos: judíos, gentiles, foráneos, extranjeros. Si bien Karl Barth acepta la difícil doctrina de la predestinación, nunca la interpreta como un determinismo de bloques estáticos y cuantitativos. Esa predestinación es cualitativa y se complementa con la fe a la cual son invitados todos, sin distinciones. Como señala Elsa Támez a modo de síntesis de la argumentación paulina:

> Con esta propuesta teológica resuelve felizmente esta división de dos mundos (judíos y paganos) y universaliza la fe cristiana para que otros tengan la posibilidad de acceso a las promesas de Abraham. Una de sus intenciones, pues, que genera su propuesta teológica de la justificación por la fe y no por las obras de la ley, es la de incluir al excluido en el proyecto divino de salvación, con las mismas condiciones de aquellos considerados como los elegidos por la tradición judía.[52]

51. Giorgio Agamben, *El Reino y la gloria. Homo Sacer II.2,* trad. Flavia Costa, Edgardo Castro y Mercedes Ruvituso, Buenos Aires: Adriana Hidalgo Editora, 2008, p. 362. Para un análisis de esta obra, véase Alberto F. Roldán, *Hermenéutica y signos de los tiempos,* pp. 27-48.

52. Elsa Támez, *Contra toda condena. La justificación por la fe desde los excluidos,* San José: DEI, 1991, p. 140.

En cuanto a las implicaciones sociopolíticas, es importante señalar que en los últimos años la carta a los Romanos ha sido interpretada en vertiente política.[53] No es posible aquí referirnos en detalle a esas perspectivas hermenéuticas. Baste citar los conceptos clave del filósofo judío Jacob Taubes. Refiriéndose justamente al pasaje que hemos estudiado desde el aporte de Karl Barth, dice Taubes que Pablo:

> [...] da prueba de su tristeza infinita, de su dolor, pero que con ellas da también prueba de lo que para él quiere decir la comunidad solidaria de Israel. ¡No se trata de parentesco de la sangre sino de parentesco de la promesa! Todo depende de esto: la filiación, las promesas, la gloria, la ley, el templo, la *haggadá*, las promesas y el mesías, que se ha mostrado en Jesucristo. ¿Qué está en juego? Para Pablo están en juego *el fundamento y la legitimación del nuevo pueblo de Dios*.[54]

Para Pablo, el parentesco en el pueblo de Dios no radica en la sangre sino en la promesa a Abraham realizada en su simiente: el Mesías. Y lo que está en juego, como bien señala, es fundamentar y legitimar como pueblo de Dios a ese nuevo colectivo llamado "Iglesia". ¿Qué permite a Taubes leer políticamente la carta a los Romanos, cosa que instó a hacer junto al jurista alemán Carl Schmitt? En el siguiente párrafo esté quizás la respuesta. Dice sobre Pablo:

> Él es un tipo que responde a todo eso del modo más opuesto: protestando e invirtiendo los valores. El *imperator* no es el *nomos*, sino el clavado por el *nomos* a la cruz. Es una enormidad en cuya comparación son nada todos los aprendices de revolucionario. Esta inversión de los valores pone patas arriba la teología judeo-romano-helenística de las altas esferas, o sea, toda esa mezcolanza que es el helenismo. Cierto que Pablo sigue siendo universal, pero lo es por el ojo de la aguja del Crucificado, lo que quiere decir: la inversión de todos los valores de este mundo. [...] Es universalismo, desde luego, pero significa la elección de Israel. Solo que Israel se ha transfigurado y al final ha quedado un Pan-Israel.[55]

---

53. Véanse al respecto, la obra ya citada de Jacob Taubes, *La teología política de Pablo;* Giorgio Agamben, *El tiempo que resta. Comentario a la carta a los Romanos,* trad. Antonio Piñero, Madrid: Trotta, 2006 y Reyes Mate-José A. Zamora (editores), *Nuevas teologías políticas. Pablo de Tarso en la construcción de Occidente,* Barcelona: Anthropos, 2006. Para una exposición de las teologías políticas de Moltmann y Metz, véase Alberto F. Roldán, *Reino, política y misión,* pp. 157-186.

54. Jacob Taubes, *Op. cit.,* p. 42. Cursivas originales.

55. *Ibid.,* p. 39. Cursivas originales. Para Taubes los capítulos 9 a 11 de la carta a los Romanos es tan importante que en la carta enviada a Carl Schmitt pocos meses antes de la muerte de este último en 1984, le dice al jurista alemán: "Quizá llegue alguna vez el momento en que podamos hablar de Romanos 9-11, que para mí es la más importante teología política tanto judía como cristiana". Citada en *Ibid.,* p. 184.

La interpretación de Taubes adquiere más verosimilitud cuando constamos que la confesión "Jesús es el Señor" (*kyrios*) surge en el contexto del Imperio romano donde el César era proclamado por los súbditos como el *kyrios*.[56] Es posible extrapolar esa visión paulina del Imperio a la realidad sociopolítica mundial de hoy. Si bien el contexto mundial en el que Barth escribió su comentario era la Primera Guerra Mundial, los años posteriores serían testigos de los horrores del nazismo y la Segunda Guerra Mundial. Pese a las nomenclaturas diferentes, siempre hubo una constante: desconocer el señorío único de Dios y la irrupción de nuevos señores que exigen la adhesión incondicional. No hay poder del mundo sea político o imperial que pueda exigir a los cristianos obediencia absoluta, porque el único absoluto es Dios. Por otra parte, mientras los hombres poderosos del mundo erigen muros de división, Dios ha derribado en la cruz de Cristo los muros que separaban a judíos y gentiles forjando así un nuevo pueblo que es anticipo de su Reino.[57] Porque, al fin y al cabo, como bien afirma Paul Lehmann: "La *koinonía* cristiana es el anticipo y el signo de lo que Dios siempre ha hecho y está haciendo contemporáneamente: mantener humana la vida humana. Esta es la voluntad de Dios "como fue en el principio, lo es ahora y lo será por siempre en el mundo sin fin".[58]

Conclusión

Los capítulos 9 a 11 de la carta a los Romanos constituyen una sección importante en el desarrollo del argumento de San Pablo sobre "el justo por la fe vivirá". El apóstol no se desvía del tema central de la epístola: la justicia que es de Dios por la fe. En este caso, la reflexión de Pablo surge de su propia vivencia misionera: como apóstol de los gentiles constata que ellos abrazan esta nueva fe mientras Israel se muestra reacio. Surgen entonces las preguntas: ¿Qué pasa con Israel? ¿Ha desechado Dios a su pueblo? Para responder estas cuestiones, Pablo desarrolla lo que hoy podríamos denominar: "una filosofía de la historia de la salvación". No todos los que surgen de Israel son Israel (de Dios). Siempre hay una elección que, a su vez, se confirma y se concreta por la fe. Con gran capacidad prospectiva y profética, Pablo vislumbra que, una vez que la plenitud (*pleroma*) de los gentiles entre al Reino de Dios, entonces "todo Israel será salvo". Una nota crítica al planteo de Barth radica en el uso indiferenciado que hace entre "Israel" y la "Iglesia". En general, el teólogo reformado aplica en forma directa la referencia que Pablo hace

---

56. Para profundizar el título *kyrios* atribuido a Jesucristo, véanse: Justo L. González, *Jesucristo es el Señor*, Miami: Caribe, 1971 y Alberto F. Roldán, *Señor total*, Buenos Aires: Publicaciones Alianza, 1998.

57. Cf. Efesios 2:11-21.

58. Paul Lehmann, *Ethics in a Christian Context*, New York and Evanston, Harper & Row, 1963, p. 101. Cursivas originales.

a Israel y lo remite a la Iglesia. En rigor, cuando Pablo se refiere a "Israel" tiene *in mente* al Israel histórico en tanto pueblo elegido de Dios a partir del llamamiento de Abraham, aspecto que aparece obturado en el comentario de Barth. Por tal razón es que, en nuestro caso, optamos por hablar del "pueblo de Dios", nomenclatura que en el Antiguo Testamento se refiere a Israel pero que Pablo, a partir de su exégesis de Oseas, aplica a este nuevo pueblo de Dios: la Iglesia. Nos parece que "pueblo" (lao~) destaca que hay una sola historia de la salvación la cual culmina en el Mesías, en quien Dios cultiva el nuevo olivo cuyas raíces son los patriarcas, las ramas naturales son los israelitas y las ramas silvestres son los gentiles. Hay un solo pueblo de Dios integrado en el Mesías Jesús.

El comentario de Karl Barth a esa sección de la carta a los Romanos constituye un gran aporte al tema. El teólogo suizo parte de la dramática situación humana: la tragedia y la culpa de Israel para luego señalar el camino de la esperanza: la salvación del "pan-Israel". La exposición de Barth no puede ser considerada estrictamente como una exégesis sino más bien, como hemos mostrado en otro trabajo[59], representa una hermenéutica de texto mediante la cual el teólogo reformado se pregunta por el significado de la carta a los Romanos para el hombre del siglo XX. De allí su énfasis en el aquí y ahora de la humanidad en su tragedia y su culpa y el único camino de salida a su drama: la gracia superabundante de Dios manifestada en Cristo. El comentario de Barth a Romanos 9 a 11 constituye un desafío para la Iglesia y para la sociedad hoy. Para la Iglesia, es una invitación al autoexamen a los fines de saber si es Iglesia de Jacob o Iglesia de Esaú, si el Evangelio que predica es el de la salvación o más bien está en contra del Reino de Dios. Solo la Iglesia de Esaú es la que erige vallados de separación entre judíos y gentiles, creyentes y no creyentes. La Iglesia está llamada a ser una comunidad integradora y no divisiva, una comunidad abierta al milagro que Dios siempre puede producir para transformar el No de Dios en el Sí de Dios en Cristo. Para la sociedad y el mundo hoy, el mensaje de Romanos 9 a 11 tal como ha sido expuesto por Karl Barth, implica el rechazo de políticas que tienden a levantar muros para separar a los pueblos y, por el contrario, construir puentes de comunicación y hermandad de judíos y gentiles, hombres y mujeres, ricos y pobres.

---

59. Véase Alberto F. Roldán "El comentario de Karl Barth a la Carta a los Romanos como un modelo preliminar de hermenéutica de texto", en *Hermenéutica y signos de los tiempos,* pp. 157-178. Además de ser un texto de hermenéutica de texto, Paul Tillich lo ha ponderado en forma elocuente al afirmar que "el *Comentario a Romanos* de Barth no fue un comentario ni un sistema, sino un llamado profético dirigido a la religión y la cultura, a reconocer la divinidad de lo divino y disolver la síntesis neo-protestante entre la creatividad de Dios y la del hombre". Paul Tillich, The Present Theological Situation in the Light of the Continental European Development", *Theology Today,* Nro. 6, octubre de 1949, p. 302, cit. por David L. Muller, *Op. cit.,* p. 26.

Un aspecto final que surge de este análisis del comentario de Barth a Romanos 9 a 11 es el referido a la predestinación. El teólogo suizo no enfoca tal doctrina en perspectiva cuantitativa y determinista porque la elección –según la entiende– siempre se complementa con la fe. Elegidos y reprobados no son categorías fijas sino dinámicas ya que, según Barth, Dios se deja encontrar aun por los que no le buscan y siempre su gracia triunfa sobre el juicio, el amor sobre el odio y la vida sobre la muerte. Por eso, toda la historia de la salvación culmina en la doxología final: "Porque de él, y por él, y para él, son todas las cosas. A él sea la gloria por los siglos. Amén".[60]

60. Romanos 11:36. *Reina Valera 1960.*

XI

¿Dónde está Dios en todo lo humano?

> La palabra última se llama *reino de Dios,* creación, redención, consumación del mundo a través de Dios y en Dios.
>
> **Karl Barth**

El tema de la acción social y política cristiana adquirió relevancia en el siglo XX. No es que antes no se hubiera reflexionado sobre el tema, pero es a partir de las dos guerras mundiales y la lucha que los cristianos confesantes emprendieron durante el nazismo cuando el tema adquirió inusitada relevancia. Una de las figuras descollantes de esa lucha fue Karl Barth. Creemos oportuno reflexionar sobre el tema planteándonos varias preguntas: ¿En qué consiste la acción social cristiana? ¿De qué modo critica Barth el eclesiocentrismo y cómo plantea la ultimidad del Reino? ¿Cuáles son los aspectos concretos de esa acción? Y, en cuanto a lo político, ¿qué dice Barth sobre el modo de participación cristiana en ese ámbito?

La tesis que pretendemos desarrollar en esta ponencia dice así:

Según Karl Barth la acción social y política cristiana es ineludible, implica superar el eclesiocentrismo mediante la ultimidad del Reino de Dios y su puesta en práctica debe propender a la justicia social.

1. Acción social cristiana

En un ensayo titulado "El lugar del cristiano en la sociedad"[1], que recoge la Conferencia sobre Religión y Relaciones Sociales ofrecida por Barth en Tambach en

---

1. Karl Barth, *The Word of God and the Word of Man,* trad. Douglas Horton, New York: Harper & Row, Publishers, 1957, pp. 272-327. En el presente trabajo tomo en cuenta esta versión pero también –cuando la considere necesario– recurriré a la traducción al portugués de la obra

septiembre de 1919 ya terminada la Primera Guerra Mundial (¡el mismo año de la publicación de su *Römmerbrief*!), Barth desarrolla el tema comenzando por señalar que la vida humana tiene su desarrollo en la sociedad. Tanto la vida matrimonial como familiar, la civilización, el orden económico, el arte, la ciencia, el Estado, los partidos políticos y las relaciones internacionales se desarrollan y se modifican según su propia lógica interna y están llenos de promesas. Definitivamente, no se puede estar fuera de la vida social. Ser cristiano, para Barth, es funcionar como centinela y es allí donde se introduce "un nuevo elemento en medio de lo antiguo, una verdad en medio del error y las mentiras, una justicia en medio de un mar de injusticias, una espiritualidad dentro de nuestras tendencias materialistas, una energía vital formativa dentro de toda nuestra debilidad...".[2]

Pero cuando Barth se refiere al "cristiano", aclara que ello no debe ser interpretado como "los cristianos" en sentido global, los simplemente bautizados y concurrentes a la iglesia sino el cristiano que, al fin de cuentas es "Cristo en nosotros". "Ese 'Cristo en nosotros' comprendido en toda su profundidad paulina no significa un dato psíquico, ningún estar tomado, poseído o cosa parecida, sino una proposición. 'Encima de nosotros', 'atrás de nosotros', 'trascendiendo a nosotros', esto es lo que quiere decir 'en nosotros'".[3]

Por otra parte, el tema no solo trata del cristiano, tal como lo ha definido Barth, sino también de lo que denominamos "la sociedad". "Ella se nos presenta como un todo, aunque interiormente se esté cayendo a pedazos, se nos presenta externamente como completa y cerrada, sin conexiones con el reino de los cielos. ¿Dónde está Dios en todo lo humano? ¿Dónde está el propósito en todo ese despropósito, el original en toda su degeneración, el trigo en medio de todas las cizañas?"[4]

En su observación sobre lo sagrado y lo profano, Barth dice que en su tiempo se afirmaba la autonomía de lo sagrado delante de lo profano y lo profano igualmente se afirmaba en su autonomía de lo sagrado. "La sociedad simplemente *está* dominada por su propio Logos, o mejor, por toda una serie de hipóstasis y potencias de semejanza divina".[5]

Si bien los ídolos son nada, de todos modos, Barth sostiene que todavía no está quebrado el poder demoníaco sobre nuestras cabezas. Pero hay que hacer distinciones. Dice: "Porque una cosa es la duda crítica ante el dios de este mundo

---

de Karl Barth titulada *Karl Barth. Dádiva e Louvor,* 2da edición, trad. Walter O. Schlupp, Luis Marcos Sander y Walter Altmann, Sao Leopoldo, IEPG, Sinodal, 1986.

2. *The Word of God and the Word of Man*, p. 273.

3. *Karl Barth, Dádiva e Louvor*, p. 19.

4. *The Word of God and the Word of Man*, p. 278.

5. *Dádiva e Louvor*, p. 22. Cursivas originales.

y otra es el reconocimiento de la *dynamis,* de la fuerza del Dios vivo, que crea un nuevo mundo. Sin este reconocimiento, una formulación 'social-cristiana' no pasa de ser un despropósito".[6] Ante ello, dice Barth que está siempre la posibilidad de poner remiendo en la vestidura vieja con pedazos rasgados de la nueva. Con ello se refiere a sumar a la sociedad secular una superestructura anexa a lo eclesiástico. Ello sería, según su entender, apelar al viejo malentendido de la palabra de Jesús, dar al César lo que es del César y a Dios lo que es de Dios. Y esta tendencia, comenta, se encarnó en la Edad Media al clericalizar la sociedad. Con vehemencia, dice: "¡Resistamos esta nueva tentación eclesiástica! Pues cuanto más grande sea nuestro coraje y resistencia, tanto más ingentes se nos deparan allí afuera los gigantes, cuya subyugación nos propusimos".[7]

Una vez más, para Barth la solución al problema está en Dios y solo en Dios. Dice: "*De Dios* es de lo que se trata, de un movimiento de parte *de Dios,* de nuestro estar movidos por Él, no de la religión. ¡*Tu* nombre sea santificado! ¡*Tu* reino venga! ¡*Tu* voluntad sea hecha!"[8]

Barth se refiere a lo que denomina "la inmaleabilidad de lo divino ante lo humano" y la constatación del aislamiento entre lo sagrado y lo profano. Dios no puede quedar preso de ese esquema o aislamiento. Por eso, "*a pesar de* esa constatación, *tiene* que haber un camino de allá para acá. Y con ese 'tiene que' y con ese 'a pesar de eso' estamos profesando el milagro de la *revelación de Dios*".[9]

Barth entiende que cuando vemos o percibimos la irrupción de lo divino dentro de lo humano el aislamiento de lo humano y lo divino no puede quedar en eso. "La inquietud que Dios produce en nosotros tiene que llevarnos a la vida en oposición crítica, debiendo entender 'crítico' en el sentido más profundo que esta palabra alcanzó en la historia del espíritu humano. Al milagro de la revelación corresponde el milagro de la *fe. Historia* de Dios es también este aspecto del *conocimiento* de Dios y, una vez más, no es un mero proceso a nivel consciente, sino un nuevo 'tener que' que proviene de arriba".[10]

En la parte final de su exposición, Barth enfatiza la centralidad del Reino de Dios. Es como si recorriera un camino de Cristo al Reino. Afirma: "La palabra última se llama *reino de Dios,* creación, redención, consumación del mundo a través de Dios y en Dios".[11] La última palabra acerca de Dios no es algo así como

---

6. *Ibid.* Cursivas originales.

7. *Ibid.,* p. 23.

8. *Ibid.,* p. 25. Cursivas originales.

9. *Ibid.,* p. 26. Cursivas originales.

10. *Ibid.,* p. 27. Cursivas originales.

11. *Ibid.,* p. 31. Cursivas originales.

"no llegues acá" o "del polvo eres y al polvo volverás", sino "Yo vivo, y vosotros también viviréis". "Con esta misma última en oídos *abiertos* queremos movernos dentro de nuestra esperanza y nuestra dificultad. El señorío de Dios a avanzar es aquello que nos es dado de antemano".[12] El Reino de Dios no solo es una realidad que se agote en lo personal o aun en lo social. Porque:

"Aún el *regnum naturae* es el Reino de Dios con la adición de –y que debemos agregar, a despecho de– el velo que ahora cubre su gloria. En este sentido debemos aceptar la bien conocida y a menudo condenada afirmación hegeliana respecto a la racionalidad de todo lo que es".[13]

En todas las relaciones sociales debemos percibir algo de lo último porque, hemos sido creados por Dios en Cristo, por él y para él y debemos evitar tanto la negación del mundo como su afirmación unilateral. Porque, explica, en Cristo "descansa nuestra victoria sobre la falsa *negación* del mundo y también nuestra seguridad absoluta contra una *falsa* afirmación del mundo".[14]

Barth es consciente de que aún dentro de la provisionalidad se desarrolla todo pensar, hablar y actuar, pero a pesar de esa provisionalidad, siempre se puede convertir en el Reino de Dios, con tal de que nosotros estemos en ese Reino y el mismo esté en nosotros. "Esto es verdad en Cristo. Esto es la sólida y fundamental intuición bíblica de la vida".[15]

En su conclusión, Barth se pregunta si acaso las cuestiones presentadas en el comienzo de su reflexión fueron respondidas porque parecen no haberlo sido. Sin embargo, reconoce que solo es posible hacer una sola cosa. A modo de pregunta retórica finaliza diciendo: "¿Qué puede hacer el cristiano en la sociedad sino seguir atentamente lo que es hecho por *Dios?*"[16]

En resumen: la acción social del cristiano/a en la sociedad solo puede ser realidad no por sí misma sino por lo que Dios ha hecho en Cristo y esa experiencia con Cristo conduce a lo último en la perspectiva escatológica de Dios: el establecimiento de su Reino. En medio de las contradicciones de la vida social, el cristiano/a debe actuar inspirado en la misma actuación de Dios en el mundo al cual no hay que negar ni absolutizar porque, precisamente, lo absoluto es el Reino en medio de los reinos de este mundo.

---

12. *Ibid.* Cursivas originales.

13. *The Word of God and the Word of Man*, p. 300. Cursivas originales.

14. *Ibid.* Cursivas originales.

15. *Ibid.*, p. 310.

16. *Ibid.*, p. 327. Cursivas originales.

2. Acción política cristiana[17]

El tema del Reino de Dios aparece recurrentemente en los textos barthianos y por su importancia merecería un tratamiento pormenorizado que no encaramos aquí. No obstante, es importante destacar lo que señala Mark Galli en el sentido de que el Reino de Dios "es un tema favorito de los socialistas religiosos, Barth se dio cuenta de que la Biblia está hablando acerca de una idea radicalmente trascendente".[18] Galli distingue las diversas comprensiones del Reino de Dios: algunos cristianos socialistas creyeron que el Reino de Dios sería un programa político progresivo que aliviaría el sufrimiento humano y promovería la igualdad. Otros lo concibieron como un cumplimiento del Sermón del Monte, una especie de contracultura en el mundo. "Barth partía de la creencia de que no era así, que el Reino de Dios no es un progreso político o ético dentro del viejo mundo, o aún un rebelde y contracultural testigo dentro de él, sino un mundo totalmente nuevo".[19]

Hecha esta aclaración, ahora nos referimos a los diálogos que Barth mantiene con colegas y estudiantes de teología, donde se explaya sobre el tema del Reino de Dios en vinculación con la cuestión política. Esos diálogos se reproducen en una obra titulada *Barth in Conversation*.[20] El primero de ellos se realizó el 3 de junio de 1959 en Zofingia. Los asistentes le formulan varias preguntas, entre otras: ¿Cuáles son el rol y los deberes del cristiano como ciudadano político?, y ¿Hay una diferencia entre la posición de la iglesia hacia los nazis y hacia el comunismo? Barth responde con amplitud, formulando diez tesis de las cuales extraemos las siguientes:

El cristiano es testigo del Reino de Dios (=basileia) que ha venido en Jesucristo y todavía será revelado en él.[21]

1. *El cristiano vive en cada tiempo y situación particulares también como ciudadano de un estado en sus formas diferentes y cambiantes.*[22] Amplía Barth:
2. *No hay cristianismo fuera del tiempo y del espacio.* La vida cristiana tiene una determinación concreta. Sin embargo, él no puede reducirse a su

---

17. Aquí reproduzco algunos conceptos ya expresados en mi libro *Karl Barth en América Latina*, Buenos Aires: Kairós, 2019, cap. 4.

18. Mark Galli, *Karl Barth. An Introductory Biography for Evangelicals,* Grand Rapids: Eerdmans, 2017, p. 36.

19. *Ibid.*

20. Karl Barth, *Barth in Conversation*, vol. I, 1959-1962, Eberhard Busch (editor), trad. Center for Barth Studies Princeton Theological Seminary, Louisville: Westminster John Knox Press, 2017.

21. *Ibid.*, p. 3. Cursivas originales.

22. *Ibid.* Cursivas originales.

existencia política. Él vive, también, aquí, como ciudadano y como testigo de la existencia del Reino de Dios. Uno no podría hablar del Estado en forma abstracta. El cristiano siempre vive en una de las diferentes formas que adopta el Estado, y siempre en relación a su propio Estado.[23]

3. *El cristiano no debe confundir el Estado, en cualquiera de sus formas, con el Reino de Dios.*[24] Amplía Barth:

El Reino de Dios es "absolutamente" superior a toda forma de Estado. Ningún Estado es idéntico al Reino de Dios. No hay un *Divus Caesar,* y no hay *Civitas Dei* (Agustín). No hay un Estado cristiano. No hay Estado [que demande] fidelidad y obediencia incondicionales, que no sea el Reino de Dios. El Reino de Dios es solamente real en su cumplimiento en Jesucristo.[25]

9. *El cristiano decide acerca de la forma de Estado que prefiere tanto como acerca de la forma de su sostenimiento, con una nueva y libre orientación hacia el Reino de Dios en cada tiempo y situación particulares.*[26]

10. *El cristiano siempre está obligado a asumir una instancia política particular y una acción que se corresponda con su reflexión sobre el Reino de Dios.* Esto nunca es un asunto indeterminado o alguna clase de buena intención general. En cada caso concreto, el cristiano tiene este sentido de elección, pero más bien solo una posibilidad: la instancia que él ha sido mandado a asumir. Debe ponerse de pie para esa actitud resueltamente.[27]

En la Conferencia de la Federación Mundial de Estudiantes Cristianos celebrada en Estrasburgo el 19 de julio de 1960, Barth responde otras preguntas referidas al Reino de Dios y la Iglesia, particularmente al Reino, la misión de la Iglesia y la política. Allí, define el Reino de Dios de un modo claro y contundente: "El Reino de Dios es una realidad actual y dinámica. El Reino de Dios significa la soberanía de Dios, el reclamo de Dios y la acción de Dios".[28] Sobre la misión de la Iglesia, afirma: "La misión de la Iglesia es la tarea de reflejar, como en un espejo, el Reino de Dios, la obra de Cristo y del Espíritu Santo. ¡*Reflejar,* no *hacerlo*! También podríamos decir que la tarea de la Iglesia, su misión, es proclamar el Reino, o,

---

23. *Ibid.*

24. *Ibid.* Cursivas originales.

25. *Ibid.,* pp. 3 y 4. Cursivas originales.

26. *Ibid.,* p. 4.

27. *Ibid.,* p. 5. Cursivas originales.

28. *Ibid.,* p. 68.

para usar el término bíblico: "ser testigo de él".[29] Ante una pregunta sobre si hay una base cristiana para la acción política, Barth responde:

> ¿Qué se quiere decir por el término "acción política"? Yo comprendo que la acción política significa cooperación responsable dentro del ámbito de la administración de lo humano (*humano*, no divino) de la libertad, la justicia humana, el orden humano, la paz humana. [...] Ahora bien, ¿hay una base para tal acción política? Mi respuesta viene por este camino: hoy como siempre, Dios es Señor, no solo dentro del ámbito, como se dice, dentro de las paredes de la Iglesia, sino también fuera de la así llamada esfera religiosa de la vida. Dios es Señor de todo el mundo, y así somos llamados a la administración política, es algo que no puede ser llevado a cabo de modo independiente a su voluntad e intención. La participación en la administración política puede y debe ser una forma de lo que nosotros llamamos servicio cristiano en el mundo.[30]

De estos diálogos de Barth con colegas y estudiantes, se pueden extraer importantes conclusiones sobre la naturaleza del Reino de Dios y la participación cristiana en el ámbito de la política. En primer lugar, Barth distingue cuidadosamente la Iglesia del Reino. Ella no es el Reino mismo sino simplemente testigo de ese Reino, anunciadora del Reino. Y al hablar del Reino, implica inevitablemente hablar de la justicia. Por eso Barth dice en su texto *Comunidad cristiana y comunidad civil*, que: "La comunidad cristiana existe como tal en el terreno político y, por tanto, tiene necesariamente que aplicar y luchar por la justicia social".[31] El Reino es compromiso con la justicia social que emana de ese Reino, pero también es la reconciliación del mundo con Dios, es el gobierno soberano de Dios sobre todas las esferas de la realidad. El carácter del Reino de Dios es absolutamente superior a todo lo que acontece dentro del Estado y ningún Estado puede identificarse con el Reino de Dios ya que no hay un "César divino" ni una Ciudad de Dios como la pensó San Agustín. Por lo tanto, tampoco hay Estado cristiano o, podríamos agregar: "naciones cristianas". Siempre está al acecho la tentación de identificar un sistema político con el Reino de Dios. En tal sentido, es bueno recordar lo que un barthiano como José Míguez Bonino observó: "El Reino de Dios no puede ser identificado con una utopía social o política, ni puede una utopía deducirse del Reino de Dios. Las utopías son creaciones humanas, edificadas por el ejercicio

29. *Ibid*. 69. Cursivas originales.

30. *Ibid*., p. 70.

31. Karl Barth, *Comunidad Cristiana y comunidad civil*, trad. Diorki (Andrés Sánchez Pascual), Fontanella y Marova, Barcelona, 1976, p. 115.

de una razón creativa, que extrapola de y niega la realidad existente".[32] Fiel a ese concepto y con honestidad intelectual, en las postrimerías de su vida, el teólogo metodista argentino revisa su opción política formulada en la Segunda Consulta de la Fraternidad Teológica Latinoamericana en Lima en 1972, señalando:

> Apostamos como Tillich lo había hecho en la década del 20, en la esperanza de un "kairós" cercano: para nosotros, la construcción de una América Latina democrática y socialista, emancipada de su dependencia e inaugurando un mundo nuevo, justo, participativo y progresista. Era esta la promesa social que veíamos como la dimensión necesaria y prioritaria de nuestro compromiso cristiano. Como le pasó a Tillich, el kairós no llegó, o nos pasó de largo. Aún debemos profundizar el análisis de los diferentes factores que hicieron que esto fuera así. Y tal reflexión es importante para el futuro testimonio cristiano en América Latina.[33]

También desde la teología liberacionista latinoamericana se pronunciaron algunas voces de advertencia al peligro de identificar al Reino de Dios con una determinada realización histórica. Dice el teólogo brasileño Juan Bautista Libânio dice: "Este carácter oculto y misterioso del reino nos obliga a una postura de humildad y de prudente cautela ante toda pretensión de identificar apocalípticamente alguna realidad histórica con el reino o de querer señalar con absoluta certeza su presencia en algún acontecimiento".[34]

Para Barth, finalmente, la acción política de los cristianos es irrenunciable pero siempre tomando en cuenta que Dios es Señor de todas las realidades y que la acción cristiana debe concretarse más allá de las paredes de la Iglesia o de la así

---

32. José Míguez Bonino, "Theology and Peace in Latin America", en Theodore Runyon (editor), *Theology, Politics and Peace,* Maryknoll, New York: Orbis Books, 1989, p. 48. En una profunda reflexión sobre la economía desde la perspectiva bíblico-teológica André Dumas, contrasta parábolas de Jesús que ponen el acento en el esfuerzo, el ahorro y el desarrollo con otras que muestran a siervos de la penúltima hora que reciben el mismo salario que los otros obreros. Sintetiza diciendo: "Así, pues, la Biblia dice dos cosas: entrar en la competición dentro de la que todo se juega, y cuando hayáis hecho todo lo que estaba de vuestra parte por ganar decid: recibimos todo por gracia". André Dumas, *Prospectiva y profecía,* trad. Damián Alonso, Salamanca: Sígueme, 1974, p. 81. A modo de conclusión, dice el teólogo protestante francés: "La Biblia no nos aconseja, pues, una determinada organización económica ideal. Pero nos coloca ante la triple exigencia: que cada trabajador pueda tener parte también en la obra como en el esfuerzo, que cada empresa se pruebe en la concurrencia, sin autoidolatrarse en el éxito y que cada sociedad se oriente hacia la abundancia sin parapetarse en la suficiencia". Ibid., p. 83.

33. José Míguez Bonino, "'Un silbo apacible y suave...' (1 Reyes 19:12)". Notas autobiográficas de un recorrido pastoral y teológico" en Guillermo Hansen (editor), Buenos Aires. Instituto Universitario ISEDET, 2004, p. 433.

34. Juan Bautista Libânio-Ma. Clara Bingemer, *Escatología cristiana,* trad. Alfonso Ortiz García, Buenos Aires: Paulinas, 1985, p. 112.

llamada "esfera de la vida religiosa". Por el contrario, se trata de participar activamente en el mundo, respondiendo a un llamado para actuar en la administración de un ámbito totalmente humano, no divino, sino de libertad, justicia, orden y paz humanas, ni divinas ni perfectas. La lectura de esos diálogos de Barth con profesores y estudiantes de teología, ofrece definiciones claras y contundentes para un tema crucial en el presente de la vida de las iglesias en América Latina y su participación, muchas veces temeraria y equívoca, en la arena política con todas sus limitaciones y contradicciones.

Finalmente, casi como una nota al pie, es oportuno tomar en cuenta que el orden en la sociedad es también una preocupación por parte de Barth. Se trata de un concepto muy en línea con la paz, entendida como *Shalom*. En su aguda reflexión sobre el tema, Jose Míguez Bonino coloca a la justicia como el prerrequisito para la paz y el orden en la sociedad. Dice que ese concepto hebraico de *Shalom* incluye las relaciones de orden y estabilidad a las cuales –siguiendo a Barth– denomina "constantes" o "regularidades". Y agrega: "En las palabras de Isaías, la paz es el fruto de la justicia", el orden está al servicio de la libertad. Este es el orden bíblico de prioridades. Estas son las regularidades, y deben ser respetadas y aseguradas. Sin embargo, decimos otra vez con Barth, "la primera preocupación es 'la corrección de estas [*sic*] regularidades'. La justicia es el fundamento del orden".[35]

Conclusión

Nuestra exposición comenzó con una pregunta incisiva formulada por Karl Barth: "¿Dónde está Dios en todo lo humano?" Y la respuesta que podemos dar a partir de la exposición del propio teólogo reformado es que Dios está en todo lo humano a partir de su encarnación en Cristo, o como lo definió en otra instancia: "el hombre es la medida de todas las cosas desde que Dios se encarnó en Jesucristo". En consecuencia, se trata del cristiano y la cristiana que están verdaderamente "en Cristo" ya que ni la afiliación a la Iglesia en tanto institución ni el bautismo son garantías de ello. Se trata de una experiencia de estar en Cristo porque es en él donde Dios se manifiesta y actúa. Desde allí, el cristiano y la cristiana están obligados a actuar cristianamente en el mundo, pero no para afianzar una perspectiva eclesiocéntrica de perfil clerical –como se dio en la Edad Media– sino para vivir en la ultimidad del Reino de Dios en la historia. A su vez, la acción política también es ineludible, pero no para elaborar una "política cristiana" sino

---

35. José Míguez Bonino, *Militancia política y ética cristiana*, trad. Carlos A. Sintado, Buenos Aires: Ediciones La Aurora, 2013, p. 131. El texto original en inglés dice: "the first concern is for 'the correctness of these regularities'". *Toward a Christian Political Ethics*, Filadelfia: Fortress Press, 1983, p. 86. La cita de Barth corresponde a *Church Dogmatics, II/2*, trad. G. W. Bromiley, Edimburgo, T & T Clark, 1957, p. 513.

en cooperar con la administración de lo humano, es decir, de la justicia, el orden humano y la paz. Bajo cualquier sistema sociopolítico en que vivamos —ninguno de los cuales debemos sacralizar— es necesario promover la justicia social cuyo fruto es la paz al servicio de la libertad. Para Barth, es necesario distinguir el Reino de Dios tanto del Estado como de la Iglesia ya que estos dos últimos órdenes son provisionales frente a la ultimidad del Reino. En última instancia, la acción política cristiana debe ser el resultado de una profunda reflexión sobre el Reino de Dios y su justicia.

XII

La encarnación del Logos según la inversión fenomenológica

El motivo último de la Encarnación que contiene la posibilidad de la salvación se descubre a nosotros: la Encarnación del Verbo es su revelación, su vida a nosotros. […] La carne misma en cuanto tal es revelación.

Michel Henry

Y el Logos se hizo carne (Juan 1:14). Esta vida se manifestó (1 Juan 1:2). La declaración 'Dios se hizo carne' (Juan 1:14) es el anuncio de una abismal fenomenología de la encarnación…

Mario Lipsitz

1. Fenomenología de la «carne»

Para el filósofo francés Michel Henry, "la inversión de la fenomenología" consiste en el movimiento del pensamiento que se refiere a una realidad que precede a lo que se manifiesta: la autodonación de la Vida absoluta que se encarna en el Verbo de Dios. De la Vida dependen todos los seres porque la Vida misma estaba en el Logos y todo fue hecho en él. La importancia de la carne es tal que solo podemos tener una noción de cuerpo a partir de ella. En su argumentación, Henry destaca la lucha encarnizada que encararon los Padres de la Iglesia, particularmente Ireneo de Lyon y Tertuliano, para reafirmar la naturaleza plenamente carnal del cuerpo de Cristo en oposición a la herejía gnóstica expresada en el docetismo. Al refutar al gnosticismo el cristianismo se transforma en una archi-gnosis ya que ese conocimiento que se obtiene por el Logos encarnado ya no es un secreto para algunos iniciados –como postulaba el gnosticismo– sino que está abierto para todos, en especial para los simples, "los que quizás no tienen nada más que su carne". Esa archi-gnosis deviene en el archi-gozo que se produce en la donación de la Vida de Dios en el Verbo encarnado. Michel Henry demuestra en forma palmaria que la carne del Logos se constituye en el *locus* tanto de la revelación (*phainomenon*) como de la redención.

Este tema de la «carne» ha sido muy importante en el cristianismo desde el principio, por eso resulta muy significativa la aportación de Michel Henry al tema, que, desde un enfoque fenomenológico, profundiza en los alcances de la carne y la encarnación como ejes centrales no solo del misterio cristiano sino también de la filosofía, a partir de lo que denomina la «inversión fenomenológica». Henry procura encontrar en la Vida el Archi-principio que adviene a la carne como medio esencial para la realización de la salvación de la humanidad a partir de la osada afirmación joánica: «El Verbo se hizo carne».

2. La encarnación: objeto de estudio y método

Michel Henry, ciudadano francés nacido en Vietnam, desarrolla una serie de textos filosóficos en perspectiva fenomenológica, enfocando su reflexión sobre todo en el cuarto Evangelio. Es autor, entre otras muchas obras, de: *Palabras de Cristo, Yo soy la vida, Encarnación: Una filosofía de la carne* y *Fenomenología de la vida*. En la introducción a *Fenomenología de la vida*, Henry advierte que el tema de la encarnación «se sitúa en el centro de una constelación de problemas que nos proponemos abordar en este ensayo».[1] Henry distingue entre «cuerpo inerte» y nuestro cuerpo. Apelando a la observación de Heidegger, dice que la mesa no "toca" la pared. Lo propio de un cuerpo como el nuestro es sentir cada objeto próximo, percibir cualidades, colores, etc. A partir de ello, hay dos sentidos para "cuerpo", uno, un cuerpo u objeto inerte del universo y otro, el nuestro y, a partir de esa distinción, resuelve designar los términos del siguiente modo:

Llamaremos *carne* al primero, reservando el uso de la palabra *cuerpo* para el segundo. Esto es así porque nuestra carne no es otra cosa que *aquello que, al experimentarse,*

---

1. Michel Henry, *Encarnación. Una filosofía de la carne,* trad. Javier Teira, Gorka Fernández y Roberto Ranz, Salamanca: Sígueme, 2001, p. 9. Roberto Walton expone las distinciones entre filosofía y teología en Michel Henry. Dice que, para el pensador francés, ambas son disciplinas diferentes pero no competidoras. Entiende que, para Henry, la ventaja decisiva de la teología reside en que se basa en una Palabra de Verdad que se da como absoluta y añade: "De modo que la filosofía, o la fenomenología, se presenta como singularmente desprovista o indigente. Se encuentra en una condición errante sin saber qué es la Verdad ni cómo llegar a ella. No está en posesión de un comienzo asegurado por sí mismo, y por eso debe ir en búsqueda de un punto de partida". Roberto J. Walton, *Fenomenología, excedencia y horizonte teológico,* Buenos Aires: sb editorial, 2022, p. 307.

sufrirse, padecerse y soportarse a sí mismo y, de este modo, gozar de sí según impresiones siempre renacientes, es susceptible, por esta razón, de sentir el *cuerpo* exterior a sí, de tocar así como el ser tocado por él. Cosa de la que por principio es incapaz el cuerpo exterior, el cuerpo inerte del universo material.[2]

Más adelante, Henry pone de manifiesto que su propósito es elucidar sistemáticamente el tema de la carne, el cuerpo y la relación entre ambos permitiendo con ello «abordar el tema de nuestra investigación: la Encarnación en sentido cristiano. Esta tiene por fundamento la alucinante proposición de Juan: "Y el Verbo se hizo carne" (Juan 1:14)».[3] El autor destaca la importancia que ha tenido esta palabra extraordinaria, desde la reflexión de Pablo, los Padres de la Iglesia, los herejes y sus críticos y los concilios. Pero señala que la secuencia decisiva entre filosofía y teología, que en sus comienzos estaban unidas, desapareció de las producciones intelectuales, víctimas de un gigantesco naufragio que acontece en el enfrentamiento entre quienes intentaban comprenderla y quienes la rechazaban de forma incondicional por ser incompatible con la filosofía griega. Para hacer más clara la importancia que el concepto tiene para el cristianismo, dice Henry:

> Por otra parte, la incompatibilidad radical del concepto griego de Logos con la idea de su eventual encarnación alcanza su paroxismo tan pronto como esta última reviste la significación que le es propia en el cristianismo, la de conferir la salvación. Tal es, en efecto, la tesis que se puede afirmar como "crucial" del dogma cristiano y el principio de toda su "economía".[4]

El autor comenta el hecho de que, cuando el cristianismo sale de su matriz hebraica y se dispone a conquistar una cultura más universal, se enfrenta precisamente al desafío de los griegos. Y agrega: "para decirlo ahora con más precisión: *la realidad del cuerpo de Cristo como condición de la identificación del hombre con Dios.* Se va a confiar a los conceptos griegos la comprensión de la verdad más antigriega. Tal es la contradicción en la que los Padres y los Concilios se encontrarán más de

---

2. *Ibid., Encarnación,* 10. Cursivas originales.

3. *Ibid.,* p. 12. Hay varias formas de traducir la expresión joánica καί ὁ λόγος σάρξ ἐγένετο: "Y aquel Verbo fue hecho carne" (*Reina Valera 1960*); "Y la Palabra se hizo carne" (*Biblia de Jerusalén*); "Y la palabra se hizo hombre" (*Nueva Biblia Española*); "Y la Palabra se hizo carne" (*La Biblia Latinoamérica*); "Y el Verbo se hizo hombre" (*Nueva Versión Internacional*); "Y el Logos se hizo carne" (*Biblia Textual*). Para Mario Lipsitz, esta declaración es el anuncio de una abismal fenomenología de la encarnación y constituye la revelación de una verdad fundamental que estaba oculta en el Génesis. Mario Lipsitz, *Eros y el nacimiento fuera de la ontología griega: Emmanuel Levinas y Michel Henry,* Buenos Aires: Prometeo Libros, 2004, p. 63.

4. *Ibid.,* p. 13.

una vez".[5] Todo el combate se suscitó desde fines del siglo I en torno al tema del cuerpo real de Cristo, carne real semejante a la nuestra, como la única posibilidad de que en ella se pudiera concretar nuestra salvación.

La encarnación no solo es importante para la salvación sino que también es el medio de revelación, luego, también, de manifestación. Explica Henry: "El motivo último de la Encarnación que contiene la posibilidad de la salvación se descubre a nosotros: *la Encarnación del Verbo es su revelación, su vida a nosotros.* [...] La carne misma en cuanto tal es revelación".[6] El filósofo francés se pregunta si existe alguna ciencia que nos permita acceder a este tema de la revelación de Dios en la carne del Logos. Y responde:

> Ahora bien, esa ciencia existe: es la fenomenología. Por tanto, vamos a preguntar a la fenomenología el modo de aproximación apropiado al tema de nuestra investigación. La fenomenología inventada por Husserl a principios de este siglo ha suscitado uno de los movimientos de pensamiento más importantes de este tiempo y, quizá, de todos los tiempos. Las breves notas de esta introducción nos permiten por lo menos saber a condición de qué una filosofía podría servir de vía de acceso a la intelección de estas realidades que son, por un [*Sic*] parte, la carne y, por otra, la venida a esta carne, la encarnación y, especialmente, la Encarnación en sentido cristiano.[7]

En breve: el autor escoge la fenomenología como el método por el cual va a interpretar la encarnación en sentido general y en sentido específico: el cristiano. Antes de terminar su introducción aclara que el ensayo aborda tanto la filosofía, la fenomenología y la teología, disciplinas que se encargará de explicar cada vez que las utilice en su análisis del tema.

3. La fenomenología y su inversión

Henry comienza su investigación con un análisis del término de su método escogido: la fenomenología. Se trata de dos palabras de origen griego: *phainomenon*

---

5. *Ibid.*, pp. 16-17. Cursivas originales. También es antigriego el concepto joánico del Verbo. Como explica Mario Lipsitz: "El hijo es también Verbo (Logos), palabra de Dios, pues en él, el Padre se expresa y se experimenta. Logos cristiano, *pathos*, y no logos ekstático griego". Mario Lipsitz, *Eros y el nacimiento*, p. 64. Cursivas originales.

6. *Encarnación*, p. 24. Cursivas originales.

7. *Ibid.*, p. 30. Efectivamente, Edmund Husserl, filósofo nacido en lo que hoy se llama República Checa fue el iniciador de la fenomenología, profesor del propio Martín Heidegger. Algunas de sus obras son: *La idea de la fenomenología, Investigaciones lógicas, Ideas relativas a una fenomenología pura y a una filosofía fenomenológica, Meditaciones cartesianas y Las crisis de las ciencias europeas y la fenomenología trascendental.* Una excelente introducción a la fenomenología de Husserl en comparación con la filosofía de Heidegger es el libro de Emmanuel Lévinas *Descubriendo la existencia con Husserl y Heidegger,* trad. Manuel E. Vázquez, Madrid: Editorial Síntesis, 2005.

y *logos*. Luego, el primer término cualifica el objeto de esa ciencia y el segundo indica el modo de tratamiento que se aplica a ese objeto. Citando el parágrafo 7 de *Ser y tiempo* de Martín Heidegger, dice que fenomenología se deriva "del verbo *phainesthai*, que significa *mostrarse*, fenómeno que designa *"lo que se muestra, el mostrarse, lo manifiesto"*.[8] Aplicado a las formas verbal y sustantiva, la condición de fenómeno significa: desvelar, descubrir, aparecer, manifestar, revelar. Y, en forma sustantiva: donación, mostración, fenomenización, desvelamiento, descubrimiento, aparición, manifestación, revelación. Para entender acaso más claramente de qué trata la fenomenología quizás sea oportuno citar al propio Heidegger:

> Fenomenología es el modo de acceso y de determinación evidenciante de lo que debe constituir el tema de ontología. *La ontología solo es posible como fenomenología.* El concepto fenomenológico de fenómeno entiende como aquello que se muestra el ser del ente, su sentido, sus modificaciones y derivados.[9]

Se trata del aparecer, de la fenomenicidad pura, del cómo aparece el ente a nuestra vista. Y de allí, se trata de ver de qué modo viene el Verbo al mundo. Más específicamente, pregunta Henry:

> Si él es la revelación de Dios, si, por otra parte, ha tomado una carne semejante a la nuestra, ¿no llevamos, en nuestra propia carne, a Dios mismo? Revelación de Dios en su Verbo, revelación del Verbo en su carne, estas epifanías puestas en línea en la Archi-inteligibilidad joánica, ¿no se descubren solidarias o, para decirlo de manera más radical, *no toman carne en nosotros de la misma manera?*[10]

Henry aclara lo que los fenomenólogos llaman "fenómeno reducido". Se trata de los fenómenos que son reducidos a su contenido fenomenológico efectivo, es decir, lo que aparece y el modo en que aparece. "Ir a las cosas mismas, tomadas en su sentido, consiste en considerar este dato inmediato en su inmediatez, eliminadas

---

8. *Encarnación*, p. 35. Cursivas originales.

9. Martín Heidegger, *Ser y tiempo*, trad. Jorge Eduardo Rivera, Madrid: Biblioteca Nacional, 2002, p. 50. Cursivas originales.

10. *Encarnación*, p. 40. Cursivas originales. En otro texto, Henry define la revelación de Dios como auto-revelación. Dice: *"Dios es la revelación pura que no revela nada distinto de sí. Dios se revela.* La revelación de Dios es su auto-revelación. Si por ventura la 'Revelación de Dios' se dirigiese a los hombres, no consistiría en el desvelamiento de un contenido ajeno a su esencia y transmitido, no se sabe cómo, a algunos iniciados. Revelarse a los hombres no podría significar para Dios más que darles como herencia su auto-revelación eterna. El cristianismo no es, en verdad, más que la teoría sorprendente y rigurosa de esta donación de la auto-revelación de Dios heredada por los hombres". Michel Henry, *Yo soy la verdad*. p. 35. Cursivas originales.

las interpretaciones y saberes sucesivos que corren el riesgo de recubrirlo, de interponerse entre nosotros y él".[11] Otro término clave en el planteo de la fenomenología es la "intuición". Citando a Husserl, dice Henry: "toda intuición en que se da algo originariamente es un fundamento de derecho del conocimiento".[12] Comenta: "'Intuición' es un concepto fenomenológico: no se refiere a un objeto sino a su modo de aparecer. Es por esto por lo que se dice 'en que se da', porque un modo de aparecer es un modo de donación".[13] Tenemos ya una serie de términos clave en lo que hace a la fenomenología:

Fenómeno – intuición – aparecer – donación – revelación.

Sobre el último término, que por cierto tiene también una connotación teológica, dice Henry:

> Dado que es esta venida afuera lo que produce la fenomenicidad, la revelación que opera la intencionalidad queda definida de forma rigurosa: se cumple en esta venida afuera y coincide con ella. Revelar es semejante venida afuera, en una puesta a distancia, es hacer ver.[14]

Ahora bien: ¿a qué denomina Henry "inversión de la fenomenología"? Define que "es el movimiento del pensamiento que comprende aquello que lo precede, a saber: la autodonación de la Vida absoluta en la que ella misma adviene a sí".[15] Henry no se queda con el fenómeno en sí, sino que apunta a la causa del fenómeno: la Vida en sentido absoluto, de la cual dependen todos los seres o entes, en palabras de la teología joánica: del Logos en el cual estaba la vida y se nos manifestó.

4. La fenomenología de la vida

Henry parte del axioma de que ninguna impresión se trae por sí misma o se funda a sí misma. Se trata de la Vida, que no es de este mundo. Es "el aparecer de la Vida, que es la Vida en su fenomenización originaria".[16] ¿Cómo se experimenta la vida? Henry responde categóricamente: en un *pathos* considerando como: "una Afectividad originaria y pura, una Afectividad que denominamos transcendental porque, en efecto, es la que posibilita el experimentarse a sí mismo sin distancia

---

11. *Encarnación.*, p. 43.
12. *Ideen I,* § 24, cit. en *Ibid.*, p. 47.
13. *Ibid.*
14. *Ibid.*, p. 49.
15. *Ibid.*, p. 125.
16. *Ibid.*, p. 79.

en el sufrir inexorable y en la pasividad insalvable de una pasión".[17] La fenomenología de la vida conduce al tema de la fenomenología de la carne. La Vida se ofrece en forma absoluta y adviene a sí. "Es siempre la vida la que hace posible su auto-objetivación en el pensamiento, en calidad de condición interna de este pensamiento y de su objeto".[18] Para la fenomenología de la vida existen dos modos de aparecer: el del mundo y el de la vida. Henry comenta que generalmente atribuimos a los mismos cuerpos sus cualidades sonoras, táctiles, de colores, su rugosidad, su suavidad, etc. Pero todas esas cualidades solo son proyecciones en ellos de las sensaciones e impresiones. Es cierto que se experimentan así, pero las cualidades que poseen no son materia de esos cuerpos "que en realidad no sienten ni han sentido nunca nada, sino, precisamente, la materia fenomenológica pura de la vida, la carne afectiva de la que no son más que modalidades".[19] Por otra parte, nacer significa venir a la carne, donde toda carne viene a sí en lo que Henry denomina: "la Archi-Carne de la Vida".[20] Y agrega:

Es así como la fenomenología de la carne remite invenciblemente a una fenomenología de la Encarnación. La fenomenología de la Encarnación debería preceder lógicamente a la de la carne, puesto que eso que llamamos "carne" no puede comprenderse más que a partir de la venida a sí de la Vida absoluta […].[21]

En *Fenomenología de la vida,* serie de ensayos y conferencias para ser publicadas en español por Mario Lipsitz, Michel Henry define lo que quiere decir con "vida". Afirma: "Vivir significa ser. El concepto de vida es bruscamente rescatado de su aparente indeterminación cuando circunscribe al mismo tiempo el campo y la

17. *Ibid.*, p. 84. Interpretando estos conceptos de Henry, dice Ricardo Óscar Díez: "La Vida se auto-dona, se auto-revela instaurando una nueva palabra. Verbo que no tiene distancia con el acontecer, que no es indiferente y que es esencialmente creativo. Para escuchar la Palabra de la Vida no hay que 'mirar atrás', sino sentir lo que acontece en la carne que nos fue dada y por la que somos". Ricardo Óscar Díez, "Michel Henry, fundador de la fenomenología de la vida", Acta fenomenológica latinoamericana, vol. III (*Actas del IV Coloquio Latinoamericano de Fenomenología*), Lima: Pontificia Universidad Católica del Perú; Morelia (México), Universidad Michoacana de San Nicolás de Hidalgo, 2009, p. 242.

18. *Encarnación*, p. 126.

19. *Ibid.*, p. 134. Es posible que este énfasis de Henry sobre "la carne" esté relacionado con lo que él denomina "fenomenología material". Véase su obra *Fenomenología material,* trad. Javier Teira, Roberto Ranz, Madrid: Editorial Nacional, 2002, pp. 37-86.

20. Sobre el prefijo "archi" aplicado a: carne, pathos, hijo y gozo, explica Lipsitz: "El prefijo *archi* refiere en Henry en un sentido amplio a lo comenzante, a lo no mundano y a lo eterno. El Hijo es Archi-Hijo porque 'es tan antiguo como el Padre (y) como él se halla en el comienzo'". *Eros y nacimiento*, p. 65. Cursivas originales.

21. *Encarnación*, p. 164.

tarea de una ontología, es decir de la filosofía misma".[22] En crítica al existencia-lismo, dice que implicó una tentativa de rechazar el racionalismo pero envejeció prematuramente al no saber encontrar la vía que conduce a la vida. Y explica:

> Pues la vida permanece en sí misma; carece de afuera, ninguna cara de su ser se ofrece a la aprehensión de una mirada teórica o sensible, ni se propone como objeto de cualquier acción. Nadie ha visto nunca a la vida y tampoco la verá jamás. La vida es una dimensión de inmanencia radical.[23]

5. De la concepción helénica del cuerpo a la fenomenología de la carne: Tertuliano e Ireneo

El apartado 24 es fundamental para nuestro tema. Allí, Henry contrasta la visión griega del cuerpo con la fenomenología de la carne tomando como referente a Tertuliano de Cartago. La fenomenología de la carne, señala Henry, nos pone frente a dos tipos de correlaciones: la de la carne y la Vida y la de la carne y el nacimiento. Esa doble correlación es difícil de pensar cuando la vida deja de ser un mero ente para transformarse en el aparecer puro. La rotunda afirmación de Juan de que "el Verbo fue hecho carne" irrumpe en el mundo antiguo de modo desafiante y establece la confrontación entre pensamiento griego y pensamiento cristiano. Explica Henry:

> La violencia de la confrontación entre *la concepción griega del cuerpo y la concepción cristiana de la carne* va a estallar en el mundo antiguo desde la primera difusión de la nueva religión, cuyo tenor esencial es la afirmación de la venida de Dios a la condición humana bajo la forma de su encarnación.[24]

Así surge la lucha encarnizada de los Padres de la Iglesia frente a la herejía que negaba la verdadera humanidad de Jesús. Henry entonces toma en consideración a dos de esos Padres: Tertuliano de Cartago e Ireneo de Lyon. El primero, afirmó que no hay nacimiento sin carne ni carne sin nacimiento. Y comenta: "Lo que reprochó [Tertuliano] a la herejía en el caso de Valentín y sus seguidores fue precisamente 'reconocer la carne y el nacimiento *pero dándoles un sentido diferente*'".[25] Henry

---

22. Michel Henry, *Fenomenología de la vida,* trad. Mario Lipsitz, Buenos Aires: Universidad Nacional de General Sarmiento- Prometeo libros, 2010, p. 19.

23. *Ibid.,* p. 26.

24. *Encarnación*, pp. 165-166. Cursivas originales.

25. *Ibid.,* p. 166. La frase entre comillas, corresponde a Tertuliano, *La Chair du Christ,* Cert. París, 1995, p. 213, cursivas de Henry.

se pregunta a partir de qué presupuesto fenomenológico y ontológico Tertuliano comprende el nacimiento y la carne de Cristo. Siguiendo las reflexiones del teólogo africano, Henry se pregunta qué tipo de carne debería ser para que Cristo, con su muerte, lograra la salvación del mundo. Y su respuesta –siguiendo las intuiciones de Tertuliano– es que debía ser una carne abocada o destinada a la muerte, una carne hecha de la materia del mundo, en otras palabras: una carne terrestre. Para decirlo de modo más rotundo, amplía Henry:

> Nacido de las entrañas de una mujer, Cristo toma de ella su carne, una carne terrestre y humana, que él ha vivido como los humanos: alimentarse, fatigarse, dormir, en suma, compartir el destino de los hombres en primer lugar –para poder cumplir el suyo, que era ser crucificado, morir, ser amortajado– y después –solo después– resucitar.[26]

De ese modo se afirma el carácter humano y mortal de la carne de Cristo rechazando la herejía que sustituía esa carne verdadera por una carne "celeste", "astral", "psíquica" o "espiritual". Resulta interesante observar la ironía que marca Henry en cuanto a los términos utilizados por Tertuliano en su argumentación, que son de raigambre hebraica pero apelan a la medicina y el saber griegos.

> No dejará de observarse que las metáforas de que se sirve Tertuliano a la hora de establecer contra la herejía la realidad de la carne son de origen hebraico, que remiten al texto del Génesis más que a cualquier tratado griego. Pero ello no tiene precisamente más que un valor metafórico. La descripción mucho más precisa, casi objetiva, del parto en las invectivas dirigidas contra Marción, está apoyada sobre la medicina griega, sobre el saber griego, sobre la herencia griega. Cierto texto de Tertuliano –"los músculos semejantes a capellones de tierra"– indica por otra parte claramente la asimilación que tenía lugar en su espíritu entre la herencia griega, con sus conocimientos objetivos pre-científicos, y las metáforas bíblicas: unos y otras remiten al contenido de este mundo, contenido que remite a su aparecer, a la exterioridad primitiva de la naturaleza y de la creación en que se nos muestra, fuera de nosotros, la tierra y su limo, así como los desagradables procesos que tienen lugar en el vientre de las mujeres.[27]

De este modo, Henry pone de manifiesto lo que muchos han observado en cuanto a la incoherencia de Tertuliano en su rechazo a la filosofía griega –"¿Qué tiene que ver Atenas con Jerusalén?"– y su utilización del pensamiento y las ciencias

---

26. *Ibid.*, p. 167.

27. *Ibid.*, pp. 169-170. La frase entre comillas corresponde a la obra de Tertuliano ya citada, p. 253.

procedentes de Grecia. Lo que se cuestiona en todo este debate entre Tertuliano y Marción es si Dios es impasible, como decía Aristóteles, o si un Dios eterno puede sufrir y aun morir. Tertuliano se empecina en demostrar que la encarnación de Cristo es real y su pasión es real. Porque la carne que asimiló era "Una carne como la nuestra, *regada por la sangre, montada sobre los huesos, surcada por venas*".[28]

El apartado 25 está consagrado a Ireneo de Lyon. Vuelve a suscitarse la polémica con la gnosis, la cual no quería reconocer en Cristo una carne real como la nuestra, terrestre, material, porque tal consideración era demasiado trivial para esa perspectiva. Frente a ello, comenta Henry: "La asignación incondicional de la carne a la Vida, en la que reside su efectuación patética, encuentra en Ireneo una profundidad extraordinaria".[29] La vida de Dios mismo, auto-revelada en el Verbo es la que se hace carne. Henry explica la inversión que Ireneo hace del postulado gnóstico:

> La inversión de la gnosis radica en dos proposiciones fundamentales que expresamos como sigue: *lejos de ser la vida incapaz de tomar carne, es su condición de posibilidad. Lejos de ser incapaz de recibir la vida, la carne es su efectuación fenomenológica.* En el lenguaje de Ireneo: "Dios puede vivificar la carne" –y solo Dios, añadimos nosotros–, "La carne puede ser vivificada por Dios" –y solo puede ser vivificada por él, añadimos–. "Si no vivificase lo que está muerto, Dios dejaría de ser poderoso". Lo muerto es el cuerpo inerte del que Dios hace una carne en él comunicándole la vida –su Vida, la única que existe–. Y de ahí que la donación de la primera carne al primer hombre prefigure su salvación. "El que en el comienzo ha hecho [...] lo que no había, podrá, si quiere, restablecer en la vida lo que ha existido" –resucitar la carne, la cual no toma nunca su condición de carne más que de su propia vida en él–. Derivada de la primera, la segunda proposición es más que inteligible –archi-inteligible–. Precisamente porque la Vida es la condición de posibilidad de la carne, la carne es posible en ella, y no es posible más que en ella. La carne puede recibir la Vida como aquello mismo que hace de ella una carne y sin lo cual no sería en modo alguno –como aquello mismo que es–. "La carne –dice Ireneo en una proposición fundamental–, será capaz de recibir y contener el poder de Dios".[30]

---

28. Tertuliano, *Op. cit.*, p. 229, citado en *Ibid.*, p. 172. Sobre la impasibilidad de Dios, véase la refutación de Jürgen Moltmann en *Trinidad y Reino de Dios,* trad. Manuel Olasagasti, Salamanca: Sígueme, 1983, pp. 35-74 donde el teólogo reformado destaca a Orígenes de Alejandría, como el único de los padres griegos y latinos que se atrevió a reflexionar teológicamente sobre "el sufrimiento de Dios". *Ibid.* p. 48.

29. *Encarnación*, p. 174.

30. *Ibid.*, pp. 175-176. Cursivas originales. La cita entre comillas corresponde a Ireneo de Lyon, *Contre les hérésies*, pp. 383, 384, 576, 577. A esta descripción de la carne elaborada por Henry, se debe agregar la aguda aclaración de Mario Lipsitz: "La carne es más verbal que substantiva,

Para Ireneo, la carne no es excluida del arte, de la sabiduría y del poder de Dios "sino que el poder de Dios, que procura la vida, se despliega en la debilidad de la carne".[31] Esa debilidad significa que la carne toma vida no de sí misma, sino de la donación de la Vida absoluta. Dice Henry:

> Con la inmanencia en la carne de la Vida que constituye su realidad, le es comunicada la Archi-inteligibilidad de la Vida. De donde resulta la propuesta de una de las tesis más inauditas que ha formulado el pensamiento humano: *la interpretación de la carne como portadora en sí ineluctablemente de una Archi-inteligibilidad,* la de la Vida en la que se da a sí misma, en la que ese hace carne.[32]

También comenta que Ireneo critica a quienes pretenden que la carne es incapaz de recibir vida porque, si tal es el caso, ellos mismos, los gnósticos, no serían vivientes ya que desarrollan acciones propias de los vivos. Henry amplía la crítica de Ireneo a otras expresiones más allá de los gnósticos, al decir:

> Nos equivocaríamos si pensásemos que estas secuencias de absurdos que denuncia Ireneo pertenecen a la gnosis y a sus tesis específicas. Las volveríamos a encontrar por doquier allí donde la revelación de la carne no se atribuya a la revelación de la vida misma, comprendida como su auto-revelación.[33]

6. Recapitulación

A modo de recapitulación de los resultados de la inversión fenomenológica, Henry reafirma el sentido final de esa inversión: "sustituir el aparecer del mundo en el que se nos muestran los cuerpos por el de la vida, en cuya afectividad transcendental es posible toda carne".[34] Henry vuelve a referirse al comienzo de su reflexión, a

---

es el obrar *silencioso que instala interiormente nuestros poderes en ellos mismos para que entonces, pudiéndose, apoderándose de sí, puedan poder efectivamente"*. Mario Lipsitz, *Eros y nacimiento*, p. 73. Cursivas originales. Por supuesto que la carne sea más verbal que substantiva no se fundamenta en el modo en que algunas versiones bíblicas vierten *Logos* por *Verbo,* porque tales versiones remiten al latín *verbum,* es decir, palabra.

31. *Encarnación*, p. 176. Para un análisis del enfoque de la carne en la teología de Ireneo de Lyon en relación a la encarnación y la *imago Dei,* véase José Granados, *Teología de la carne: el cuerpo en la historia de su salvación,* Burgos: Monte Carmelo-Disdáskalos, 2012, pp. 124-128.

32. *Encarnación*, p. 177. Cursivas originales. La inteligibilidad y la manifestación del Verbo están declaradas en el lenguaje joánico, cuando, respecto al Verbo que es vida, afirma: "Esta vida se manifestó". (και η ζωη εφανερωθη)".

33. *Encarnación.,* p. 178.

34. *Ibid.,* p. 221.

partir de dos palabras joánicas: "Al principio era el Verbo" y "el Verbo se hizo carne". Las dos afirmaciones se refieren al Verbo, la primera, conectándola con la vida, la segunda, con la carne. Entonces, intenta determinar la implicación que está en juego en esas afirmaciones.

> La cuestión de la En-carnación es una de las más graves, por cuanto que pone en tela de juicio a la vez la naturaleza de la relación del hombre con Dios, la de Cristo y, en fin, la posibilidad de la salvación. Pero también, decíamos, la posibilidad de la culpa y de la perdición. Esta ambigüedad de la carne, capaz de significar tanto la salvación como la perdición del hombre, ha sido señalada y explícitamente formulada por los primeros pensadores cristianos. Ireneo afirma esta doble potencialidad, con una claridad y una fuerza singulares: "Por lo tanto, en esos miembros en los que perecíamos por el hecho de llevar a cabo las obras de la corrupción, *en esos mismos miembros* somos vivificados en el momento en que llevamos a cabo las obras del Espíritu".[35]

Luego, Henry reflexiona sobre el "yo puedo" afirmando que "*Todo poder tropieza en sí mismo con aquello sobre y contra lo que no puede nada, con un no –poder absoluto*".[36] Ilustra esa realidad con el caso de Pilato que hace alarde de su poder de condenar o soltar a Jesús.

> La brutal respuesta de Cristo –No tendrías ningún poder sobre mí si no te hubiera sido dado de lo alto (Jn 19:10-11)– descalifica de manera radical, no solo la idea que espontáneamente nos hacemos de un "poder", sino todo poder real y el nuestro en particular, vaciándolo de su sustancia, de la capacidad que lo define, precisamente la de poder, independientemente de su especificidad, de su objeto y de su modo de ejercerse. "Ningún poder"… No hay ningún poder que sea tal, pues *solo es verdadero poder el que toma su poder de sí mismo, y no es poder más que por esta razón*.[37]

El poder concedido es simplemente una donación de lo alto. De allí que, aplicado a la salvación, ella no puede obtenerse más que por una intervención de un poder soberano y superior: el de Dios. El medio que Dios ha escogido para realizar esa salvación es la encarnación como presupuesto para la cruz. Porque: "Encarnándose, el Verbo ha tomado por tanto sobre sí el pecado y la muerte inscritos en

---

35. *Ibid.*, p. 225. La cita entre comillas corresponde a la obra de Ireneo ya citada, p. 550, subrayado de Henry. Para un estudio de la ambigüedad del término *sárx* en el Nuevo Testamento, véase Alberto F. Roldán, "El carácter ambivalente de los conceptos carne y carnalidad en la teología cristiana", *Enfoques*, Libertador San Martín: Universidad Adventista del Plata, Año XXII, Nro. 1. Otoño 2010, pp. 53-69.

36. *Encarnación.*, p. 227. Cursivas originales.

37. *Ibid.*, p. 228. Cursivas originales.

nuestra carne finita y los ha destruido, muriendo él mismo sobre la Cruz".[38] Esto nos conduce al último punto que deseamos subrayar la exposición de Henry: el cuerpo místico de Cristo.

7. Relación con el otro: el cuerpo místico de Cristo

En el parágrafo 48, último del texto, Michel Henry se refiere a la relación con el otro como identificación plena y el cuerpo místico de Cristo. Hablando de la reciprocidad entre el Padre y el Hijo, recogida por Juan en el evangelio, dice:

> [...] la interioridad fenomenológica del Padre con el Hijo se encuentra constantemente planteada como interioridad del Hijo con el Padre: "Padre, lo mismo que tú estás en mí y yo en ti"; "De este modo podrías reconocer que el Padre está en mí yo en el Padre"; "¿No crees que yo estoy en el Padre y el Padre está en mí?" (Jn 17, 24; 17, 21; 10, 28; 14.10, respectivamente).[39]

Lo sorprendente es que ese proceso de estructura interna de la Vida absoluta no se da solo en la relación del Padre con el Hijo y del Hijo con el Padre sino que se amplía a los otros vivientes que entran en comunión con el Mesías.

> Esta unión ha sido llamada deificación porque al repetirse la interioridad fenomenológica recíproca de la Vida y de su Verbo cuando *el Verbo mismo se hace carne en Cristo,* toda unión con esta es idénticamente una unión con el Verbo y, en este, con la Vida absoluta.[40]

De allí pasa Henry a referirse a la doctrina del cuerpo místico de Cristo que implica una cabeza y diversidad de miembros según la teología paulina expresada en 1 Corintios 12.

> El elemento que edifica, la "cabeza" de ese cuerpo, es Cristo. Sus miembros son todos aquellos que, santificados y deificados en y por él, le pertenecen en lo sucesivo hasta el punto de devenir partes de ese mismo cuerpo, precisamente sus miembros. En la medida en que él es la Encarnación *real* del Verbo, Cristo edifica primero cada Sí transcendental viviente en su Ipseidad originaria, que es la de la Vida absoluta, lo une a sí mismo.[41]

38. *Ibid.*, p. 304.
39. *Ibid.*, p. 318.
40. *Ibid.*, p. 319. Cursivas originales.
41. *Ibid.*, p. 324. Cursivas originales.

La unidad e identificación de la cabeza, Cristo, con el cuerpo, los creyentes, es de tal dimensión que Pablo llega a expresar: "Ahora me alegro de padecer por vosotros, pues así completo en mi carne lo que falta a las tribulaciones de Cristo" (Col 1:24)". Eso es posible porque Cristo es uno que está unido a un cuerpo extendido: el cuerpo místico. Por tal razón, dice Henry:

> [...] los miembros de su cuerpo, a cada uno de los que, dados a sí mismos en la auto-donación del Verbo, solo vivirán de la Vida infinita que se experimenta en ese Verbo, *a aquellos que se aman en Él de tal manera que es a Él a quien aman en sí mismos, a Él y a todos aquellos que están con Él,* les será dada la Vida eterna. En esta Vida que llega a ser la suya, serán salvados.[42]

De esta reflexión sobre el cuerpo místico de Cristo, Michel Henry pasa a su conclusión:

8. Más allá de la fenomenología y la teología

A modo de conclusión de su amplia y profunda exposición, Michel Henry dedica un espacio a las relaciones y las diferencias entre filosofía y teología. En esta conclusión, el interés del autor radica en distinguir entre ambas disciplinas que no compiten entre sí ya que son distintas y, tal vez, se complementen.[43] Pero establece una diferencia importante. "La diferencia radica en aquello que la teología toma como punto de partida, más aún: en el objeto mismo de su reflexión, las Escrituras [...]".[44] Al fundamentarse sobre una Palabra de Verdad, la teología tiene una ventaja decisiva sobre la filosofía. En contraste: "La filosofía resulta entonces singularmente desprotegida e indigente; se encuentra en su comienzo en una situación errática, sin saber qué es la Verdad, ni cómo conducirse para llegar hasta ella".[45]

Por otra parte, según Henry no existe diferencia en cuanto al método utilizado tanto por la filosofía como por la teología. En ambas disciplinas se trata de un movimiento del pensamiento que se desarrolla mediante evidencias y "llega a ciertos resultados que son otras tantas adquisiciones progresivas, constitutivas de una teoría siempre en devenir".[46] Tomando distancia del planteo de Heidegger, Henry dice que no es el pensamiento de "el ser-en-el-mundo" lo que da acceso a

---

42. *Ibid.*, p. 326. Cursivas originales.

43. Para un planteo de las relaciones entre filosofía y teología en los sistemas de Paul Tillich y Wolfhart Pennenberg, véase Alberto F. Roldán, *Atenas y Jerusalén en diálogo. Filosofía y teología en la mediación hermenéutica,* Lima: Ediciones Puma, 2015, pp. 13-39.

44. *Ibid.*, p. 327.

45. *Ibid.*

46. *Ibid.*, p. 328.

la vida sino que la Vida misma da acceso al pensamiento. "Solo la Vida absoluta lleva a cabo esta auto-revelación del Comienzo".[47]

Volviendo al tema central de su investigación, Henry se refiere al carácter crucial del problema que el cuerpo ha planteado: "la sustitución del cuerpo material por esta carne viva que realmente somos y que hoy nos compete redescubrir a pesar del objetivismo reinante [...]".[48] Ese objetivismo se expresa en reemplazar la carne por un cuerpo reducido a objeto que se ofrece a la investigación y a la manipulación científica. Incluyéndose dentro de los fenomenólogos post-husserlianos, Henry dice que este presupuesto cristiano adquiere una significación decisiva. La nueva inteligibilidad exige elaborar de nuevo la concepción del cuerpo "dado que *nuestro cuerpo no es un cuerpo sino una carne* [...]. *Originariamente y en sí, nuestra carne real es archi-inteligible, revelada en sí en esta revelación anterior al mundo propia del Verbo de la Vida del que habla Juan*".[49]

¿Qué consecuencias se derivan de este nuevo planteo que sustituye el cuerpo como mero objeto por la carne como sustancia real e inteligible? La primera es que la aporía griega de la venida del Logos se disipa en el planteo joánico y es totalmente diferente a la concepción griega de un Logos que es Razón y posibilidad de lenguaje de los hombres porque "el Verbo de Vida es la condición fenomenológica transcendental, última y radical, de toda carne posible".[50] En segundo lugar, la encarnación del Verbo no significa solamente que el Verbo se haya hecho carne, sino que "en el Verbo mismo se cumple el *hacerse carne* fuera del cual ninguna carne, ningún Sí carnal vivo, ningún hombre ha sido nunca posible".[51] Cuando Él lo crea a su imagen y semejanza no pone fuera de sí un mero cuerpo material inerte y ciego: "lo que genera en él es una carne, fuera del mundo, en el proceso de su auto-generación de su Verbo. 'En él todo ha sido hecho y sin él nada de lo que ha sido hecho hubiera sido hecho'".[52] Estableciendo una vez más el contraste con la filosofía griega, Henry dice:

> Por eso la carne no miente. No miente como lo hace el pensamiento verídico que dice lo que ve o cree ver, incluso cuando no hay nada, como en los sueños. Pensamiento que no miente, aunque podría hacerlo, voluntaria o inadvertidamente, incluso por ignorancia. La carne no miente porque no puede mentir, porque en el fondo de sí

---

47. *Ibid.*, p. 329. Para un análisis comparativo entre Heidegger y Henry véase Mario Lipsitz, "Ontología y fenomenología en Michel Henry", *Enfoques, LVII.2*, (Primavera 2005), pp. 149. 158.

48. *Encarnación*, p. 330.

49. *Ibid.*, pp. 330-331. Cursivas originales.

50. *Ibid.*, p. 331.

51. *Ibid.*

52. *Ibid.*, p. 332.

misma, allí donde es captada por la Vida, es la Vida la que habla, el Logos de Vida, la Archi-inteligibilidad joánica.[53]

A estas conclusiones, Henry agrega dos notas más: la archi-gnosis y el archi-gozo. Lo primero, tiene que ver con que Juan, oponiéndose a la gnosis que negaba la verdadera encarnación del Logos, plantea una gnosis superadora. A modo de pregunta retórica dice Henry:

> ¿No es la Archi-inteligibilidad joánica una forma superior de conocimiento, un co-nocimiento de tercer género, dado solamente a aquellos que en virtud de un esfuerzo inaudito del intelecto, o gracias a ciertos dones excepcionales, se han elevado hasta ella? El cristianismo, es preciso reconocer esto, es una Archi-gnosis.[54]

La carne que somos se manifiesta de modo patente cuando estamos despojados de todo y especialmente en medio de los sufrimientos. Pero cuando ese sufrimiento llega a la situación límite de la esperanza es cuando la mirada de Dios nos socorre y quien, dice Michel en términos poéticos:

> Nos sumerge la embriaguez sin límites de la vida, el Archi-gozo de su amor eterno en su Verbo, su Espíritu. Todo lo que ha sido rebajado será levantado. Dichosos los que sufren, los que quizás no tienen nada más que su carne. La Archi-gnosis es la gnosis de los simples.[55]

Conclusiones

El planteo de Henry se inscribe dentro de la fenomenología. Pero es una feno-menología post-husserliana que propone tomar la "carne" como el núcleo central

---

53. *Ibid.*, pp. 332-333.

54. *Ibid.*, p. 337. La idea de una "archi-gnosis" puede encontrar su paralelo en la expresión del griego del Nuevo Testamento, ἐπιγνώσει, que aparece en pasajes como 2 Pedro 1:3; Romanos 3:20 y Colosenses 2:2.

55. *Ibid.*, p. 339. Sobre los receptores de esta archi-gnosis, sintetiza Lipsitz: "El cristianismo es una archi-gnosis, afirma Henry. Gnosis por el *logos* cristiano, que no requiere ni dones excepcionales del intelecto ni esfuerzo particular. Gnosis de la carne, 'gnosis de los simples', escribe el filósofo. Y la fenomenología de Henry parece, sobre el filo de *Incarnation*, tomar el paso nuevamente sobre la metafísica en este pasable notable cuyo sentido no admite ambigüedad: *'Solo aquel que escucha en él el ruido de su nacimiento –que se experimenta como dado a sí en la auto-generación de la vida absoluta en su Verbo–, aquel que, dado a sí en esta autodonación del comienzo, no se experimenta más, en rigor él mismo, sino que experimenta en sí solo el Sí que lo dona a sí, solo aquel puede decir a este Sí del Verbo: 'tengo la certeza de la verdad que hay en Ti'".* Mario Lipsitz, *Eros y nacimiento*, p. 68. Cursivas originales.

de esa fenomenología y que es común tanto a la teología como a la filosofía. Para Henry, hay una radical incompatibilidad entre el concepto griego de Logos y lo que postula y afirma, escandalosamente para los griegos: un Logos hecho carne. Esa afirmación es crucial del dogma cristiano y el principio de su *oikonomía* de la salvación.[56]

La inversión de la fenomenología consiste en el movimiento del pensamiento que comprende una realidad que precede a lo que se manifiesta: la autodonación de la Vida absoluta que viene a la carne. De la Vida dependen todos los seres porque la Vida misma estaba en el Logos y todo fue hecho en él. Henry sostiene que, según la fenomenología, hay dos modos de aparecer: el del mundo y el de la carne. Es esta última, la fenomenología de la carne, la que nos remite a una fenomenología de la encarnación. La encarnación del Logos es, para Henry, esencial no solo para la salvación de la humanidad sino también como centro de revelación. Henry analiza profundamente el hecho de la encarnación del Verbo. Dice: "La venida de Cristo para salvar a los hombres revelándoles a su Padre que es también el de ellos, es la tesis del cristianismo formulada fenomenológicamente por Juan en dos pasajes de su evangelio y al menos en una de sus cartas".[57] Esos pasajes son Juan 1:14, 18 y 1 Juan 1:1, los cuales le permiten afirmar: "La Revelación de Dios, condición de la salvación de los hombres, sería Cristo encarnado, hecho carne. Y eso supondría también la venida a ese mundo de Cristo, quien sería la Revelación de Dios y la salvación de los hombres".[58] Lo cual implica que la encarnación del Verbo es *conditio sine qua non* para la salvación de los seres humanos y no un mero aditamento.

Henry distingue entre "cuerpo" y "carne". Ambos conceptos son ambiguos, ya que "cuerpo" tanto puede referirse a un objeto inerte del universo y, también, a nuestro propio cuerpo. Insiste en evitar la objetivación del cuerpo para centrar el análisis en la carne que somos, la que siente, sufre y padece. Pero la carne también es un término ambiguo, aun en el Nuevo Testamento, donde puede ser residencia del mal pero también residencia de la Vida de Dios en un hombre: Jesús. Como bien interpreta Philippe Capelle, Henry invierte la relación entre carne y cuerpo ya que no es el análisis de este lo que nos permite el análisis de la carne y en el

---

56. Sobre la *oikonomía* de la salvación y su influencia en la teoría política moderna véase Alberto F. Roldán, *Hermenéutica y signos de los tiempos,* Buenos Aires: Teología y Cultura Ediciones, 2016, pp. 27-48.

57. Michel Henry, *Yo soy la verdad,* trad. Javier Teira Lafuente, Salamanca: Sígueme, 2001, pp. 95-96.

58. *Ibid.*, p. 96.

principio de su explicación, sino que "lo que es verdadero es lo contrario: solo nuestra carne nos permite conocer (…) algo como un cuerpo".[59]

Uno de los aportes más significativos de la investigación de Michel Henry consiste en el análisis de los Padres de la Iglesia frente al desafío del gnosticismo y su negación de la realidad del cuerpo de carne de Jesucristo. La encarnizada lucha –¡justamente por la carne!– que entablan tanto Tertuliano como Ireneo para refutar esa herejía muestra de modo palmario la importancia que tenía la afirmación de que el Logos fue hecho carne y carne real. La fuerza del lenguaje utilizado por Tertuliano, que afirma que la carne de Cristo era igual que la nuestra, por estar regada por la sangre, montada sobre los huesos y surcada por las venas, pone de manifiesto la importancia decisiva que tenía afirmar la realidad de la carne del Verbo y de la cual dependía la salvación de la humanidad. En el caso de Ireneo de Lyon se destaca la asignación de la carne a la Vida ya que en el Verbo se auto-revela y se manifiesta la Vida misma de Dios y, de ese modo, la carne, en su fragilidad y debilidad intrínsecas, puede recibir y contener el poder de Dios.

La inversión fenomenológica referida al Verbo de Vida, el Cristo implica también superar la gnosis griega por una Archi-gnosis. No es una gnosis solo para iniciados sino una dación de Dios para todo aquel que cree en el Verbo y experimenta así, el nacimiento "de arriba". Ya que "la carne no miente" mientras sí puede mentir la filosofía con sus argumentos, en el Logos es la Vida misma la que habla en toda su radicalidad y su pasión. Esto conduce al tema del sufrimiento como experiencia de la carne que, llegado a su paroxismo, conduce a los creyentes al Archi-gozo que se produce en la donación que Dios hace de su Vida en el Verbo encarnado. De ese modo, la encarnación así entendida se constituye en el tema común tanto para la filosofía –en su acepción fenomenológica– como para la teología cristiana. Para esta última, la carne del Verbo es el *locus* tanto de la revelación (*phainomenon*) como de la redención.

---

59. Philippe Capelle, *Fenomenología francesa actual,* trad. Gerardo Losada, Buenos Aires: UNSAM-Jorge Baudino Ediciones, 2009, p. 55. Jean-Luc Marion amplía la visión de la carne de Cristo en el Nuevo Testamento: "el Verbo no vino a la humanidad sino simplemente a la carne. Literalmente ha tomado ´carne´: 'El Verbo se hizo carne' (Juan 1:14), '…vino a la carne' (1 Juan 4:2), al punto que el Padre 'envió a su propio hijo para asimilarse a carne de pecado' (Romanos 8:3)". Jean-Luc Marion, *Acerca de la donación. Una perspectiva fenomenológica,* trad. Gerardo Losada, Buenos Aires: UNSAM-Jorge Baudino Ediciones, 2005, p. 74. Cursivas originales. En otro texto, Marion reflexiona sobre la carne como receptáculo del sentir: "La carne no puede sentir nada sin sentirse ella misma y sentirse que siente (que es tocada e incluso herida por lo que toca); también puede ocurrir que sienta no solo sintiéndose sentir, sino además sintiéndose sentida (por ejemplo, si un órgano de mi carne toca otro órgano de mi propia carne). […] Nunca puedo entonces ponerme a distancia de mi carne, distinguirme de ella, alejarme de ella, mucho menos ausentarme de ella". Jean-Luc Marion, *El fenómeno erótico. Seis meditaciones,* trad. Silvio Mattoni, Buenos Aires: Ediciones Literales-El Cuenco de Plata, 2003, p. 50.

Postfacio

El libro de Alberto Roldán nos invita a un recorrido conceptual pero también vivencial entre tres de los conceptos más importantes del pensamiento contemporáneo: la teología, la fenomenología y la filosofía en su determinación metafísica. Este recorrido obedece a una lógica que encuentra sus raíces en lo más lejano de la Historia de la filosofía. Desde el libro Lambda de la *Metafísica* de Aristóteles, el pensamiento y, de manera paradigmática, el pensamiento teológico, ha padecido de la asimilación entre la filosofía primera, la ontología y la teología, reduciendo Dios a un ente supremo, y la teología a un discurso acerca del Ser. Esta entrada de Dios en el campo de la metafísica planteó preguntas que siguen vigentes en el debate intelectual. Primero, no es obvio que el Dios de la metafísica sea el mismo que el Dios bíblico. Bien es cierto que Étienne Gilson había hablado de una "metafísica del Éxodo", pero la doble determinación bíblica de Dios, en tanto que Ser, pero también en tanto que amor, tal vez nos obligue a distinguir la teología de la metafísica dado que el amor es indiferente a la diferencia entre el ser y el no-ser. Segundo, al hacer entrar a Dios en la metafísica, se redujo este al concepto de Dios, es decir, a un Dios tal como puede conocerlo un entendimiento humano, tal como se puede encerrar dentro de los límites de un concepto, cuestionando por segunda vez la oportunidad de la asimilación del Dios conceptual con el Dios bíblico y, por lo tanto, de la teología con la metafísica. Si el Dios de la Biblia es infinitamente infinito, ¿cómo podríamos encerrarlo dentro de los límites de un concepto con el fin de pensarlo? Este es probablemente el debate conceptual que nutre en gran parte el libro de Alberto Roldán ya que, por diferentes caminos y sobre diferentes problemáticas fundamentales en el campo de la teología, se propone, a través de la fenomenología, encontrar un trabajo entre la metafísica y la teología, camino que debe devolverle, a esta última, su campo específico, su interés propio, así como su importancia tanto en el campo académico, eclesiástico como vivencial. No se trata entonces, aquí, de limitarse al debate, de por sí fascinante, entre teología y metafísica, sino llevarlo directamente al campo de la vida, al campo de las vivencias para que nutra a la misma experiencia religiosa y, más allá, que ilumine a la vida de los creyentes.

Gracias a la fenomenología, y de manera más específica gracias la fenomenología de la donación de Jean-Luc Marion, Alberto Roldán cuestiona la fusión entre el campo de la teología y aquel de la metafísica, señalando que, al reducir a Dios a un objeto de conocimiento, a un ente, lo hemos encerrado dentro de los límites del lenguaje humano y de lo que, desde una posición humana finita, nos es posible pensar. Pero el Dios de la teología es más bien un fenómeno saturado que se da en exceso de lo que podemos percibir y comprender, más allá de los límites confortables del entendimiento humano, razón por la cual, si algo como "la pregunta acerca de Dios" existe, no es una pregunta que nosotros le hacemos a Él sino más bien una pregunta que Él nos dirige a nosotros, dentro de un diálogo que tiene, en primera instancia, la forma de un llamado al cual cada uno debe decidir si lo contesta, y de qué manera lo contesta. Por este motivo, por esta forma de contra-intencionalidad que nos impone la fenomenicidad divina, se cuestiona el hecho que la teología se pueda determinar como un discurso que habla *de* Dios (tal como lo hace la teología que permaneció prisionera de la metafísica) o si debería más bien orientarse hacia un discurso que se dirige *a* Dios. Estos problemas están plenamente desarrollados de manera precisa y completa en los tres primeros capítulos del libro, que constituyen el fundamento conceptual de los siguientes.

Es en el fenómeno de la Revelación, es decir en los capítulos cuatro a seis que se evidencia esta fenomenicidad singular del Dios de la teología que aparece no solo en tanto que fenómeno saturado, es decir con un aparecer que nos desborda, sino, además que solo puede aparecer a alguien que se expone al riesgo de recibirlo. De la misma manera que existen ciertos estéticos que se niegan a recibir lo que les da un cuadro porque no quieren abandonarse a él y prefieren construirlo tal como si fuera un objeto, existen ciegos religiosos que nunca podrán recibir el don de Dios por miedo a exponerse a su manifestación. Tal como escribe Jean-Luc Marion, la ceguera no siempre cuestiona la luz sino el sujeto que no quiere ver. De ahí la importancia de la Revelación en tanto que auto-donación.

Una vez establecido este campo de la contra-intencionalidad de los fenómenos saturados, Alberto Roldán puede entonces mostrar el impacto que tiene en los temas más importantes de la teología, además de establecer un diálogo entre estas posiciones y aquellas de teólogos importantes tales como Dietrich Bonhoffer, Paul Tillich, Jürgen Moltmann, Karl Barth que ayudan al profesor Roldán a precisar los temas de la realidad en el campo de la teología, el problema del fin de la Historia y de la escatología, de la articulación de la tragedia y de la esperanza, con el fin de pensar, finalmente, la acción social y política. Así, desde lo más conceptual hasta lo más práctico, es toda la teología que se ve impactada por los temas desarrollados en los tres primeros capítulos del libro y que se despliega en los siguientes.

No es de sorprenderse, entonces, que el último capítulo nos recuerde que el punto más singular del cristianismo no es tanto su monoteísmo ni el hecho de ser una religión del Libro, sino más bien el haber existido en tanto que Encarnación. Ninguna teología, por muy conceptual que sea, puede deshacerse del problema de la encarnación y de la carne, lo que nos lleva, en las últimas páginas del libro, de regreso hacia el doble camino conceptual y vivencial con el cual se había abierto el texto. En el campo fenomenológico de la Carne, es con Michel Henry que Alberto Roldán nos guía. Más allá de los cuerpos del mundo con los cuales podemos entrar en contacto, que podemos tocar y que nos tocan, existe un cuerpo singular que obedece a una fenomenicidad específica, nuestro cuerpo, la Carne, que violenta la relación no solo porque es para nosotros la condición de cualquier tipo de relación con el mundo sino, además, porque nadie puede tocar sin ser tocado. Por este motivo, la Carne nos proyecta inmediatamente dentro de las relaciones a doble sentido, de las verdaderas relaciones en las cuales ambos nos vemos afectados el uno por el otro sin que podamos saber quién comenzó por tocar a quién. Darle la mano a alguien es indistintamente tocar y ser tocado. ¿Tal vez encontremos ahí el modelo de toda relación con Dios, un tocarnos sin que podamos saber quién comenzó, quien avanzó primero ni quien se expuso primero en la relación?

El libro de Alberto Roldán es entonces un libro necesario tanto al nivel conceptual como vivencial. Sin confundir la teología y la fenomenología, logra evidenciar el giro radical que la fenomenología impone a la teología metafísica acercándonos a Dios al mismo tiempo que nos dejamos desbordar por Él. Después del anuncio alemán, demasiado alemán, de la muerte de Dios en pleno siglo XIX, muchos pensaron que era entonces hora de repensarlo, que la teología podía entonces reconceptualizarlo por otros caminos. Creemos más bien, con el texto de Roldán, que existe algo aún más urgente: volver a dejarnos tocar por Él.

Stéphane Vinolo PhD
Pontificia Universidad Católica del Ecuador
Quito, 25 de enero de 2023

Bibliografía

Agamben, G. (2019). *¿Qué es la filosofía?*, trad. Mercedes Rovituso, Buenos Aires: Adriana Hidalgo Editora.

_____. (2008). *El Reino y la gloria* (*Homo Sacer,* II.2), trad. Flavia Costa, Edgardo Castro, Mercedes Ruvituso, Buenos Aires: Adriana Hidalgo Editora.

_____. (2006). *El tiempo que resta. Comentario a la carta a los Romanos,* trad. Antonio Piñero, Madrid: Trotta.

_____. (2012). *Teología y lenguaje. Del poder de Dios al juego de los niños,* trad. Matías H. Raia, Buenos Aires: Las Cuarenta.

Aguilar, H. O. (editor). (2001). *Carl Schmitt, teólogo de la política. Teología política I: Cuatro capítulos sobre la teoría de la soberanía,* México: FCE.

Aira, C. (2019). *El juego de los mundos,* Buenos Aires: Emecé.

Ales Bello, A. (2005). *Edmund Husserl. Pensar a Dios, creer en Dios,* trad. L. Rabanque y M. Calello, Buenos Aires: Biblos.

Alfaro, J. (1985). *Revelación cristiana, fe y teología,* Salamanca: Sígueme.

Alonso Schökel, L. (1986). *Treinta salmos: poesía y oración,* Madrid: Cristiandad.

Alszeghy, Z. -Maurizio Flick. (1976). *Cómo se hace la teología,* 2d. edición, trad. R. Rincón, Madrid: Ediciones Paulinas.

Altizer, Th., J. y W. Hamilton, (1967). *Teología radical y la muerte de Dios,* Barcelona, Grijalbo.

Alves, R. (2017). *A eternidade numa hora,* San Pablo: Planeta.

_____. (1982). *La teología como juego,* Buenos Aires: La Aurora.

_____. (1970). *Religión: ¿opio o instrumento de liberación?,* Tierra Nueva, Montevideo.

Andiñach, P. (2012). *Introducción hermenéutica al Antiguo Testamento,* Estella (Navarra): Verbo Divino.

Ávila Arteaga, M. (2018). *Efesios. Comentario Bíblico Iberoamericano, tomo I,* Buenos Aires: Kairós.

Baillie, D. M. (1960). *Dios estaba en Cristo,* trad. R. Ríos, Buenos Aires: La Aurora.

Balthasar. H. U. (1992). *The Theology of Karl Barth,* trad. Edward T. Oakes, San Francisco: Comunnnio Books-Ignatius Press.

_____. (1977). "Dios como principio y fundamento de la historia de la salvación" en *Mysterium Salutis,* 2da. Edición, vol. II, trad. G. Aparicio y A- Sáenz-Badillos, Madrid: Cristiandad, 1977.

_____. (1960). *El problema de Dios en el hombre actual,* trad. José María Valverde, Madrid: Ediciones Guadarrama.

Barbour, I G. (1971). *Ciencia y secularidad. Una ética para la era tecnológica,* trad. D. Sabanes de Plou, Buenos Aires: La Aurora.

Barreda Toscano, J. J. (2004). "Hacia una teología bíblica de la celebración litúrgica" en *Unidos en adoración,* Buenos Aires: Kairós.

Barth, K. (Eberhard Busch, editor). (2017). *Karl Barth in conversation,* volume 1, 1959-1962, Louisville: Westminster John Knox Press.

_____. (2000). *Fé em busca de compreensão. Fides Quarens Intellectum,* trad. s/ datos, San Pablo: Novo Século.

_____. (1940). "Carta a mis amigos de Francia", *Revista Luminar,* México: Nro. 3.

_____. (1941). "First Letter to the French Protestants", traducción inglesa de *A Letter to Great Britain from Switzerland,* London: Sheldon Press.

_____. (1978). "La humanidad de Dios" en *Ensayos teológicos,* trad. Claudio Gancho. Barcelona: Herder.

_____. (1986). "Pobreza", en *Karl Barth. Dádiva e Louvor,* 2da. Edición, São Leopoldo: Editora Sinodal.

_____. (1985). *Al servicio de la Palabra,* trad. Basili Girbau. Salamanca: Sígueme.

_____. (1998). *Carta a los Romanos,* trad. Abelardo Martínez de la Pera. Madrid: Biblioteca de Autores Cristianos, (orig. *Römerbrief,* 1919).

_____. (1975). *Church Dogmatic I.1, The Doctrine of the Word of God,* trad. G. W. Bromiley, Edinburgo: T& T Clark.

_____. (1976). *Comunidad civil y comunidad cristiana.* Trad. Diorki (A. Sánchez Pascual), Fontanella y Marova, Barcelona. (La misma obra fue publicada de la edición francesa con traducción de Elizabeth Lindenberg de Delmonte en Montevideo por la Unión Latinoamericana de Juventudes Evangélicas, 1967 con prólogo de Emilio Castro).

_____. (1953). *Die Auferstebung der Toten,* Zürich.

_____. (1978). *Ensayos teológicos,* trad. C. Gancho, Herder, Barcelona.

_____. (2000). *Esbozo de dogmática,* trad. J. J. Tosaus Abadía, Sal Terrae, Santander, (Primera edición en castellano: *Bosquejo de dogmática,* trad. M. Gutiérrez-Marín, Buenos Aires: La Aurora, 1954).

_____. (1986). *Introducción a la teología evangélica,* trad. Elizabeth Linderberg de Delmonte, Buenos Aires: La Aurora.

_____. (1986). *Karl Barth. Dádiva e Louvor,* 2da edición, trad. W. O. Schlupp, Luis Marcos Sander y Walter Altmann, Sao Leopoldo, IEPG, Sinodal.

_____. (1978). *La oración,* trad. José Míguez Bonino, Buenos Aires: La Aurora.

_____. (1967). *La proclamación del Evangelio,* trad. Francisco Báez, Salamanca: Sígueme.

_____. (1973). *La revelación como abolición de la religión,* trad. Carlos Castro, Madrid-Barcelona: Marova-Fontanella.

_____. (1995). *The Theology of John Calvin,* trad. G. y W. Bromiley, Grand Rapids: Eerdmans.

_____. (1957). *The Word of God and the Word of Man,* Nueva York: Harper & Row.

_____. (1957). *The Word of God and the Word of Man,* trad. Douglas Horton, New York: Harper & Row, Publishers.

Basso Monteverde, L. (2017). *La unidad de la diferencia,* Buenos Aires: Biblos.

Bensussan, G. (2014). *¿Qué es la filosofía judía?,* trad. Daniel Barreto González y Helenca Santana Sánchez, Buenos Aires. Prometeo.

Benzo, M. (1961). *Teología para universitarios,* Madrid: Cristiandad.

Berkouwer, G. C. (1956). *The Triumph of the Grace in the Theology of Karl Barth,* Grand Rapids: Eerdmans.

Bethge, E. (1970). *Bonhoeffer: teólogo-cristiano-hombre actual,* trad. A. Berasain, Bilbao: Descleé de Brouwer.

Beuchot, M. y Jerez, J. L. (2013). *Manifiesto del nuevo realismo analógico,* Neuquén: Círculo hermenéutico.

Boff, C. (1998). *Teoria do método teológico,* Petrópolis: Vozes.

Boff, L. (1988). *La trinidad, la sociedad y la liberación,* trad. Alfonso Ortiz García, Buenos Aires: Paulinas.

_____. (2000). *Tempo de Transcendência. O ser humano como um projeto infinito,* 2da. Edición, Río de Janeiro: Sextante.

Bolt, P. G. (2013). "The interruption of grace and the formation of a Christian community: Soundings in Barth's earliest exegetical writings" in M. P. Jensen, *The Church of the Triune God,* Sydney: Aquila Press.

Bonhoeffer, D. (1974). *Creer y vivir,* trad. M. A. Carrasco, A. M. Agud y C. Vigil, Salamanca: Sígueme.

_____. (2000). Ética, trad. Lluís Duch, Madrid: Trotta.

_____. (1979). *Redimidos para lo humano,* trad. J. L. Alemany, Salamanca: Sígueme.

_____. (1983). *Resistencia y sumisión,* trad. J. L. Alemany, Salamanca: Sígueme.

_____. (1980). *Sociología de la Iglesia. Sanctorum Communio,* trad. A. Sáenz y N. Fernández Marcos, Salamanca: Sígueme.

Braaten, C. (1995). *Dogmática Cristã,* vol. 1, trad. Gerrit Delftra, Luís Dreher, Geraldo Korndöfer y Luís Sander, San Leopoldo: Sinodal.

Braaten, C. (1966). *History and Hermeneutics,* Filadelfia.

Bruce, F. F. (1961). *The Epistle to the Ephesians,* Londres: Pickering & Inglis.

Bultmann, R. (1981). *Teología del Nuevo Testamento,* trad. V. A. Martínez de Lapera, Salamanca: Sígueme.

Caba, J. L. y Sánchez-Gey, J. (2002). *Dios en el pensamiento hispano del siglo XX.* Salamanca, Sígueme.

Calvino, J. (1968). *Institución de la religión cristiana,* dos volúmenes, trad. C. de Valera, Rijswijk, Países Bajos, Fundación Editorial de Literatura Reformada.

Capelle, Ph. (2009). *Fenomenología francesa actual,* trad. Gerardo Losada, Buenos Aires: UNSAM-Jorge Baudino Ediciones.

Capelle-Dumont, Ph. (2012). *Filosofía y teología en el pensamiento de Martin Heidegger,* trad. Pablo Corona, Buenos Aires: FCE.

Caputo, J. D. (2006). *The Weakness of God,* Bloomington & Indianapolis: Indiana University Press.

Casalis, G. (1966). *Retrato de Karl Barth,* trad. Franklin Albricias, Buenos Aires: Methopresss.

Castillo, J. M. (2012). *La humanidad de Dios,* Madrid: Trotta.

_____. (2013). *La humanización de Dios,* Madrid: Trotta.

Contreras, M. (2020). *Nietzsche. Hacia una filosofía crítica de la historia,* México: Altres Costa-Amic Editores.

Cornu, D. (1968). *Karl Barth, teólogo da liberdade,* Río de Janeiro: Editora Paz e Terra, 1971. (Original francés: *Karl Barth et la politiqué,* Ginebra: Labor et Fides).

Corona, N. A. (2013). *Pensar después de la metafísica,* Buenos Aires: Prometeo libros.

Costas, O. (1971). *El culto en su perspectiva teológica,* San José, Costa Rica, Seminario Bíblico Latinoamericano.

Cox, H. (1973). *La ciudad secular,* 4ta. Edición, trad. J. L. Lana, Barcelona: Ediciones Península.

Darino, M. A. (1992). *La adoración. Análisis y orientación,* Cupertino, USA.

Deleuze, G. (2008). *En medio de Spinoza.* Buenos Aires: Cactus.

Demarest, B. A. (1982). *General Revelation. Historical views and Contemporary issues,* Grand Rapids: Zondervan.

Descartes, R (2004). *Discurso del método y meditaciones cartesianas,* trad. R. Frondizi, La Plata: Terramar ediciones.

Diez, R. O. (2009). "Michel Henry, fundador de la fenomenología de la vida", Acta fenomenológica latinoamericana, vol. III (*Actas del IV Coloquio Latinoamericano de Fenomenología),* Lima: Pontificia Universidad Católica del Perú; Morelia (México), Universidad Michoacana de San Nicolás de Hidalgo.

Dodd, C. H. (1973). *La Biblia y el hombre de hoy,* trad. A. de la Fuente Adánez, Madrid: Cristiandad.

Dorrien, G. (1988). *The Remaking of Evangelical Theology,* Louisville: Westminster John Knox Press.

Dri, R. (2022). La *fenomenología del espíritu* de Hegel. Perspectiva latinoamericana, Racionalidad, sujeto y poder, tomo 6, Buenos Aires: Biblos.

Dumas, A. (1971). *Dietrich Bonhoeffer: una teología de la realidad,* trad. J. Cordero, Bilbao: Descleé de Brouwer.

_____. (1974). *Prospectiva y profecía,* trad. D. Alonso, Salamanca: Sígueme.

Fannon, P. (1970). *La faz cambiante de la teolog*ía, trad. A. D. J. S. J., Santander: Sal Terrae.

Farré, L. (1969). *Filosofía de la religión. Sus problemas fundamentales.* Buenos Aires, Losada.

Fiddes, P. S. (2000). *Participating in God,* Louisville: Westminster John Knox Press.

Fierro, A. (1974). *La imposible ortodoxia,* Salamanca: Sígueme.

Foulkes, R. (1989). *El Apocalipsis de Juan,* Buenos Aires: Nueva Creación.

Fraijó, M. (2022). *Filosofía de la religión. Historia, contenidos, perspectivas.* Madrid, Trotta.

Furter, P. (1979). *Dialéctica de la esperanza,* Buenos Aires: La Aurora.

Galindo Hervás, A. (2006). "¿Autonomía o secularización? El falso dilema sobre la política moderna" en Reyes Mate-José A. Zamora, *Nuevas teologías políticas. Pablo de Tarso en la construcción de Occidente,* Madrid: Anthropos.

Galli, M. (2017). *Karl Barth. An Introductory Biography for Evangelicals,* Grand Rapids: Eerdmans.

Garaudy, R. (1965). *Dios ha muerto,* trad. Matilde Alemán, Buenos Aires: Editorial Platina.

García-Baró, M. (1993). *La verdad y el tiempo.* Salamanca, Sígueme.

Gil Villa, F. (2021). *Hacia un humanismo poético. Repensando a Lévinas en el siglo XXI,* Zaragoza: Río Piedras Ediciones & Ediciones Universidad de Salamanca.

González, J. L. (1971). *Jesucristo es el Señor,* Miami: Caribe.

Granados, J. (2012). *Teología de la carne: el cuerpo en la historia de su salvación,* Burgos: Monte Carmelo-Disdáskalos.

Grenz, S. J. & R. E. Olson (1996). *Who needs Theology?* Dawners Grove, Illinois: IVP.

Grenz, S. J. (2005). *Reason for Hope. The Systematic Theology of Wolfhartd Pannenberg,* Second Edition, Grand Rapids: Eerdmans.

Guthrie, D. *et. al,* (1981). *Nuevo comentario bíblico,* El Paso: CBP.

Gutiérrez, G. (1994). *El Dios de la vida,* Salamanca: Sígueme.

_____. (1988). *Hablar de Dios desde el sufrimiento del inocente,* Salamanca: Sígueme.

Gutiérrez-Marín, M. (1950). *Dios ha hablado. El pensamiento dialéctico de Kierkegaard, Brunner y Barth,* Buenos Aires: La Aurora.

Heffesse, S. (2016). "Complicatio-Explicatio Nicolás de Cusa y el camino hacia un Spinoza deleuziano", *Revista científica Guillermo de Ockam,* vol. 14, Nro. 2. Universidad San Buenaventura Cali.

Hegel, G. W. F. (1981). *El concepto de religión*, (Orig. *Vorlesungen* über *die Philosophie der Religion. Halbband I: Bagriff der Religion*, Hamburgo, 1966), trad. Arsenio Ginzo, México: FCE.

_____. (1966). *Fenomenología del espíritu*, trad. Wenceslao Roses, Ricardo Guerra, México: Fondo de Cultura Económica.

_____. (2008). *Filosofía de la historia*, 3ra. Edición, trad. Emanuel Suda, Buenos Aires: Claridad.

Heidegger, M. (2002). *Identidad y diferencia*, (*Identität und Differenz*), trad. Helena Cortés y Arturo Leyte, Madrid: Editora Nacional.

_____. (2002). *Sendas perdidas* [*Holzwege*], trad. José Rovira Armengol, Madrid: Editora Nacional.

_____. (2002). *Ser y tiempo*, trad. Jorge Eduardo Rivera, Madrid: Biblioteca Nacional.

Hendriksen, W. (1972). *Ephesians. New Testament Commentary*, Londres: The Banner of Truth Trust.

Henry, M. (2000). *Encarnación. Una filosofía de la carne*, trad. J. Teira, G. Fernández y R. Ranz, Salamanca: Sígueme.

_____. (2010). *Fenomenología de la vida*, trad. M. Lipsitz, Buenos Aires: Universidad Nacional de General Sarmiento-Prometeo libros.

_____. (2002). *Fenomenología material*, trad. Javier T. y R. Ranz, Madrid: Editorial Nacional.

_____. (2001). *Yo soy la verdad. Para una filosofía del cristianismo*, trad. J. Teira Lafuente, Salamanca: Sígueme.

Husserl, E. (2007). *La filosofía como ciencia estricta*, trad. Trad. E. Tabernig, La Plata: Terramar ediciones.

_____. (1982). *La idea de la fenomenología*, trad. Miguel García-Baró, México: FCE.

_____. (2008). *Las crisis de las ciencias europeas y la fenomenología trascendental*, trad. Julia V. Iribarne, Buenos Aires: Prometeo.

_____. (1986). *Meditaciones cartesianas*, trad. M. A. Presas, Madrid: Tecnos.

Jaspers, K. (1990). *Nietzsche y el cristianismo*, trad. D. Cruz Machado, Buenos Aires: Leviatán.

Jaspert, B. (editor). (1973). *Correspondencia Karl Barth-Rudolf Bultmann 1922-1966*, trad. José Arana. Bilbao: Descleé de Brouwer.

Jonas, H. "El concepto de Dios después de Auschwitz", http://www.sociales.uba.ar/wp-content/uploads/4-Jonas.pdf.

Kant, I. (2010). *¿Qué es la Ilustración?*, trad. Eduardo García Belsunce y Sandra Girón, Buenos Aires: Prometeo Libros.

Kärkkäinen, V. M. (2007). *The Trinity. Global Perspectives*, Louisville: Westminster John Knox Press.

Kasper, W. (1994). *El Dios de Jesucristo*, 4ta. Edición, trad. M. Olasagasti, Salamanca: Sígueme.

_____. (1970). *Fe e historia,* trad. Javier Ortigosa, Salamanca: Sígueme.

Kitamori, K. (1965). *Theology of the Pain of God,* (orig. KAMI NO ITAMI NO SHINGAKU), Richmond, Virginia: John Knox Press (Edición española: *Teología del dolor de Dios,* trad. Juan José Coy, 1975. Salamanca: Sígueme).

Kojeve, A. (2007). *La concepción de la antropología y el ateísmo en Hegel,* trad. J. J. Sebreli, revisión de A. Llanos, Buenos Aires: Leviatán.

Kronzonas, D. E. (2015). *Emmanuel Lévinas: entre la filosofía y el judaísmo,* Buenos Aires: Biblos.

Küng, H. (1974). *La encarnación de Dios. Introducción al pensamiento de Hegel como prolegómenos para una cristología futura,* trad. R. Gimeno, Barcelona: Herder.

_____. (1967). *La justificación por la fe según Karl Barth,* trad. F. Salvá Miguel, Barcelona: Estela.

Lacoste, J-Y. (2010). *Experiencia y absoluto,* trad. T. Checchi, Salamanca: Sígueme.

Lehmann, P. (1963). *Ethics in a Christian Context,* New York and Evanston, Harper & Row.

Lévinas, E. (2004). "La Revelación en la tradición judía" en *Difícil libertad,* trad. M. Mauer, Buenos Aires: Lilmod.

_____. (2001). *De Dios que viene a la idea,* 2da versión revisada, trad. G. González R. Arnaiz y J. M. Ayuso Díaz, Madrid: Caparrós editores.

Lévinas, E. (2005). *Descubriendo la existencia con Husserl y Heidegger,* trad. M. E. Vázquez, Madrid: Editorial Síntesis.

_____. (1999). *Dios, la muerte y el tiempo,* trad. M. L. Rodríguez Tapia, Barcelona: Altaya.

_____. (1993). *Humanismo del otro hombre,* 2da. Edición, trad. Daniel Enrique Guillot, México: Siglo Veintiuno.

_____. (1971). *Totalilté et Infini. Essai sur L' Exteriorité,* Klumer Academic, Original: Martinus Nijhoff.

_____. (2002). *Totalidad e infinito,* trad. D. E. Guillot, Madrid: Biblioteca Nacional.

Libanio, J. B. y Bingemer, M.ª C. (1985). *Escatología cristiana,* trad. A. Ortiz García, Buenos Aires: Paulinas, 1985.

Lipsitz, M. (2005). "Ontología y fenomenología en Michel Henry", *Enfoques, LVII.2,* Primavera, pp. 149.158.

_____. (2004). *Eros y el nacimiento fuera de la ontología griega: Emmanuel Lévinas y Michel Henry,* Buenos Aires: Prometeo Libros.

Löwith, K. (2008). *De Hegel a Nietzsche. La quiebra revolucionaria del pensamiento en el siglo XIX,* trad. Emilio Estiú, Buenos Aires: Katz Editores.

Marion, J-L. Christiaan Jacobs Vandegeerd (editors). (2020). *The Enigma of Divine Revelation. Between Phenomenology and Comparative Theology, Contributions to Hermeneutics 7,* Cham, Suiza: Springer.

_____. (2008). *Siendo dado,* trad. Javier Basas Vila, Madrid: Editorial Síntesis.

_____. (2003). *El fenómeno erótico. Seis meditaciones,* trad. Silvio Mattoni, Buenos Aires: Ediciones Literales-El Cuenco de Plata.

_____. (2020). "La banalidad de la saturación", en Jorge L. Roggero, *El fenómeno saturado. Reflexiones sobre la excedencia de la donación en la fenomenología de Jean-Luc Marion,* Buenos Aires: sb Editorial.

_____. (2018). "Los límites de la fenomenalidad" en Eric Pommier, *La fenomenología de la donación de Jean-Luc Marion,* Buenos Aires: Prometeo.

_____. (2005). *Acerca de la donación. Una perspectiva fenomenológica,* trad. Gerardo Losada, Buenos Aires: UNSAM-Jorge Baudino Ediciones.

_____. (2008). *Au lieu de soi. L'approche de Saint Augustin,* Paris: PUF.

_____. (2010). *Cuestiones cartesianas,* trad. P. E. Pavesi, Buenos Aires: Prometeo.

_____. (1999). *El ídolo y la distancia,* trad. Sebastián M. Pascual y Nadia Latrille, Salamanca: Sígueme.

_____. (1998). *Etant donné. Essai d'une phénomélogie de la donación,* 2da. Edición, Paris: PUF.

_____. (2016). *Givenness & Revelation,* trad. S. E. Lewis, Oxford, United Kingdom: Oxford.

_____ y Jacobs-Vandegeer, C. (editors). (2020). *The Enigma of Divine Revelation. Between Phenomenology and Comparative Theology, Contributions to Hermeneutics 7,* Cham, Suiza: Springer.

Martin, R. P. (1982). *La teología de la adoración,* Miami: Vida.

Massuh, V. (1985). *Nietzsche y el fin de la religión,* Buenos Aires: Sudamericana.

Mateos, J. (1975). *Cristianos en fiesta,* 2da. Edición, Madrid: Cristiandad.

Mateo-Seco, L. F., y Brugarolas, M. (2016). *Misterio de Dios,* Pamplona: Ediciones Universidad de Navarra, S. A.

McFague, S. (1994). *Modelos de Dios. Teología para una era ecológica y nuclear,* trad. A. López y M. Tabuyo, Santander: Sal Terrae.

_____. (1982). *Metaphorical Theology. Models of God in Religious Language,* Filadelfia: Fortress Press.

Meir, H. (2006). *Leo Strauss y el problema teológico-político,* trad. M. A. Gregor y M. Dimopulos, Buenos Aires: Katz.

Metz, J. B. (2002). *Dios y tiempo. Nueva teología política,* trad. Daniel Romero Álvarez, Madrid: Trotta.

Metz, J. B. (1972). *Antropocentrismo Cristiano. Sobre la forma de pensamiento de Tomás de Aquino,* trad. I. Aispurua, Salamanca: Sígueme.

Míguez Bonino, J. (2004). 'Un silbo apacible y suave...' (1 Reyes 19:12)". Notas autobiográficas de un recorrido pastoral y teológico" en Guillermo Hansen (editor), *El silbo ecuménico del Espíritu,* Buenos Aires. Instituto Universitario Isedet.

_____. (1989). "Theology and Peace in Latin America", en Theodore Runyon (editor), *Theology, Politics and Peace,* Maryknoll, New York: Orbis Books.

_____. (1997). "Universalidad y contextualidad en teología", *Cuadernos de teología,* Vol. XVI, Nros. 1 y 2, Buenos Aires: Isedet.

_____. (1986). Introducción a Karl Barth, *Introducción a la teología evangélica,* trad. Elizabeth Lindenberg de Delmonte, Buenos Aires: La Aurora.

_____. (2013). *Militancia política y ética cristiana,* trad. Carlos A. Sintado, Buenos Aires: Ediciones La Aurora. (Orig. *Toward a Christian Political Ethics,* 1983. Filadelfia: Fortress Press).

_____. (1995). *Rostros del Protestantismo latinoamericano,* Buenos Aires: Isedet-Nueva Creación.

Moltmann, J. (1993). *El camino de Jesucristo: cristología en dimensiones mesiánicas,* Salamanca: Sígueme.

_____. (1973). *El Dios crucificado,* trad. S. Talavero Tovar, Salamanca: Sígueme.

_____. (1979). *El futuro de la creación,* trad. J. Rey Marcos, Salamanca: Sígueme.

_____. (1978). *La Iglesia, fuerza del Espíritu,* trad. Emilio Saura, Salamanca: Sígueme.

_____. (1983), *Trinidad y reino de Dios,* trad. M. Olasagasti, Salamanca: Sígueme.

_____. (1996). *The Coming of God,* trad. Margaret Kohl, Minneapolis: Fortress Press.

Mueller, D. L. (1972). *Karl Barth. Makers of the Modern Theological Mind,* Peabody, Massachusetts, Hendrickson Publishers.

Nietzsche, F. (1998). *La gaya ciencia,* Madrid: Alba editores.

Nygren, A. (1969). *Eros y ágape: La noción cristiana del amor y sus transformaciones,* trad. J. A. Bravo, Barcelona: Sagitario (Colección Marginalia).

O'Collins, G. (1991). *Teología Fundamental,* trad. S. Cobucci Leite, San Pablo: Loyola.

Orozco, O. (2019). "En el final era el verbo", *Poesía completa,* 3ra. Edición, Buenos Aires: Adriana Hidalgo editora.

Packer, J. (1979). *Hacia el conocimiento de Dios,* Miami: Logoi.

Padilla, C. R. (1970). "La autoridad de la Biblia en la teología latinoamericana" en Pedro Savage, *et. al., El debate contemporáneo sobre la Biblia,* Barcelona: Ediciones Evangélicas Europeas.

Padilla, C. R. (1969). "*In memoriam.* Un tributo a Karl Barth", *Pensamiento cristiano,* año 16, Nro. 61.

Pannenberg, W. (1999). *Metafísica e idea de Dios,* trad. M. Abella, Madrid: Caparrós editores.

_____. (1998). *Systematic Theology vol. 1,* trad. Geoffrey W. Bromiley, Grand Rapids: Eerdmans.

_____. (1992). *Teología sistemática* Vol. I, trad. Juan A. Martínez Camino, Madrid: Universidad Pontificia de Comillas.

_____. (1981). *Teoría de la ciencia y teología,* trad. E. Rodríguez Navarro, Madrid: Libros Europa.

_____. (2001). *Una historia de la filosofía desde la idea de Dios,* trad. R. Fernández de Mururi Duque, Salamanca: Sígueme.

Peterson, E. (1999). *El monoteísmo como problema político,* trad. A. Andreu, Madrid: Trotta.

Pikaza, X. (1992). *El "Cántico espiritual" de San Juan de la Cruz. Poesía. Biblia. Teología,* Madrid: Paulinas.

Pommier, E. (compilador), (2018). *La fenomenología de la donación de Jean-Luc Marion,* Buenos Aires: Prometeo.

Porfirio Miranda, J. (1991). *La revolución de la razón.* Salamanca, Sígueme.

Rahner, K. (1960). "Bemerkungen zum Dogmatischen Traktat 'De Trinitate'", *Schriften zur Theologie,* vol. 4, Einsiedeln: Benziger.

Rahner, K. (1972). "Meditación sobre la palabra 'Dios'", *La gracia como libertad,* trad. J. Medina-Dávila, Barcelona: Herder.

Ramm, B. (1967). *La revelación especial y la Palabra de Dios,* trad. J. L. González, Buenos Aires: La Aurora.

Ratzinger, J. (editor). (1973). *Dios como problema,* trad. J. M. Bravo Navalpotro, Madrid: Cristiandad.

Reyes Mate, M. y Zamora, J. A. (editores) (2006). *Nuevas teologías políticas. Pablo de Tarso en la construcción de Occidente,* Barcelona: Anthropos.

Robinson, J. A. T. (1963). *Honest to God,* Londres: SCM Press (versión en español: *Sincero para con Dios,* 5ta. Edición, trad. E. G. Forsyth y E. Jiménez, 1971. Barcelona: Ediciones Ariel).

_____. (1968). *El cuerpo. Estudio de teología paulina,* trad. N. Fernández Marcos, Barcelona: Ariel.

Rodríguez Albarracín, E. (1991). *Problemática actual sobre Dios. Cuadernos de formación cristiana* Nro. 6, Bogotá: Universidad Santo Tomás de Aquino.

Rogero, J. L. (editor). (2017). *Jean-Luc Marion. Límites y posibilidades de la filosofía y de la teología,* Buenos Aires: Sb editorial.

Roldán A. F. (2011). *Reino, política y misión. Sus relaciones en perspectiva latinoamericana,* Lima: Ediciones Puma.

_____. (2010). "El carácter ambivalente de los conceptos carne y carnalidad en la teología cristiana", *Enfoques,* Año XXII, Nro. 1, pp. 53-69. Libertador San Martín: Universidad Adventista del Plata.

_____. (1999). *¿Para qué sirve la teología?,* Buenos Aires: Fiet, (2da edición revisada y ampliada: Grand Rapids: Libros Desafío, 2011. Dos ediciones en portugués por Descoberta, Londrina, Brasil).

_____. (2020). "El carácter multifacético de la epifanía del rostro en Emmanuel Levinas" en *Hermenéuticas y éticas,* Oregón: Publicaciones Kerigma.

_____. (2020). "Emmanuel Lévinas: ética, diálogo, infinitud y concreción" en *Hermenéuticas y éticas. Del texto interpretado a la acción responsable,* Oregón: Publicaciones Kerigma.

_____. (2021). "Karl Barth: una teología de la trinidad y la revelación en relación dialéctica", en *Teólogos influyentes del siglo XX,* vol. 2, Libertador San Martín (Entre Ríos), Universidad Adventista del Plata.

_____. (1998). "La acción de Dios en la historia y su intervención escatológica: fundamentos para la alabanza", *Boletín teológico*, Año 20, Nro. 29, marzo.

_____. (2009). "La dialéctica de la justicia en el comentario de Karl Barth a la carta a los Romanos", *Enfoques*, Año XXI, Nros. 1-2, pp. 21-35. Libertador San Martín: Universidad Adventista del Plata.

_____. (2019). "La encarnación del Logos según la perspectiva fenomenológica de Michel Henry", Revista *Enfoques* Vol. XXXI, Nro. 1, pp. 47-68. Libertador San Martín: Universidad Adventista del Plata.

_____. (2015). "La influencia de Sören Kierkegaard en la teología de Karl Barth" en *Atenas y Jerusalén en diálogo,* Lima: Ediciones Puma.

_____. (2011). "Las teologías políticas de Jürgen Moltmann y Johann Baptist Metz en *Reino, política y misión,* Lima: Ediciones Puma.

_____. (2015). *Atenas y Jerusalén en diálogo. Filosofía y teología en la mediación hermenéutica,* Lima: Ediciones Puma.

_____. (2021). *Dios y la narrativa de los tiempos. Tras las huellas del Apocalipsis en la literatura latinoamericana,* Buenos Aires: Ediciones Juanunol.

_____. (2022). *Dios: búsqueda e idea,* Buenos Aires: TeoNarrativas.

_____. (2016). *Hermenéutica y signos de los tiempos,* Buenos Aires: Teología y Cultura Ediciones.

_____. (2019). *Karl Barth en América Latina,* Buenos Aires: Ediciones Kairós.

_____. (2020). *Escatologías en debate,* Oregón: Publicaciones Kerigma.

_____. (1984). *La unidad del pueblo de Dios según pasajes seleccionados de las epístolas paulinas,* Buenos Aires.

_____. (1998). *Señor total,* Buenos Aires: Publicaciones Alianza, (2da. Edición revisada y ampliada, 2017, Oregón: Publicaciones Kerigma).

Roldán, D. A. (2001). *Emmanuel Lévinas y la onto-teo-logía. Dios, el prójimo y yo,* tesis de licenciatura en teología, Buenos Aires, ISEDET.

Ropero, A. (2022). *Historia de la filosofía y su relación con la teología.* Barcelona, Clie, (Anteriormente *Introducción a la filosofía,* 1999, Clie).

Rosario Rodríguez, R. (2018). *Dogmatics after Babel. Beyond the Theologies of Word and Culture,* Louisville: John Knox Press.

San Agustín. *De Trinitate,* (1991). I, 18, vol. 15, p. 138; *The Trinity,* trad. Hill, OP, Brooklyn: New City Press.

Schillebeeckx, E. (1993). *Revelación y experiencia,* trad. A. de la Fuente Adánez, Buenos Aires: Almagesto.

_____. (1969). *Dios y el hombre. Ensayos teológicos, 2da.* Edición, trad. Alfonso Ortiz García, Salamanca: Sígueme.

_____. (1970). *Dios, futuro del hombre,* trad. C. Ruiz-Garrido, Salamanca: Sígueme.

_____. (1973). *Interpretación de la fe. Aportaciones a una teología hermenéutica y crítica,* trad. J. M. Mauleón, Salamanca: Sígueme.

_____. (1969). *Revelación y teología,* 2da. edición, trad. Alfonso Ortiz García, Salamanca: Sígueme.

Schüssler-Fiorenza, E. (1983). *In Memory of Her. A Feminist Theological Reconstruction of Christian Origins,* Nueva York: Crossroad. (Versión en castellano, 1989, por Descleé de Brouwer, Bilbao).

Segundo, J. L. (1973). *¿Qué mundo? ¿Qué hombre? ¿Qué Dios?,* Santander: Sal Terrae.

_____. (1970). *Teología abierta para el laico adulto, vol. 3, Nuestra idea de Dios,* Buenos Aires: Ediciones Carlos Lohlé.

Silva, E. (2017). "La fenomenología de la donación y las (im)posibilidades de la teología" en Eric Pomier (compilador), *La fenomenología de la donación,* Buenos Aires: Prometeo libros.

Sobrino, J. (1991). *Jesucristo liberador,* San Salvador: UCA.

Stam, J. (Arturo Piedra, editor). (2006). *Haciendo teología en América latina. Juan Stam: un teólogo del camino,* 2da. Edición, vol. I, San José: Editorial Sebila.

Stam, J. (1960). "El peregrinaje teológico de Karl Barth", *Pensamiento Cristiano,* vol. III, 29, septiembre de 1960.

_____. (1998). *Apocalipsis y profecía,* Buenos Aires: Kairós.

Stein, E. (2012). *La pasión por la verdad,* 2da. Edición, trad. A. Bejas, Buenos Aires: Bonum.

Steiner, G. (2013). *Heidegger,* 4ta. Edición, trad. J. Aguilar Mora, México: FCE.

Sucasas, A. (2006). *Lévinas: lectura de un palimpsesto,* Buenos Aires: Lilmod.

_____. (2004). *Memoria de la Ley,* Buenos Aires: Altamira.

Tamayo, J. J. y Martínez Cisterna, G. (2007). *De la teología y Dios: en torno a la actualidad de lo religioso,* México: Ediciones Hombre y Mundo.

Támez, E. (1991). *Contra toda condena. La justificación por la fe desde los excluidos,* San José: DEI.

Taubes, J. (2007). *Del culto a la cultura. Elementos para una crítica de la razón histórica,* trad. Silvia Villegas, Buenos Aires: Katz Editores.

_____. (2007). *La teología política de Pablo,* trad. Miguel García-Baró; Madrid: Trotta.

Tillich, P. (1963). *Systematic Theology,* vol. III, Chicago: The University of Chicago Press.

_____. (1972). *Teología sistemática,* Volumen I, trad. D. Sánchez Bustamante Páez, Barcelona: Ediciones Ariel.

Tomita, L. E. (1997). "A teologia feminista no contexto de novos paradigmas" en Airton J. da Silva *et. al., Teologia aberta ao futuro,* San Pablo: Soter-Paulinas.

Torres Queiruga, A. (2001). *Do terror de Isaac ao Abbá de Jesus. Por uma nova imagen de Deus,* trad. José Alfonso Beraldin, San Pablo: Paulinas (original en gallego).

_____. (1987). *La revelación de Dios en la realización del hombre,* Madrid: Cristiandad.

_____. (1996). *Repensar la cristología. Sondeos para un nuevo paradigma,* Navarra: Verbo Divino, Estella.

Van de Pol, W. H. (1969). *El fin del cristianismo convencional,* trad. A. Kaan de Colágeno, Buenos Aires: Ediciones Carlos Lohlé.

Vanni, U. (1979). *Apocalipsis. Introducción y comentario,* Buenos Aires: Paulinas.

Vattimo, G. (2022). *Diálogo con Nietzsche. Ensayos. 1961-2000,* trad. C. Revilla, Barcelona: Paidós.

_____ y Caputo, J. D. (2010). *Después de la muerte de Dios,* trad. Antonio José Antón, Buenos Aires: Paidós.

_____. (2003). *Después de la cristiandad. Por un cristianismo no religioso,* trad. Carmen Revilla, Buenos Aires: Paidós.

_____ y Dotolo, C. (2012). *Dios: la posibilidad buena,* trad. Antoni Martínez Riu, Barcelona.

Vinolo, S. (2018). "Jean-Luc Marion y la teología. Pensar desde el amor". *Theologica Xaveriana,* Nro. 186.

_____. (2019). *Jean-Luc Marion. La fenomenología de la donación como relevo de la metafísica,* Quito: FCE.

Von Allmenn, J. J. (1968). *El culto cristiano,* trad. A. Chaparro y L. Bettini, Salamanca: Sígueme.

Walton, R. J. (2017). "El fenómeno erótico en el marco de la fenomenología y teología del amor", en Jorge Luis Roggero (editor), *Límites y posibilidades de la filosofía y de la teología,* Buenos Aires: sb editorial.

_____. (2022). *Fenomenología, excedencia y horizonte teológico,* Buenos Aires: sb editorial.

Ward, R. A. (1977). *Diccionario de la Teología Práctica. Culto,* Grand Rapids: TELL.

Wolff, H. W. (1975). *Antropología del Antiguo Testamento,* trad. S. Talavero Tovar, Salamanca: Sígueme.

Zeder, M. (2003). "Phenomenology and Trascendence" en Faulconere, James E. (ed.), *Trascendence in Philosophy and Religion,* Bloomington, Indiana UP.

Zubiri, X. (1975). "El problema teologal del hombre" en M. Alcalá *et. al.,* en A. Vargas Machuca, *Teología y mundo contemporáneo. Homenaje a Karl Rahner en su 70 cumpleaños,* Madrid: Ediciones Cristiandad.

_____. (2016). *En torno al problema de Dios,* Madrid: Ediciones Encuentro.

_____. (1974). *Naturaleza, historia, Dios,* 6ta. Edición, Madrid: Alianza editorial.

Zuzioulas, I. D. (2003). *El ser eclesial,* trad. Francisco Javier Molina de la Torre, Salamanca: Sígueme.

BIBLIAS

Biblia de Jerusalén. (1967). Bilbao: Desclée de Brouwer.

Biblia de las Américas. (1997). Anaheim, California: Foundation Publications, Inc.

Biblia textual. (2010). Nashville, Tennessee: Sociedad Bíblica Iberoamericana. Holman Biblie Publishers.

La Biblia Latinoamérica (1995). XXIX edición, Madrid-Estella (Navarra): San Pablo-Editorial Verbo Divino.

La Santa Biblia. (1960). Antigua versión de Casiodoro de Reina revisada por Cipriano de Valera, Sociedades Bíblicas Unidas.

Nueva Biblia Española. (1976). Madrid: Cristiandad.

Nueva Versión Internacional. (1999). Miami: Sociedad Bíblica Internacional.

The Greek New Testament. (1976). West Germany, United Bible Societies.

Biblí Svatá, Praga: Nákladem Biblické Spolcnost. (1953). Praga.

El Nuevo Testamento. (1942). 2da. Edición, traducido por F. Torres Amat y comentado por J. Straubinger, Buenos Aires: Guadalupe.

La Sainte Bible. (1885). trad. J. N. Darby, La Haya: Imprimiere C. Blommendall.